普通高等院校工程管理和工程造价学科专业规划教材

北京建筑大学教材建设项目资助出版

工程财务管理

彭 斌◎编 著

Engineering Financial Management

经济管理出版社
ECONOMY & MANAGEMENT PUBLISHING HOUSE

图书在版编目（CIP）数据

工程财务管理/彭斌编著. —北京：经济管理出版社，2019.8

ISBN 978 - 7 - 5096 - 6915 - 0

Ⅰ.①工… Ⅱ.①彭… Ⅲ.①建筑工程—财务管理 Ⅳ.①F407.967.2

中国版本图书馆 CIP 数据核字（2019）第 192044 号

普通高等院校工程管理和工程造价学科专业规划教材

北京建筑大学教材建设项目资助出版

工程财务管理

彭　斌　编著

组稿编辑：魏晨红

责任编辑：魏晨红

责任印制：黄章平

责任校对：赵天宇

出版发行：经济管理出版社

　　　　　（北京市海淀区北蜂窝 8 号中雅大厦 A 座 11 层 100038）

网　　址：www.E - mp.com.cn

电　　话：(010) 51915602

印　　刷：北京虎彩文化传播有限公司

经　　销：新华书店

开　　本：787mm×1092mm/16

印　　张：14.25

字　　数：295 千字

版　　次：2019 年 8 月第 1 版　　2019 年 8 月第 1 次印刷

书　　号：ISBN 978 - 7 - 5096 - 6915 - 0

定　　价：68.00 元

前言

随着我国改革开放的不断深入，世界经济全球化和"一带一路"倡议对我国工程类企业管理提出了新挑战和新要求。如何在经济新常态环境中发挥财务在工程管理中的核心作用，本书将工程实践与财务管理理论研究的最新成果融合，以近年来工程财务管理课程教学与体系改革成果为依托，做到基础性、实用性和创新性的统一。本书共分8章，依托现代财务管理理念，运用财务决策、预测、预算、控制和分析等方法体系，系统阐述工程管理中财务基本理论及其应用体系，探究工程管理中投资管理、筹资管理、营运资产管理和成本、收入、利润分配管理等财务基本内容，并且系统讲解工程财务分析专题。同时本书选编了最新实用的案例在每章讨论，将概念、原理融入实例问题之中，启发学生理论联系实践，对财务管理的理论和方法进行深入思考，以提高学生提出、分析和解决问题的能力。本书充分体现高等院校培养创新型人才的新特点和新要求。本书可以作为高等院校土木专业、工程管理和工程造价等专业本科生和工程硕士、学术硕士及相关专业研究生的教材，也可作为项目经理、工程财务人员和经济管理人员进行继续教育培训或自学的参考书。

得以完成本书，首先要感谢北京建筑大学给予的教材立项，由于他们的安排和支持，使得我有机会在教学实践中完成这本书的写作和修改。还要感谢各次听课的同学，他们都给予了我很大的鼓励。魏晨红编辑等同志对这本书的出版付出了辛勤的劳动，在此深表谢意。

彭斌

2019 年 8 月 20 日

目录

总　论

1.1　工程财务管理概念

工程财务管理是工程管理的核心，管理的对象是"钱财"，是管理工程财务活动和协调财务关系的一门独立学科和课程；核心功能是对筹集资金、投资、营运资产、成本控制和收益分配相关工程财务活动进行决策并对决策结果进行分析评判，以便创造价值。

1.1.1　工程财务活动

工程财务活动是以现金收支为主的工程建设资金收支活动的总称。在市场经济条件下，一切物资都具有一定的价值，它体现着耗费于物资中的社会必要劳动量，社会再生产过程中物资价值的货币表现就是资金。在市场经济条件下，资金是进行工程建设生产经营活动的必要条件。工程类企业的工程建设生产经营过程，一方面表现为物资的不断购进和售出；另一方面则表现为资金的支出和收回，工程建设经营活动不断进行，也就会不断产生资金的收支。工程建设资金的收支，构成了工程类企业经济活动的一个独立方面，这便是工程类企业的财务活动。工程财务活动可分为以下四个方面。

1.1.1.1　筹资引起的财务活动

从事工程建设生产经营活动，首先必须解决的是通过什么方式、在什么时间筹集多少资金。在筹资过程中，可以通过发行股票和债券、吸收直接投资等方式筹集资金，表现为资金的收入；而偿还借款，支付利息、股利以及付出各种筹资费用等，则表现为资金的支出。这种因为资金筹集而产生的资金收支，便是由筹资引起的财务活动。

在进行筹资活动时，财务人员首先要预测资金需求；确定通过什么方式筹集资金，是通过发行股票取得资金还是向债权人借入资金、两种资金占总资金的比例应为多少等。假设工程类企业决定借入资金，那么是发行债券好，还是从银行借入资金好呢？资金应该是长期的还是短期的？资金的偿付是固定的还是可变的？等等。财务人员面对这些问题时，一方面要保证筹集的资金能满足生产经营与投资的需要；另一方面还要使筹资风险在可掌控之中，一旦外部环境发生变化，不至于由于偿还债务而陷入破产。

1.1.1.2 投资引起的财务活动

筹集资金的目的是把资金用于工程建设生产经营活动以取得盈利，不断增加工程类企业价值。把筹集到的资金用于购置自身经营所需的固定资产、无形资产等，便形成企业的对内投资；企业把筹集到的资金投资于其他企业的股票、债券，与其他企业联营进行投资以及收购另一个企业等，便形成企业的对外投资。无论是企业购买内部所需各种资产，还是购买各种证券，都需要支出资金。当企业变卖其对内投资的各种资产或收回其对外投资时，会产生资金的收入。这种因企业投资而产生的资金的收支，便是由投资引起的财务活动。

在进行投资活动时，考虑资金的有限性，因此应尽可能将资金投放在能带给企业最大收益的工程项目上。由于投资通常在未来才能获得回报，因此，财务人员在分析投资方案时，不仅要分析投资方案的资金流入与资金流出，同时还要分析企业为获得相应的报酬还需要等待多久。当然，获得回报越早的投资项目越好。另外，投资项目很少是没有风险的，一个新的投资项目可能成功也可能失败，因此，财务人员需要找到一种方法对这种风险因素加以计量，从而判断选择哪个方案，放弃哪个方案，或者是将哪些方案进行组合。

1.1.1.3 经营引起的财务活动

在正常的企业工程建设生产经营过程中，会发生一系列的资金收支。首先，企业要采购材料或商品，以便从事生产和销售活动，同时，还要支付工资和其他营业费用；其次，当企业将产品或商品售出后，便可取得收入，收回资金；最后，如果企业现有资金不能满足经营的需要，还要采取短期借款方式来筹集所需资金。上述各方面都会产生资金的收支，属于经营引起的财务活动。

在工程建设生产经营引起的财务活动中，主要涉及的是工程营运资产管理问题，其中关键是加速资金的周转。流动资产的周转与生产经营周期具有一致性，在一定时期内，资金周转越快，就可以利用相同数量的资金生产出更多的产品，取得更多的收入，获得更多的报酬。因此，如何加速资金的周转、提高资金利用效果是财务人员在这类财务活动中需要考虑的主要问题。

1.1.1.4 分配引起的财务活动

在工程建设生产经营过程中有效控制成本并管理营业收入会产生利润，也可能会因对外投资而分得利润，这表明企业有了资金的增值或取得了投资报酬。企业的利润要按规定的程序进行分配。首先要依法纳税；其次要用来弥补亏损，提取公积金；最后要向投资者分配股利。这种因利润分配而产生的资金收支便属于由利润分配而引起的财务活动。

财务人员控制成本并管理营业收入是分配活动前提，在分配活动中财务人员需确定股利支付率的高低，即将多大比例的税后利润用来支付给投资人。过高的股利支付率，会使较多的资金流出企业，从而影响企业再投资的能力，一旦企业遇到较好的投资项目，将有可能因为缺少资金而错失良机；而过低的股利支付率，又有可能引起投资人的不满，对于上市企业而言，这种情况可能导致股价的下跌，从而使企业价值下降。因此，财务人员要根据企业自身的具体情况确定最佳的分配政策。

上述财务活动的四个方面不是相互割裂、互不相关的，而是互相联系、互相依存的。正是上述互相联系而又有一定区别的四个方面，构成了完整的工程财务活动，这四个方面也正是工程财务管理的基本内容：工程筹资管理、工程投资管理、营运资产管理、利润及其分配的管理。如图 1—1 所示。

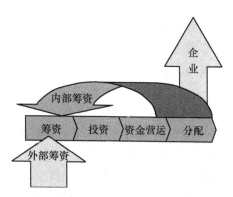

图 1—1　财务活动四个方面的循环关联

1.1.2　工程财务管理和会计的区别与联系

工程财务管理是管理工程投资、工程筹资、工程经营和分配引起的财务活动，会计是对这些财务活动的核算和监督，就是记账、算账和编制报表的工作。财务管理决策筹资来源和方式，是选择负债还是权益筹资，举债选择短期还是长期，在会计报表中对应流动负债和长期负债的各个会计科目，权益筹资对应会计报表中股东权益的各个科目；有了钱要把钱用出去，使钱生钱，这就是投资活动，财务管理要决策钱的用处，把钱用于有价证券，则在会计报表中对应金融资产各个科目，买设备厂房，在会计报表中对应的是固定资产科目，买原材料生产出产成品和半成品，在会计报表中对应的是存货科目，买专有技术和专利在会计报表中对应的是无形资产科目，赚到钱分配后剩余部分留有自用，在会计报表中对应的是留存收益科目；两者联系具体如图1－2所示。

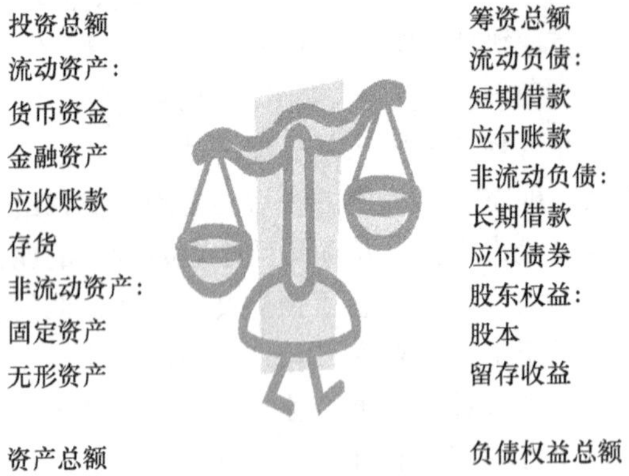

投资总额   筹资总额

流动资产：   流动负债：

货币资金   短期借款

金融资产   应付账款

应收账款   非流动负债：

存货   长期借款

非流动资产：   应付债券

固定资产   股东权益：

无形资产   股本

         留存收益

资产总额   负债权益总额

图1－2　财务管理的会计模型

1.1.3　财务关系

工程财务活动引起的财务关系是指在组织财务活动过程中与各有关方面发生的经济关系。筹资、投资、经营、分配引起的财务活动与企业内部和外部的方方面面都有着广泛的联系。具体概括为以下几个方面。

1.1.3.1　与企业所有者之间的财务关系

这主要指企业的所有者投入资金，企业向其所有者支付投资报酬所形成的经济关系。企业所有者主要有四类：①国家；②法人单位；③个人；④外商。企业的所有者要按照投资合同、协议、章程的约定履行出资义务，以便及时形成企业的资本金。企业利用资本金进行经营，实现利润后，应按出资比例或合同、章程的规定，向其所有者分配利润。企业同其所有者之间的财务关系体现着所有权的性质，反映着经营权和所有权的关系。

1.1.3.2　与企业债权人之间的财务关系

这主要指企业向债权人借入资金，并按借款合同的规定按时支付利息和归还本金所形成的经济关系。企业除利用资本金进行经营活动外，还要借入一定数量的资金，以降低企业资金成本，扩大企业经营规模。企业的债权人主要有：①债券持有人；②贷款机构；③商业信用提供者；④其他出借资金给企业的单位或个人。企业利用债权人的资金后，要按约定的利息率及时向债权人支付利息。债务到期时，要合理调度资金，按时向债权人归还本金。企业同其债权人的关系体现的是债务与债权关系。

1.1.3.3　与企业投资单位的财务关系

这主要是指企业将其闲置资金以购买股票或直接投资的形式向其他企业投资所形成的经济关系。随着横向经济联合的开展，这种关系将越来越广泛。企业向其他单位投资，应按约定履行出资义务，参与被投资单位的利润分配。企业与被投资单位的关系体现的是所有权性质的投资与受资的关系。

1.1.3.4　与企业债务人的财务关系

这主要是指企业将其资金以购买债券、提供借款或商业信用等形式出借给其他单位所形成的经济关系。企业将资金借出后，有权要求其债务人按约定的条件支付利息和归还本金。企业同其债务人的关系体现的是债权与债务关系。

1.1.3.5　与企业内部各单位的财务关系

这主要是指企业内部各单位之间在生产经营各环节相互提供产品或劳务所形成的经济关系。在实行内部经济核算制的条件下，企业供、产、销各部门以及各生产单位之间，相互提供产品和劳务要进行计价结算。这种在企业内部形成的资金结算关系，体现了企业内部各单位之间的利益关系。

1.1.3.6　与企业职工之间的财务关系

这主要是指企业向职工支付劳动报酬的过程中所形成的经济关系。企业要用自身的产品销售收入，向职工支付工资、津贴、奖金等，按照提供的劳动数量和质量支付职工的劳动报酬。这种企业与职工之间的财务关系，体现了职工和企业在劳动成果上的分配关系。

1.1.3.7　与税务机关之间的财务关系

这主要是指企业要按税法的规定依法纳税而与国家税务机关所形成的经济关系。任何企业都要按照国家税法的规定缴纳各种税款，以保证国家财政收入的实现，满足社会各方面的需要。及时、足额的纳税是企业对国家的贡献，也是对社会应尽的义务。因此，企业与税务机关的关系反映的是依法纳税和依法征税的权利义务关系。

从契约经济学的角度，企业是各种利益相关者之间契约的组合。通过书面契约，管理者、员工、供应商等可以保护自己的利益免受股东的侵害；即使没有与某些利益相关者（如社会、政府和环境）订立书面契约，企业仍然受到法律和道德的约束。而且，如果企业违反了契约的规定，利益相关者就会中断与企业的交易，企业最终会遭受损失。企业与各种利益相关者的财务关系构成了企业契约模型，如图1—3所示。

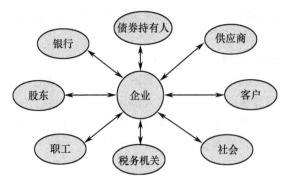

图 1－3　财务关系的契约模型

1.2　财务组织和财务经理

1.2.1　现代公司财务组织

前文已指出，在现代市场经济中，公司财务是一项开放性、动态性、综合性的工作，在工程类企业整个建设生产经营管理工作中处于举足轻重的地位。由此可以看到，在公司内部，财务机构的科学设置和合格的财务专业人员的合理聘用，对理财职能作用的充分发挥具有十分重要的意义。

股份制公司是现代企业制度的基本组织形式，因而股份公司的财务机构也可视为现代公司财务机构最完备的形态。公司执行机构由高层执行官员即高层经理人员组成。这些高层执行官员受聘于董事会，在董事会授权范围内，拥有对公司事务的管理权和代理权，负责处理公司的日常经营事务。在董事会领导下的高层执行官员包括总经理、副总经理、总财务师、总会计师等。典型的公司组织机构如图 1－4 所示。

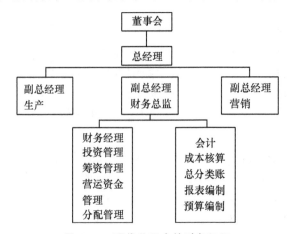

图 1－4　现代公司中的财务组织

图1—4表明总财务师、总会计师都对财务副总经理负责，在其领导、统筹下开展工作。但他们之间有明确的分工，各自履行性质不同的专业工作。

＊启示：现代公司其组织形式是股份有限公司，该类公司公开发行股票，又称上市公司，目前在我国沪深A股的上市公司有3500家。

1.2.2　财务管理与财务活动

财务管理强调通过定量方法对财务活动进行财务决策实现企业价值创造。具体实现路径可用图1—5来说明。图1—5中的箭头表明现金流量在企业与金融市场以及政府之间流动的方向。假设我们开始进行企业的融资活动，为了筹集资金而在金融市场向投资者发售债券和股票，现金从金融市场流向公司（A），将现金用于投资（B），公司在生产经营过程中创造现金（C）；然后，公司将现金支付给债权人、股东（F）和政府（D）。股东以现金股利的方式得到投资回报；债权人因出借资金而获得了利息，并且收回了本金；政府也获得了税收收入。需要注意的是，企业并不是将所有的投资回报都用于支付，还将留存一部分用于再投资（E）。但是，从长期来看，只要企业支付给债权人和股东的现金（F）大于从金融市场上筹集到的资金（A），企业价值就得到了提升。

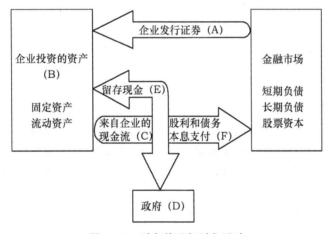

图1—5　财务管理与财务活动

1.2.3　财务经理应具备的素质

1.2.3.1　总体素质要求

在现代市场经济条件下的财务管理，作为一项专业化的职能管理活动，具有开放性、动态性和综合性的特点，与宏观经济环境、特别和现代市场体系中居主导地位的金融市场有紧密的联系。企业中以财务总监为首的财务人员面向瞬息万变的金融市场，进行科学的投资、筹资和收益分配决策；并在决策实施过程中，充分发挥理财的运筹作用，正确处理好企业内部条件、外部环境和企业目标之间的动态平衡，任务极为艰巨。这意味着现代市场经济的发展对财务人员应具备的素质提出越来越高的要求。从总体上看，理财需要高智能、高创造力的人才。财务人员要有战略头脑、开阔的思路、高瞻远瞩的谋略，不斤斤计较一时一事的得失，善于从企业整体发展的战略高度来认识和处理问题。市场经济从一定意义上看，是竞争经济，优胜劣汰是市场竞争的必然结果。因此，市场经济不同情弱者，只承认强者。在这种情况下，财务人员搏击市场，面对瞬息万变的市场态势，要有敏锐的洞察力和准确的判断力，善于抓住机遇，大胆适时决策，在激烈的市场竞争中牢牢掌握主动权。市场经济活动充满着风险，瞬息万变的金融市场尤其是这样。为此，财务人员要敢于面对风险、驾驭风险、提高风险决策能力，准确运筹资金来源、投资方向，科学预见其未来发展趋势，力求使可能遭受的风险降到最低。

1.2.3.2 牢固树立市场经济相关的观念

财务人员牢固树立市场经济相关的观念，是使财务管理的职能作用得以充分发挥，从而最大限度提高财务效益的认识基础。主要包括以下四个方面。

（1）竞争观念。

竞争机制是市场机制的核心，它执行着优胜劣汰的原则，企业在市场的大海中公平竞争，既为它创造种种机会，也对它形成种种威胁，这就要求财务人员作为财务决策者，要具备善于抓住机遇、从容应付挑战的能力，面对剧烈的市场竞争，通过趋利避险、扬长避短，来促进财务职能的充分发挥和财务人员的能力顺利体现。

（2）风险观念。

在现代市场经济中，市场机制的作用，使任何一个市场主体的利益具有不确定性，客观上存在着蒙受经济损失的机会与可能，即不可避免地要承担一定的风险。例如，在筹资过程中，资金来源渠道的多元化及筹资方式的多样化，使不同来源的资金有不同的资金成本和偿还期，从而产生筹资风险；在投资过程中，由于不同投资项目各有不同报酬率和回收期，从而产生投资风险；在用资过程中，资产配置失当，使资产整体不能保持应有的流动性，也可能导致企业无力偿还到期债务而出现财务危机，甚至形成企业的停产、倒闭。由此可见，财务人员必须树立正确的风险观，善于对环境变化带来的不确定性因素进行科学预测，采取各种防范措施，使可能遭受的风险损失尽可能降到最低。

（3）资金时间价值观念。

资金时间价值是资金随着时间的推移而形成的增值，通常是采用利息形式按复利计算。在现代市场经济中，资金时间价值的重要性，在于可以把它当作一个重要的经济杠杆来使用，要求占用一元钱的资金提供一元钱的效果，占用一天的资金提供一天的效果，不能白白占用资金而不提供任何效果，这意味着把它当作资金使用的"机会成本"来看待，成为使用资金必须得到补偿的最低界限，从而对资金使用者在经济上形成一种经常存在的压力，促使他们在生产经营中精打细算，努力提高资金使用的经济效益，由此可见，财务人员牢固树立资金时间价值观念是他们正确进行财务决策和资金运筹的基础。

（4）信息观念。

当代世界范围的市场经济，已进入"现代市场经济"的新阶段，信息化、金融化和全球化是现代市场经济的重要特征，也就是在现代市场经济中，一切经济活动不可能盲目地进行，而必须以快、准、全的信息为导向，信息成为市场经济活动的重要媒介这就决定了在现代市场经济中，财务人员必须牢固树立信息观念，从全面、准确、迅速、收集、分析信息入手，进行财务决策和资金运筹，也就是财务人员面对瞬息万变的金融市场必须由过去凭经验决策转变为凭信息、凭科学决策。财务人员掌握信息越全面越准确越迅速就越有利于做出正确而及时的财务决策和有效地进行资金运筹，以促进财务目标的顺利实现。

1.2.3.3 遵循财务的基本指导原则

（1）环境适应原则。

在现代市场经济中，企业并不是一个孤立的实体，它所需要的经营要素（人力、物资、资金等）是按照经济求利的原则，向市场取得；它形成的经营成果，也是按照经济获利的原则，向市场提供。由于现代市场经济是经济关系货币化的经济，金融手段全面介入社会经济的运行，金融活动牵导着商品的交换和生产要素的重组，发达的金融市场在现代市场体系中居主导地位，这就决定金融市场对财务行为的社会化具有重大影响，使财务活动从企业内部扩展（融汇）到企业外部整个金融市场体系中，使财务与金融市场之间形成一种相互交融的辩证关系，这种情况使瞬息万变的金融市场对企业的生产经营和财务活动产生重大影响。为此，财务就要充分发挥运筹作用，善于适应外部经济环境条件的变化，对企业的财务资源进行有效配置、优化组合，以实现企业内部条件、外部环境和企业目标之间的动态平衡，以便从企业内部条件与外部环境的协调与统一中，促进财务目标的顺利实现。由此可见，在现代市场经济中正确处理好企业内部条件与外部环境之间的协调、统一关系，是财务必须遵循的基本指导原则之一。

（2）整体优化原则。

系统论认为，系统是由若干个相互联系、相互作用的要素即子系统组成的特定结构与功能相统一的有机整体。它具有整体性、层次性和最优性等基本特征。财务作为整个企业管理系统中的一个相对独立的子系统，也是这样。财务是一种综合性的管理工作，财务活动是企业生产经营主要过程和主要方面的综合表现。因而财务管理要从企业整体发展的战略高度来认识和处理有关问题，面对瞬息万变的金融市场，从整体最优化出发，进行科学投资、筹资和收益分配决策；并在决策实施过程中，充分发挥理财的运筹作用，通过对各种理财方法、理财工具的协调、配合、综合运用，形成一个灵敏、高效的财务运行体，在动态中实现对企业生产经营的导向、调节与控制，使之尽可能符合整体最优化要求。

（3）风险与报酬对应原则。

经营回报是企业生存和发展的必要条件；否则，就会在剧烈的市场竞争中被淘汰。但在现代市场经济中，回报机制和风险机制往往是并存的。要赚取更高的报酬，往往要以承担更大的风险为代价；如果只愿意承担较小的风险，则必须在赚取的报酬水平上作出一定的牺牲。它们之间存在着一定的此消彼长的关系。可见，基于不同风险程度的报酬水平，或基于不同报酬水平的风险程度，都具有不可比性。因而企业理财要贯彻整体最优化原则，就必须正确处理风险与报酬之间的对应关系，在这两者之间进行正确的抉择、取得合理的平衡。例如，从筹资决策看，扩大借入资金在总资金中所占的比重，降低普通股股本在总资金中所占的比重，可使企业的综合资金成本相应降低、普通股每股收益相应增加，这是财务杠杆有利效应的一种表现。但扩大负债资金在总资金中所占比重也有其不利的一面，如掌握失当，就会由此而扩大企业的财务风险，危及其偿债能力和股东权益。因此，最优资本结构，实际上就是在一定条件下，财务杠杆的有利效应（提高报酬水平）与不利效应（增加风险程度）取得合理平衡的资本组合比例（负债与权益结合比例）。基于企业内外一定的环境条件，如何权衡利害、比较得失，正确确定最优资本结构是企业理财中必须着重研究的一个重要问题。企业理财的其他领域，也存在类似的情况。

1.3 工程财务管理的目标

目标是系统希望实现的结果，根据不同的系统所研究和解决的问题可以确定不同的目标。工程财务管理的目标是财务活动所希望实现的结果，也是评价公司实施财务活动是否合理的基本标准。为了完善财务管理理论，有效指导财务管理实践，必须对财务管理目标进行认真研究。因为财务管理目标直接反映理财环境的变化，并根据环境的变化做适当调整，它是财务管理理论体系中的基本要素和行为导向，是财务管理实践中进行财务决策的出发点和归宿。财务管理目标制约财务运行的基本特征和发展方向，是财务运行的一种驱动力。不同的财务管理目标会产生不同的财务管理运行机制，科学地设置财务管理目标，对优化理财行为，实现财务管理的良性循环，具有重要意义。财务管理目标作为工程财务运行的导向力量，其设置若有偏差，财务管理的运行机制就很难合理。因此，研究财务管理目标问题，既是建立科学的财务管理理论结构的需要，也是优化我国财务管理行为的需要，在理论和实践上都有重要意义。

明确财务管理目标，是搞好财务工作的前提。公司财务管理是公司治理的一个组成部分，公司财务管理的整体目标应该和公司的总体目标保持一致。从根本上讲，公司的目标是通过生产经营活动创造更多的财富，不断增加企业价值。但是，不同国家的公司面临的财务管理环境不同，同一国家的公司治理结构不同，发展战略不同，财务管理目标在体现上述根本目标的同时目前有两个成熟的表述。

1.3.1　利润最大化

利润最大化是西方微观经济学的理论基础。西方经济学家以往都是以利润最大化这一标准来分析和评价企业的行为和业绩。"利润最大化"观点的持有者认为：利润代表了企业新创造的财富，利润越多则企业的财富增加得越多，越接近企业的目标；利润额是企业在一定期间经营收入和经营费用的差额，是按照收入费用配比原则加以计算的会计税后净利润，反映了当期正常经营活动中投入与产出对比的结果。股东权益是股东对企业净资产的所有权，包括股本、资本公积、盈余公积和未分配利润四个方面。其中股本是投资人已经投入企业的资本，如果不增发，它不可能再增大；资本公积则来自股本溢价、资产重估增值等，一般来说，它数额再大也不是企业自身的经营业绩所致；只有盈余公积和未分配利润的增加，才是企业经营效益的体现，而这两部分又来源于净利润最大化的实现，是企业从净利润中扣除股利支付后的剩余。因此，从会计的角度来看，利润是股东价值的来源，也是企业财富增长的来源。在股份制公司的企业组织形式成立以前，利润最大化是所有企业追求的唯一财务管理目标，因为企业业主既是股东又是经理人，他会兼顾目前和未来利益，而且利润可以通过报表观察到。

目前，我国在许多情况下评判企业的业绩还是以利润为基础。如企业在增资扩股时，要考察公司最近三年的盈利情况；在考核国有企业经理人员的业绩时，也以利润为主。但是，在长期的实践中，利润最大化目标暴露出许多缺点：

（1）利润最大化没有考虑利润实现的时间，没有考虑项目收益的时间价值。例如，有 A、B 两个工程建设投资项目，其利润都是 100 万元，如果不考虑资金的时间价值，则无法判断哪一个更符合企业的目标。但如果说 A 项目的 100 万元是去年已赚取的，而 B 项目的 100 万元是今年赚取的，显然，对于相同的现金流入来说，A 项目的获利时间较早，也更具有价值。

（2）利润最大化没能有效地考虑风险问题。高风险往往伴随着高利润，如果为了利润最大化而选择高风险的投资项目，或进行过度的借贷，企业的经营风险和财务风险就会大大提高。仍以上面两个企业为例。假设 A、B 两个工程建设投资项目在今年都赚取了 100 万元利润，但 A 项目的利润全部为现金收入，而 B 项目的 100 万元全部是应收账款。显然，B 项目的应收账款存在着不能收回的风险，因此，A 项目的目标实现得更好一些。

（3）利润最大化没有考虑利润和投入资金的关系。假设 A、B 两个工程建设项目都于今年获得了 100 万元利润，并且取得的都是现金收入。但是，如果 A 项目只需投资 100 万元，而 B 项目需要投资 300 万元，显然 A 项目更好一些，而如果单从利润指标来看却反映不出这样的问题。

(4) 利润最大化是基于历史的角度，反映的是企业过去某一期间的盈利水平，并不能反映企业未来的盈利能力。虽然净利润增加了股东权益和企业财富，但并不意味着企业持续经营和持久盈利能力的增强、股东在未来能够获得收益。

(5) 利润最大化往往会使财务决策带有短期行为的倾向。利润最大化往往会诱使企业只顾实现目前的最大利润，而不顾企业的长远发展。比如企业可能通过减少产品开发、人员培训、技术装备水平方面的支出来提高当年的利润，但这显然对企业的长期发展不利。

(6) 利润是企业经营成果的会计度量，而对同一经济问题的会计处理方法的多样性和灵活性可以使利润并不反映企业的真实情况。例如，有些企业通过出售资产增加现金收入，表面上增加了利润，但企业财富并没有增加。其他如会计账项的调整、计价方法的选择也可能影响企业的利润。

可见，利润最大化目标只是对经济效益浅层次的认识，存在一定的片面性。所以，现代财务管理理论认为，利润最大化并不是财务管理的最优目标。

*启示：利润最大化目标中的利润不是指营业利润，也不是利润总额，而是税后净利润，该目标有很多缺点，但容易量化是该目标的优点。

1.3.2 价值最大化

与利润最大化比较，价值最大化目标更正确。因为企业目前模式都是股份制公司，股份制公司最大的特点就是所有权和经营权相分离，也就是股东聘用经理人管理自己控制的公司。因为聘用制有期限限制，如果以利润最大化为财务目标，经理人作为理性人会追求短期行为，而价值最大化中是指资产未来收益的总现值，再加上资本市场更加完善，公司股价可直接观察到。

*启示：价值最大化目标中的价值是股票价值和企业价值。股票价值最大和最高在股数不高时两者基本相同，对于上市公司来说，股票价值最高和股东财富最大在不发放红利时两者基本相同。理论上股东价值最大化保证企业价值最大化，因为企业价值包括股价和债券价值，公司先考虑债权人利益再考虑股东利益；实践中债权人对公司没有控制权则股东价值最大化并不能保证企业价值最大化。

1.3.2.1 股东价值最大化

股东价值体现为股东财富，其表现形式是在未来获得更多的净现金流量，股票价格也是股东未来所获现金股利和出售股票所获销售收入的现值，所以，股票价格一方面取决于企业未来获取现金流量的能力，另一方面也取决于现金流入的时间和风险。因此，与利润最大化目标相比，股东价值最大化目标体现出以下优点：

(1) 股东价值最大化目标考虑了资金流量的时间价值和风险因素，因为现金流量获得时间的早晚和风险的高低，会对股票价格产生重要影响。

(2) 股东价值最大化在一定程度上能够克服企业在追求利润上的短期行为，因为股票的价格很大程度上取决于企业未来获取现金流量的能力。

（3）股东价值最大化反映了资本与收益之间的关系。因为股票价格是对每股股份的一个标价，反映的是单位投入资本的市场价格。此外，股东价值最大化目标也是判断工程财务决策是否正确的标准，因为股票的市场价格是企业投资、融资和资产管理决策效率的反映。

但是，股东价值最大化观点的持有者提出，追求股东价值最大化实际上并不损害其他相关者的利益，恰恰相反，它是以保证其他相关者利益为前提的。因为企业满足股东价值最大化的结果，也增加了企业的整体财富，其他相关者的利益也会得到更有效的满足。如果企业不追求股东价值最大化，相关者的利益也会受损。另外，根据法律规定，股东所持有的财务要求权是"剩余要求权"，是在其他相关者利益得到满足之后的剩余权益，企业只有向供应商支付了货款，向员工支付了工资，向债权人支付了利息，向政府支付了税金之后，它才能够向股东支付回报。

从契约经济学的角度，企业是各种利益相关者之间契约的组合。通过书面契约，管理者、员工、供应商等可以保护自己的利益免受股东的侵害；即使没有与某些利益相关者（如社会、政府和环境）订立书面契约，企业仍然受到法律和道德的约束。而且，如果企业违反了契约的规定，利益相关者就会中断与企业的交易，企业最终会遭受损失。

基于以上几点可以认为，在将股东价值最大化进行一定约束后，股东价值最大化成为财务管理的最佳目标。这些约束条件是：①利益相关者的利益受到了完全的保护以免受到股东的盘剥。②没有社会成本。公司在追求股东价值最大化的过程中所耗费的成本都能够归结于企业并确实由企业负担。例如，企业在追求股东价值最大化过程中如果造成了严重的环境污染，而这种环境污染又是由政府动用财政资金来治理，这便产生了社会成本。

在以上这些假设前提下，股东价值最大化的过程中将不存在与相关者的利益冲突。因此，经营者就能专注于一个目标——股东价值最大化，从而实现企业价值的最大化。

股东价值最大化目标对上市公司来说是一个比较容易获得的指标，但对于非上市公司而言，该如何运用这一原则呢？从理论上说，这些公司的价值等于公司在市场上的出售价格，或者是投资人转让其出资而取得的现金。对一个正常经营中的企业而言，很难用这种整体出售的价格来衡量。因此，从实践上看，可以通过资产评估来确定非上市企业价值的大小，或者根据公司未来可取得的现金流入量来进行估值。

1.3.2.2 企业价值最大化

要实现企业价值最大化必须了解企业社会责任和相关利益者冲突；企业在实现股东价值最大化目标时，需要承担必要的社会责任。然而，承担社会责任需要花费一定的成本，为了补偿，企业就要提高产品的价格，这必然使企业在与同行业其他公司的竞争中处于不利地位。而且，如果企业将大量的资源贡献给社会公益活动，也会受到来自资本市场的压力。因为在资本市场上，投资者更青睐那些专注利润和股价上升的企业，而不是那些将大量的资源贡献给社会公益活动的企业。

这是否意味着股东利益与承担社会责任之间存在着矛盾，企业就不要承担社会责任了呢？实际上，实现股东价值最大化与其承担的社会责任是息息相关的。企业要为员工提供合理的薪金和安全的工作环境，否则员工没有积极性，劳动生产率就会下降，影响企业的盈利，最终将损害股东的利益；企业要为顾客提供合格的产品和优质的服务，否则就会面临失去顾客和遭遇诉讼的危险，这必然会提高企业的成本，最终也将损害股东的利益；企业在满足自身利益的同时，也要维护供应商的利益，否则供应商将会提高供货价格，或者取消对企业的赊销；企业还要承担必要的社会公益责任，因为良好的社会形象有利于企业长远的发展，许多消费者也更愿意从对社会负责的企业那里购买产品。

在要求企业自觉承担大部分社会责任的同时，也要通过法律等强制命令规范企业的社会责任，并让所有企业均衡地分担社会责任的成本，以维护那些自觉承担社会责任的企业利益。强制命令包括劳动法、产品安全、消费者权益保护、污染防治等法案，另外还有行为和道德评判促使企业维护社会的利益。

*启示：财务管理目标的决定因素包括经济环境、各利益相关方的力量对比、对契约各方矛盾和协调方式的认识程度、公司的治理机制和市场的完善程度。

1.4　工程财务管理环境

与其他企业经营决策一样，工程财务活动也要受周围环境的制约和影响，多变的环境可能带来机遇，也可能引起麻烦。财务管理的环境是指对工程财务决策产生影响的外部条件，涉及的范围很广，经济、法律、金融、社会人文、自然资源等都具有十分重要的影响力，其中最重要的是宏观经济环境、法律环境和金融市场环境以及社会文化环境。

1.4.1　宏观经济环境

宏观经济环境是指影响公司财务决策的宏观经济状况，如宏观经济发展速度和水平、经济波动、通货膨胀等。从某种意义上看，宏观经济发展速度是各经济单位发展速度的平均值，一个企业要跟上整体的发展并在行业中维持它的地位，至少要保持与宏观经济同样的增长速度。而经济周期波动则要求公司适时迅速调整财务策略以适应这种变化。例如，在经济萧条阶段，整个宏观环境不景气，公司将面临产品销售受阻、资金紧缺、利率上涨等困难，需要采取缩减管理费用、放弃次要利益、削减存货、尽量维持生产份额、出售多余设备、转让一些分部、停止扩张和增加雇员等措施。在繁荣时期，市场需求旺盛，销售大幅度上升，企业则要采取迅速筹集资金、扩充厂房设备、建立存货、提高价格、开展营销规划等措施。虽然政府总是力图减少不利的经济波动，但经济有时过热，有时过冷，公司财务决策必须能够应对这种波动。

通货膨胀是经济发展中最棘手的宏观经济问题，通货膨胀导致公司产品成本上升，资金需求和资金成本增加，影响企业的投资收益率和企业资产的价值等，对公司财务活动的影响极为严重。在通货膨胀期间，公司为了实现预期的报酬率就必须采取各种办法调整收入和成本，如利用套期保值，提前购买设备和存货，买进现货、卖出期货等方法尽可能减少损失。利息率波动引起贷款利率变化，股票债券价格变动，直接影响企业的投资收益和利润，影响企业的筹资成本。因此，如何应对利息率波动也是对公司财务管理活动的挑战。政府对某些地区、某些行业、某些经济行为的优惠和鼓励构成了政府主要的经济政策。由于我国目前的管理体制形成了政府政策的多层次性，并根据经济状况的变化而不断调整，公司财务决策应能够利用好这些政策并为政策的变化留有余地，甚至预见其变化趋势。此外，来自行业的竞争、技术发展水平和速度的变化等都是对公司财务决策的挑战。

1.4.2　法律环境

财务决策的法律环境是指公司所必须遵循的各种法律、法规和规章制度。一般而言，国家管理经济活动和经济关系的手段主要有行政手段、经济手段和法律手段。在市场经济条件下，越来越多的经济关系和经济活动的准则用法律的形式固定下来，行政手段逐步减少，而经济手段，特别是法律手段日益增多。企业在进行各种各样的财务活动，处理由此产生的各种财务关系时，必须遵守有关的法律规范，企业不懂法就好比走进了地雷阵，随时会有危险。

1.4.2.1　企业组织法律、法规

我国先后颁布过许多与企业组织相关的法律、法规。按照所有制框架，有《中华人民共和国全民所有制工业企业法》《中华人民共和国城镇集体所有制企业条例》《中华人民共和国乡镇企业法》《中华人民共和国私营企业暂行条例》《中华人民共和国外资企业法》等。按照责任制框架，则有《中华人民共和国公司法》《中华人民共和国个人独资企业法》《中华人民共和国合伙企业法》等，这些法规既是企业的组织法又是企业的行为法。例如，个人独资企业的财务优势是：由于企业主对企业的债务承担无限责任，法律对这类企业的管理就比较松，设立企业的条件不高，设立程序简单；所有权能够自由转让；另外，由于所有者与经营者合为一体，故没有代理成本，且经营方式灵活，财务决策迅速，也不存在公司制企业的双重纳税问题。但个人独资企业也存在很多财务劣势：由于个人财力有限，企业规模小、发展慢；受信用程度不足的限制，对债权人缺少吸引力，筹资能力较弱，难以投资资金

密集、规模生产的行业；受业主能力和素质、资金规模的影响，企业抵御风险的能力较差；另外，还必须承担无限的债务责任。

根据《中华人民共和国合伙企业法》，合伙企业的财务优势是：由于每个合伙人既是所有者又是经营者，可以发挥每个合伙人的专长，提高合伙企业的决策水平和管理水平；由于有合伙人共同筹措资金，相对于个人独资企业而言筹资能力有所提高，企业规模扩大也比较容易；另外，由于各合伙人共同偿还债务，偿债能力提高，对债权人的吸引力增强。合伙企业的财务劣势表现为：由于合伙企业以人身相互信任为基础，任何一个合伙人发生变化（如死亡、退出、新人加入等）都会改变原来的合伙关系，产生新的合伙企业，因而企业的存续期和财务不稳定性较大；由于在重大财务决策问题上必须经过全体合伙人一致同意，因此，其财务决策和经营方式可能不如个人独资企业迅速和灵活易变。另外，盈余分配也较复杂。相对于上述两种组织形式，公司制企业的优点最多。例如，筹资能力强，资金实力雄厚，易于扩大规模、降低成本，形成规模经济；企业存续期长，股份易于转让，股东只以出资额承担有限责任等。但公司制企业所引起的财务问题也最多。公司不仅要争取最大利润，而且要实现股东财富最大；随着筹资能力增强，可供选择的筹资方式也增多，各种筹资方式利弊各异，需要认真分析和筛选；公司盈余的分配也更复杂，需要考虑双重纳税、信息传递效应等企业内部和外部多种因素。

1.4.2.2　工商税收法律、法规

税负是企业的费用，引起企业的现金流出，了解税收制度、熟悉税法无疑对公司财务决策具有至关重要的意义。我国各类不同经济性质的企业应纳的税种主要有增值税、消费税、营业税、关税、所得税、城市维护建设税、房产税、车船税、印花税、固定资产投资方向调节税、土地使用税、土地增值税、资源税和教育附加费等。税种的设置、税率的调整都会对公司的生产经营活动成果产生影响。例如，在一个公司所得税税率为33%、个人投资收益所得税税率为20%的税收环境下，个人投资者作为股东实际承担的税负既不是33%也不是20%，而是46.4%。显然，这将影响公司股利分配政策的选择，并进而影响公司的融资成本和投资收益。再如，在一个国债利息收入免征所得税，而企业债务利息收入必须按20%的税率纳税的税收环境下，若两年期国债的利率为10%，则购买1000元国债两年后的净收益是200元，若购买利率为12%的两年期企业债券，扣除个人所得税后，个人实际所得为192元 [1000×12%×2×(1−20%)]，这个收入低于国债，投资者将会选择国债投资。这时企业若要吸引投资者购买企业债券，应提高票面利率或者折价销售债券。国家财务管理规定，一般企业债券的利率高于同期国债利率一定百分点后，高出部分的利息须从企业税后利润中支付，显然，提高企业债券的票面利率没有充分发挥债务的节税作用，降低了股东收益。若选择折价销售，折价部分可在债券存续期内作为税前费用逐期摊销，则可以充分利用债务的节税作用。上例仅仅分

析了所得税对工程财务决策的部分影响，如果考虑所有的税种，对工程财务决策的影响就更大了，一个没有税负情况下的合理财务决策，在考虑了税负之后可能成为错误的决策。

1.4.2.3　财务法律、法规

财务法规是企业进行财务活动、实施财务管理的基本法规，主要包括《企业财务通则》和行业财务制度。《企业财务通则》对企业资本金制度的建立、固定资产折旧、成本的开支范围、利润分配等问题做出了规定，是各类工程财务活动必须遵循的原则和规范。行业财务制度是根据不同行业的特点而制定的行业财务规范。

除上述法律、法规外，与工程财务活动密切相关的法律、法规还有很多，如《证券法》《基金法》《合同法》《破产法》等，公司财务决策应善于掌握法律界限，充分利用法律工具实现公司财务决策的目标。

1.4.3　金融市场环境

金融市场是与商品市场、劳务市场和技术市场并列的一种市场，在这个市场上活跃着各种金融机构、非金融机构和个人，这些机构、企业和个人在市场上进行货币和证券的交易活动。所有的企业都在不同程度上参与金融市场。金融市场上存在着多种方便而又灵活的筹资工具，公司需要资金时，可以到这里寻找合适的工具筹集所需资金。当公司有了剩余资金时，也可在这里选择投资方式，为其资金寻找出路。在这里，公司通过证券买卖、票据承兑和贴现等金融工具实现长短期资金的转换，以满足公司经营需要。在这里，公司通过远期合约、期货合约和互换合约等各种套利、投机和套期保值的手段，化解、降低、抵消可能面临的利率风险、汇率风险、价格风险等风险。金融市场还为工程财务决策提供有意义的信息。金融市场的利率变动反映资金的供求状况，有价证券市场的行情反映投资人对企业经营状况和盈利水平的评价。没有发达的金融市场，经济就会遇到困难；不了解金融市场，企业就无法做出最优的财务决策。

＊启示：金融市场环境对财务管理产生的影响包括：①为企业筹资和投资提供场所；②企业可通过金融市场实现长短期资金的互相转化；③金融市场为企业的理财提供相关信息。

1.4.3.1　金融市场

金融市场按交易对象分为资金市场、外汇市场和黄金市场。资金市场是进行资金借贷的市场，包括筹资期限在一年以内的货币市场和筹资期限在一年以上的资本市场。外汇市场是进行外汇买卖的交易场所或交易网络，主要设置在各国主要的金融中心，如荷兰的阿姆斯特丹、英国的伦敦、美国的纽约、日本的东京、中国的香港等都是著名的国际金融中心。黄金市场是专门经营黄金买卖的金融市场，包括现货交易市场和期货交易市场，市场的参与者主要是各国的官方机构、金融机构、经纪商、企业和个人。金融市场按筹资期限分为货币市场和资本市场。货币市场是筹资期限不超过一年的资金交易市场，是调剂短期资金的场所，交易内容较为广泛，主要包括短期存贷款市场、银行间同业拆借市场、商业票据市场、可转让大额存单市场、短期债券市场等。资本市场是筹资期限在一年以上的长期资金交易市场，主要包括长期存贷款市场、长期债券和股票市场，是企业取得大额资金的场所，企业以投资者和筹资者双重身份活跃在这个市场上。按交易的性质分为发行市场和流通市场。发行市场是发行证券的市场，也称为一级市场。流通市场是从事已发行证券交易的市场，又称二级市场。资金在一级市场上从投资者手中流入企业，二级市场则方便了投资者之间的交易，增加了投资者资产的流动性，提供了公司股票价值的信号，间接地促进了一级市场的发展。此外，金融市场按交割时间还可以分为现货市场和期货市场，按地理区域分为国内金融市场和国际金融市场等。图 1—6 描述了金融市场的结构。

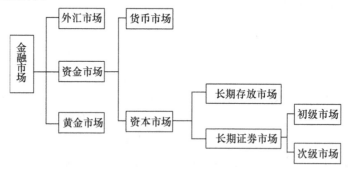

图 1—6 金融市场的结构

  ＊启示：美国华尔街两大资本市场是：纽约交易所，全球 7000 家上市公司包括世界 500 强企业；纳斯达克交易所，全球 4000 家上市公司。欧洲、亚洲企业借助华尔街实现强大之路。其也支撑了美国经济强大。

1.4.3.2 金融机构

  金融机构是金融市场上联结资本需求者与资本供给者的桥梁，在金融市场上发挥着十分重要的作用。通常人们将金融机构分为银行和非银行金融机构两类。

  （1）银行金融机构。按照职能，银行金融机构又可以进一步分为中央银行、商业银行、专业银行。中央银行虽然也称为"银行"，但它并非一般意义上的银行，而是一个政府管理机构。它的目标不是利润最大化，而是维护整个国民经济的稳定和发展，它的基本职能是制定和执行国家的金融政策。中国人民银行是我国的中央银行，它代表政府管理全国金融机构，经理国库。其主要职责是：制定和实施货币政策，保持货币币值稳定；依法对金融机构进行监督管理，维护金融业的稳定；维护支付和清算系统的正常运行；保管、经营国家外汇储备和黄金储备；代理国库和其他与政府有关的金融业务；代表政府从事有关的国际金融活动等。商业银行是主要经营存贷款业务、以盈利为经营目标的金融企业。随着金融市场的发展，商业银行的业务范围已大大拓展。不论是证券市场发达还是不发达的国家，商业银行都是金融市场的主要参与者。在我国，中国工商银行、中国农业银行、中国建设银行、中国银行、交通银行、光大银行、招商银行、中信实业银行、华夏银行、深圳发展银行、上海浦东发展银行、福建兴业银行等都属于商业银行。

专业银行是只经营指定范围金融业务和提供专门的金融服务的银行，主要有开发银行、储蓄银行等。如美国的互助储蓄银行，仅靠接受存款筹措资金，业务也仅限于发放抵押贷款。此外，银行金融机构还包括政策性银行。政策性银行一般不以营利为目的，其基本任务是为特定的部门或产业提供资金，执行国家的产业政策和经济政策。如我国的国家开发银行、中国进出口银行就是政策性银行。政策性银行虽然不以营利为目的，但政策性银行的资金并非财政资金，也必须有偿使用，对贷款也要严格审查，并要求还本付息。

（2）非银行金融机构。非银行金融机构的构成和业务范围都极为庞杂，与公司财务活动密切相关的有：保险公司、证券公司、投资银行、信托投资公司、养老基金、共同基金、金融租赁公司等。保险公司从事财产保险、人寿保险等各项保险业务，不仅为企业提供了防损减损的保障，而且其聚集起来的大量资金还是公司及金融体系中长期资本的重要来源。投资银行主要从事证券买卖、承销，我国习惯上称为证券公司。证券公司为企业代办、发行或包销股票和债券，参与企业兼并、收购、重组等活动，为企业提供财务咨询服务，与企业的关系十分密切。

共同基金是一种进行集合投资的金融机构，聘请有经验的专业人士，根据投资者的不同愿望，进行投资组合，获取投资收益。财务公司不能吸收存款，但可以提供类似银行的贷款及其他金融服务。我国的财务公司多为由企业集团内部各成员单位入股设立的金融股份有限公司是集团内部各企业单位融通资金的重要机构。金融租赁公司则通过出租、转租赁、杠杆租赁等服务为企业提供生产经营所需的各种动产和不动产。

1.4.3.3 利息率

金融市场上的交易对象是货币资金。无论是银行的存贷款，还是证券市场上的证券买卖，最终要达到的目标都是货币资金转移，而货币资金的交易价格就是利率。利率的高低通过影响筹资方的筹资成本和投资方的投资收益而直接影响交易双方的利益，是公司财务决策的基本依据。在金融市场上有各种各样的利率，主要有以下几大类别：

（1）市场利率与官方利率。既然利息是资金的价格，利率水平的高低也就与其他商品一样是由可借贷资金的供求关系决定的。可供借贷的资金主要来源于居民的储蓄、货币供给的增长和境外资金的流入。资金的需求则主要来自投资、政府赤字、持有现金及经济货币化过程等产生的对资金的需求。显然，利息率越高，资金供给就越多，而资金的需求就越小；利息率越低，资金的需求就越高，而资金的供给就越少。根据上述利率与资金供求量之间的关系可以得到资金的供求曲线，资金供求曲线的交点是市场的均衡利率，如图1—7所示。市场利率就是由货币资金的供求关系决定的利息率，是由市场供求的均衡点决定其水平高低的利息率。

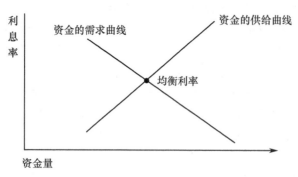

图1—7　资金供求与利率

官方利率是由中央银行或政府金融管理部门确定的利率，也称为法定利率。我国的利率属于官方利率，由国务院统一制定，中国人民银行统一管理。官方利率是国家进行宏观调控的一种手段，虽然是由政府确定公布的，但也要考虑市场供求的状况。

（2）基准利率与套算利率。按照利率之间的变动关系可以将利率分为基准利率与套算利率。基准利率是在多种利率并存的条件下起决定作用的利率，这种利率的变动将影响和决定其他利率的变动。例如，西方国家中央银行的再贴现率和我国中国人民银行对商业银行的贷款利率。套算利率是指在基准利率基础上，各金融机构根据借贷特点换算出来的利率。例如，某金融机构规定，贷款给AA级企业的利率是在基准利率的基础上增加1％，则若基准利率是3％，则A类企业可获得的该金融机构的贷款利率为4％。

（3）实际利率与名义利率。在公司财务决策中区分实际利率和名义利率至关重要，一项投资是赚钱还是赔钱不能看名义利率，而要看实际利率，名义利率和实际利率之差就是通货膨胀率。例如，在1988年，中国的通货膨胀率平均高达18.5％，假如某企业年初取得一笔贷款的年利息率为24.5％，则该企业负担的实际利率是6％（24.5％～18.5％）。

通常，贷款合同里签署的都是名义利率，包含了借贷双方对未来通货膨胀的预期。倘若对未来的通货膨胀不能作出比较准确的估计，交易的某一方就会发生损失。实际通货膨胀率高于预期，对贷出资金的一方不利；实际通货膨胀率低于预期，则对借方不利。因此，在公司财务决策中更重要的是能够对实际利率作出比较准确的事先估计。

（4）浮动利率与固定利率。为了避免借贷期内由于通货膨胀等因素引起实际利率变动而造成的损失，就产生了浮动利率。浮动利率允许贷款利率按照合同规定的条件依市场利率的变动而调整，适用于借贷时期较长、市场利率多变的借贷关系。固定利率则是在借贷期内固定不变的利率，适用于短期借贷。

* 启示：利息构成率因素包括：①利率由三部分构成：纯利率、通货膨胀补偿、风险报酬；②纯利率是指没有风险和没有通货膨胀情况下的均衡点利率，通常以无通货膨胀情况下的无风险证券利率来代表纯利率；③通货膨胀情况下，资金的供应者必然要求提高利率水平来补偿购买力的损失，所以短期无风险证券利率＝纯利率＋通货膨胀补偿；④风险报酬要考虑违约风险、流动性风险、期限风险，它们都会导致利率的增加。

1.4.4 社会文化环境

社会文化环境包括教育、科学、文学、艺术、新闻出版、广播电视、卫生体育、世界观、理想、信念、道德、习俗，以及同社会制度相适应的权利义务观念、道德观念、组织纪律观念、价值观念、劳动态度等。企业的财务活动不可避免地受到社会文化的影响。但是，社会文化的各方面对财务管理的影响程度是不尽相同的，有的具有直接影响，有的只有间接影响；有的影响比较明显，有的影响微乎其微。

例如，随着财务管理工作的内容越来越丰富，社会整体的教育水平将显得非常重要。事实表明，在教育落后的情况下，为提高财务管理水平所做的努力往往收效甚微。再比如，科学的发展对财务管理理论的完善也起着至关重要的作用。经济学、数学、统计学、计算机科学等诸多学科的发展，都在一定程度上促进了财务管理理论的发展。另外，像社会的资信程度等，也在一定程度上影响着财务管理活动。当社会资信程度较高时，企业间的信用往来会加强，会促进彼此之间的合作，并减少企业的坏账损失。

同时，在不同的文化背景中做生意的公司，需要对现有员工进行文化差异方面的培训，并且在可能的情况下雇用文化方面的专家。忽视社会文化对公司财务活动的影响，将给公司的财务管理带来意想不到的问题。

工程投资价值理念 2

学习目标

(1) 掌握资金时间价值的本质和表现形式。

(2) 复利现值和终值以及年金现值和终值计算。

(3) 复杂资金时间价值计算以及债券股票定价。

(4) 如何应用 Excel 财务函数计算资金时间价值。

(5) 如何衡量单项证券投资和证券组合投资风险。

(6) 掌握资本资产定价模型和证券市场线。

2.1 资金时间价值

自 2008 年 12 月 23 日起，5 年期以上商业贷款利率从原来的 6.12% 降为 5.94%，以个人住房商业贷款 50 万元（20 年）计算，降息后每月还款额将减少 52 元。但即便如此，在 12 月 23 日以后贷款 50 万元（20 年）的购房者，在 20 年中，累计需要还款 85.5 万多元，需要多还银行 35 万余元，这就是资金时间价值所起的作用。

2.1.1 资金时间价值本质

任何资金投资活动都是在特定的时空中进行的。离开了时间价值因素，就无法正确计算不同时间的财务收支，也无法正确评价投资盈亏。资金时间价值原理正确地揭示了在不同时点上资金之间的换算关系，是投资决策的基本依据。

关于资金时间价值的概念和成因，人们的认识并不完全一致。西方经济学的定义是：即使在没有风险和通货膨胀的条件下，今天 1 元钱的价值也大于 1 年以后 1 元钱的价值。拿 1 元钱投资，就失去了当时使用或消费这 1 元钱的机会或权利，按时间计算这种付出的代价或投资收益，就叫作资金时间价值。

上述定义只说明了资金时间价值的现象，并没有说明资金时间价值的本质。试想，如果资金所有者把钱埋在地下保存是否能得到收益呢？显然不能。因此，并不是所有资金都有时间价值，只有把金钱作为资本投入生产经营过程才能产生时间价值。也就是说，资金被投入生产经营或工程施工以后，劳动者会生产出新的产品，创造出新的价值，产品销售以后得到的收入要大于原来投入的资金额，形成资金的增值，即资金时间价值是在生产经营中产生的。在一定时期内，资金从投放到回收形成一次周转循环。每次资金周转需要的时间越少，在特定时期之内，资金的增值就越大，投资者获得的收益也就越多。因此，随着时间的推移，资金总量在循环周转中不断增长，使得资金具有时间价值。

需要注意的是，将资金作为资本投入生产过程所获得的价值增加并不全是资金的时间价值。因为，所有的生产经营都不可避免地具有风险，而投资者承担风险也要获得相应的收益，此外，通货膨胀也会影响资金的实际购买力。因此，对所投资工程项目的收益率也会产生影响。资金的供应者在通货膨胀的情况下，必然要求索取更高的收益以补偿其购买力损失，这部分补偿称为通货膨胀贴水。可见，资金在生产经营过程中产生的收益不仅包括时间价值，还包括资金提供者要求的风险收益和通货膨胀贴水。因此，本书认为，资金时间价值是扣除风险收益和通货膨胀贴水后的真实收益率。

2.1.2 资金时间价值表现形式

资金时间价值有两种表现形式：相对数形式和绝对数形式。相对数形式，即时间价值率，是指扣除风险收益和通货膨胀贴水后的平均资金利润率或平均收益率；绝对数形式，即时间价值额，是指资金与时间价值率的乘积。时间价值虽有两种表示方法，但在实际工作中并不进行严格的区分。因此，在述及资金时间价值的时候，有时是绝对数，有时是相对数。

银行存款利率、贷款利率、各种债券利率、股票的股利率都可以看作投资收益率，它们与时间价值都是有区别的，只有在没有风险和通货膨胀的情况下，资金时间价值才与上述各收益率相等。

为了分层次地、由简到难地研究问题，在论述资金时间价值时采用抽象分析法，一般假定没有风险和通货膨胀，以利率代表资金时间价值，本章也是以此假设为基础的。

2.1.3 资金时间价值计算

2.1.3.1 资金流量时间线

计算资金时间价值，首先要清楚资金运动发生的时间和方向，即每笔资金是在哪个时点上发生，资金流向是流入还是流出。资金流量时间线提供了一个重要的计算资金时间价值的工具，可直观、便捷地反映资金运动发生的时间和方向。典型的现金流量时间线范例如图 2—1 所示。

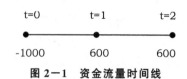

图 2—1　资金流量时间线

图 2—1 中横轴为时间轴，从左至右时间逐渐增加。横轴上的坐标代表各个时点，t＝0 表示现在，t＝1、2 分别表示从现在开始的第 1 期期末、从现在开始的第 2 期期末，以此类推。如果每期的时间间隔为 1 年，则表示从现在起第 1 年年末，表示从现在起第 2 年年末。换句话说，也表示第 2 年年初。图 2—1 中从各时间点上表示各时点的资金流量，图 2—1 的资金流量时间线表示在 t＝0 时刻有 1000 单位的现金流出，在 t＝1 及 t＝2 时点各有 600 单位的资金流入。资金流量时间线对更好地理解和计算资金的时间价值很有帮助，本书在后面章节多次运用这一工具来解决许多复杂的问题。

2.1.3.2　复利终值和现值计算

（1）复利的概念。利息的计算有单利和复利两种方法。单利是指一定期间内只根据本金计算利息，当期产生的利息在下一期不作为本金，不重复计算利息。例如，本金为 1000 元、年利率为 4.2% 的 3 年期定期存款，到期时的利息收入为 126 元，每年的利息收入为 42 元（1000×4.2%）。而复利则是不仅本金要计算利息，利息也要计算利息，即通常所说的"利滚利"。例如本金为 1000 元、年利率为 3.3% 的 1 年期定期存款，到期继续转存 1 年，3 年后利息收入总额为 102.3 元，第一年的利息收入为 33 元（1000×3.3%），第二年利息收入为 34.09 元（1033×3.3%），第三年的利息收入为 35.21 元（1067.09×3.3%）。

复利的概念充分体现了资金时间价值的含义，因为资金可以再投资，而且理性的投资者总是尽可能快地将资金投入合适的方向，以赚取收益。在讨论资金的时间价值时，一般都按复利计算。

（2）复利终值和现值资金流量时间线。

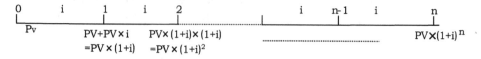

图 2—2　复利终值和现值资金流量时间线

终值是指当前的一笔资金在若干期后所具有的价值，现值是指未来某期收到或支付的现金在当前的价值。

（3）复利终值和现值计算公式。

$$FV = PV \times (1+i)^n = PV \times FVIF_{i,n} \tag{2-1}$$

其中，FV 表示复利终值，PV 表示复利现值；i 表示每期利息率，n 表示计息期数，$(1+i)^n$ 称为复利终值系数可表示为 $FVIF_{i,n}$。

复利现值的计算就是由终值求现值又称为贴现，贴现时使用的利息率称为贴现率。其公式可由终值的计算公式导出：

$$PV=FV/(1+i)^n=FV \times PVIF_{i,n} \tag{2-2}$$

其中，$1/(1+i)^n$ 称为复利现值系数可表示为 $PVIF_{i,n}$。

＊启示：复利终值系数和现值系数是互为倒数的关系。

（4）用 Excel 计算复利终值和现值。

用 Excel 财务函数中的终值函数 FV（Rate，Nper，Pmt，Pv，Type）和现值函数 PV（Rate，Nper，Pmt，Fv，Type）运算，其中参数 Rate 与计算公式中 i 的表示相同都为每期利息率，Nper 与计算公式中 n 的表示相同都为计息期数，Pv 是复利现值，Fv 是复利终值；Pmt 和 Type 分别表示年金额及其类型，在计算复利现值和终值时无须用到。

［例 2-1］将 1000 元存入银行，年利率为 7.5%，按复利计算，60 年后能得到多少钱？

解法一：运用复利终值计算公式可得：

$$FV=1000 \times (1+7.5\%)^{60}=76649.24（元）$$

解法二：用 Excel 中财务函数的 FV 函数。

将已知条件输入参数 Pv＝－1000，Nper＝60，Rate＝7.5%。

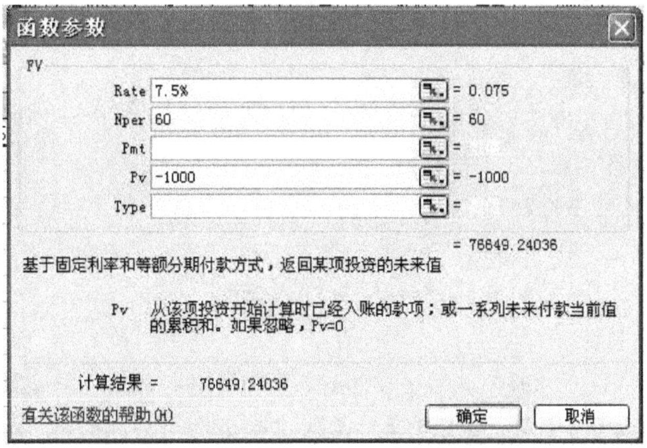

图 2-3　例 2-1 Excel 计算结果

［例 2-2］某人在 5 年后需要 10 万元，他委托投资公司为其代理投资，投资公司保证每年最低收益率为 10%，为保险起见，此人现在应交给投资公司多少资金？

解法一：运用复利现值计算公式可得：

$$PV=5 \div (1+10\%)^5=6.21（万元）$$

解法二：用 Excel 中财务函数的 PV 函数算出结果，如图 2—4 所示。

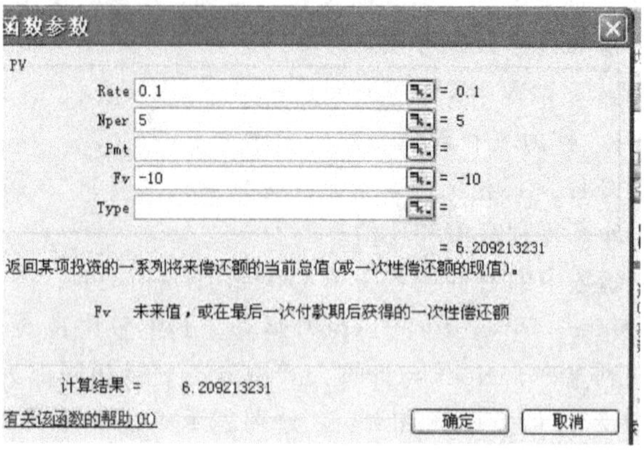

图 2—4 例 2—2 Excel 计算结果

[例 2—3] 你考虑将 2000 美元存入银行，6 年后使用。你看到的定期存款年利率分别为：1 个月的是 3.4375%，3 个月的是 3.625%，半年的是 3.75%，1 年的是 3.8125%，3 年的是 5.298%，存款本息到期都将自动转存，如果你不认为年内有调整利率的可能性，那么你愿意以哪种期限存款？

解法一：运用复利终值计算公式可得：

①按月计提利息：

$FV = 2000 \times (1 + 3.4375\%/12)^{6 \times 12} = 2000 \times (1 + 0.2865\%)^{72} = 2457.47$（美元）

②按季计息：

$FV = 2000 \times (1 + 3.625\%/4)^{6 \times 4} = 2000 \times (1 + 0.90625\%)^{24} = 2483.5$（美元）

③按半年计息：

$FV = 2000 \times (1 + 3.75\%/2)^{6 \times 2} = 2000 \times (1 + 1.875\%)^{12} = 2499.43$（美元）

④按年计息：

$FV = 2000 \times (1 + 3.8125\%)^{6} = 2503.39$（美元）

⑤按 3 年计息：

$FV = 2000 \times (1 + 5.298\% \times 3)^{2} = 2000 \times (1 + 15.894\%)^{2} = 2686.28$（美元）

解法二：用 Excel 中财务函数的 FV 函数计算可得到上述同样结果。请自己练习。

[例 2—4] 1966 年斯兰黑不动产公司在内部交换银行（田纳西镇的一个银行）存入一笔 6 亿美元的存款。存款协议要求银行按每周 1% 的利率（复利）付息（该银行第二年破产）。1994 年，纽约布鲁克林法院做出判决：从存款日到田纳西镇对该银行进行清算的 7 年中，这笔存款应按每周 1% 的复利计息，而在银行清算后的 21 年中，每年按 8.54% 的复利计息，判决田纳西镇应向美国投资者支付 1267 亿美元。请问这笔钱是怎么计算出来的。

解法一：运用复利终值计算公式可得：

$$FV = 6 \times (1+1\%)^{7 \times 365/7} \times (1+8.54\%)^{21} = 1267(\text{亿美元})$$

解法二：用 Excel 中财务函数的 FV 函数计算可得到上述同样结果。

2.1.3.3 年金终值和现值计算

年金是指一定时期内每期收付相等金额的款项。折旧、利息、租金、保险费等均表现为年金的形式。年金按收付方式，可分为后收付年金（又称普通年金）、永续年金、先收付年金（又称即收付年金）和延期年金（又称递延年金）。

（1）后收付年金终值和现值计算。后收付年金是指每期期末有等额收付款项的年金。在现实经济生活中这种年金最为常见，故也称为普通年金。

1）后收付年金终值计算公式。后收付年金终值犹如零存整取的本利和，它是一定时期内每期期末等额收付款项的复利终值之和。

假设：A 代表年金数额；i 代表每期利息率；n 代表计息期数；FVA 代表年金终值。则后收付年金终值的计算可用图 2—5 来说明。

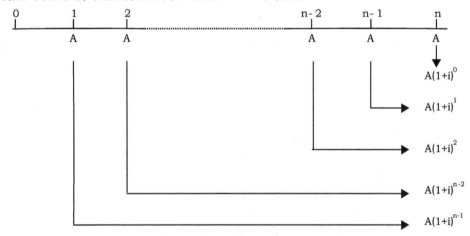

图 2—5 后收付年金终值计算示意图

由图 2—5 可知，后收付年金终值 FVA 的计算公式为：

$$FVA = A \times (1+i)^0 + A \times (1+i)^1 + A \times (1+i)^2 + \cdots + A \times (1+i)^{n-1} \quad (2-3)$$
$$= A \times [(1+i)^n - 1]/i = A \times FVIFA_{i,n}$$

其中，$FVIFA_{i,n}$ 称作后收付年金终值系数；上述公式通过 Excel 中财务函数 FV（Rate，Nper，Pv，Pmt，Type）函数计算可得，其中 Rate、Nper 和 Pmt 分别表示式（2—3）中每期利息率 i 和计息期数 n 以及年金额 A，因为是年金终值，所以复利现值 Pv 无须输入任何数字，后收付年金类型 Type 不需输入任何数字，若一定要输入就输入数字 0。

2）后收付年金现值计算公式。后收付年金现值是一定期间每期期末等额的系列收付款项的现值之和。通常用符号 PVA 表示，后收付年金现值的计算过程可用图 2—6 加以说明。

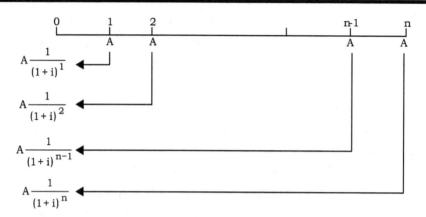

图2—6 后收付年金现值计算示意图

由图2—6可知，后收付年金现值的计算公式为：

$$PVA = A \times 1/(1+i)^1 + A \times 1/(1+i)^2 + \cdots + A \times 1/(1+i)^{n-1} + A \times 1/(1+i)^n$$
$$= A \times [1 - 1/(1+i)^n]/i = A \times PVIFA_{i,n} \tag{2-4}$$

其中、$PVIFA_{i,n}$称作后收付年金现值系数；上述公式可通过 Excel 中财务函数 PV（Rate，Nper，Fv，Pmt，Type）函数计算可得，其中 Rate、Nper 和 Pmt 分别表示式（2—4）中每期利息率 i 和计息期数 n 以及年金额 A，因为是年金现值所以复利终值 Fv 无须输入任何数字，普通后收付年金类型 Type 不需输入任何数字，若一定要输入就输入数字0。

［例2—5］某人准备在今后5年中每年年末从银行取1000元，如果利息率为10％，则现在应存入多少元？

解法一：运用普通年金现值计算公式可得：

$$PVA = 1000 \times [1 - 1 \div (1+10\%)^5] \div 10\% = 1000 \times 3.791 = 3791（元）$$

解法二：用 Excel 中财务函数 PV 可得到上述同样计算结果，具体如图2—7所示。

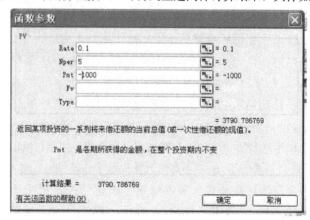

图2—7 例2—5 Excel 计算结果

[例 2—6] 某企业全部用银行贷款投资新建一个工程项目，总投资额 5000 万元，假设银行贷款利率为 16%，该工程当年建成投产。要求：

（1）该工程投产后分 8 年等额归还银行借款，每年年末应还多少？

（2）若该工程建成投产后每年可获得 1500 万元全部用来归还借款本息需多少年才能还清？

问题（1）之解法一：这是已知普通年金现值求年金的问题，根据普通年金现值公式可得：

$$A \times [1 - 1 \div (1 + 16\%)^8] \div 16\% = 5000$$

计算得 A＝1151（万元）

解法二：用 Excel 中财务函数 PMT 可得到上述同样计算结果，具体如图 2—8 所示。

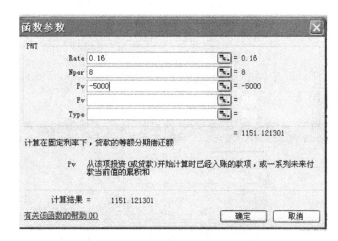

图 2—8　例 2—6 问题（1）Excel 计算结果

问题（2）之解法一：运用普通年金现值计算公式可得，已知普通年金 A＝1500 万元，普通年金现值 PVA＝5000 万元，i＝16%，求计息期数 n，但这需要借助内插法进行试算得出 n＝5.13。

解法二：用 Excel 中财务函数 NPER（Rate，Pmt，Pv，Fv，Type）计算结果如图 2—9 所示。

*启示：用 Excel 财务函数 NPER 计算计息期数 n 时，参数 Pv、Fv 和 Pmt 输入的数应该是一正一负。

[例 2—7] 现在向银行存入 5000 元，在利率为多少时，才能保证在今后 10 年中每年年末得到 750 元？

解法一：运用普通年金现值计算公式，这是已知普通年金和年金现值和期数求利率的问题，用内插法试算可得：

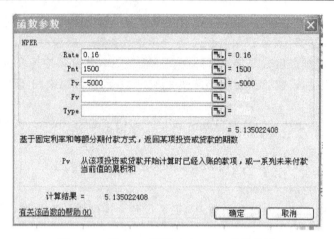

图 2—9 例 2—6 问题（2）Excel 计算结果

$$\frac{i-8\%}{9\%-8\%}=\frac{6.667-6.710}{6.418-6.710}\Rightarrow i=8.147\%$$

解法二：用 Excel 中财务函数 RATE（Nper，Pv，Fv，Pmt，Type）可得到同样计算结果如图 2—10 所示。

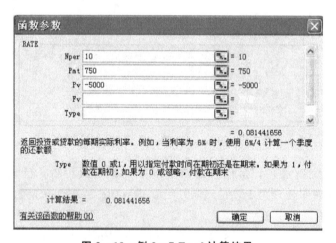

图 2—10 例 2—7 Excel 计算结果

（2）永续年金现值计算公式。永续年金是指期限为无穷的普通年金。英国和加拿大有一种国债就是没有到期日的债券，这种债券的利息可以视为永续年金。绝大多数优先股因为有固定的股利而又无到期日，因而其股利也可以视为永续年金。另外，期限长、利率高的年金现值，可以按永续年金现值的计算公式计算其近似值。根据普通年金终值计算公式（2—3）可知当 n 趋于无穷时，FVA 趋于无穷，所以永续年金没有终值；根据公式（2—4）可知当 n 趋于无穷时，PVA 趋于永续年金现值，等于：

$$Pv = A/i \qquad (2-5)$$

[例2-8] 某人投资海外公司的无限期优先股，票面股息率为5%，他希望能够每年至少获得10000元的股利用于养老，请问他至少应该购买多少金额的该优先股股票？

解答：$Pv = 10000 \div 5\% = 200000$（元）

（3）先收付年金终值和现值计算。先收付年金是指在一定时期内，各期期初等额的系列收付款项。先收付年金与后收付年金的区别仅在于收付款时间的不同。由于后收付年金是最常用的，如何根据后收付年金的计算公式，推导出先收付年金的计算公式是这部分讨论的重点问题。

计算思路一：变年金不变期数

n期先收付年金和n期后收付年金的收付款次数相同，但由于收付款时间点的不同，n期先收付年金A多计算一期利息，就转化成n期后收付年金$A \times (1+i)$，可用图2-11加以说明。

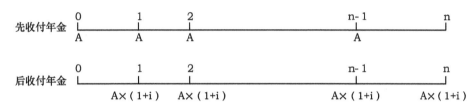

图2-11 先收付年金转换成后收付年金比较

从图2-11可求出n期先收付年金现值XPVA和先收付年金终值XFVA计算公式：

$$XPVA = A \times (1+i) \times PVIFA_{i,n} = A \times (1+i) \times [1 - 1/(1+i)^n]/i \qquad (2-6)$$

$$XFVA = A \times (1+i) \times FVIFA_{i,n} = A \times (1+i) \times [(1+i)^n - 1]/i \qquad (2-7)$$

其中，$PVIFA_{i,n}$ 和 $FVIFA_{i,n}$ 分别表示普通年金现值和终值系数。

计算思路二：变期数不变年金

（1）先收付年金终值的另一计算公式。

还可用n+1期后收付年金终值推出n期先收付年金终值的另一计算公式。n+1期后收付年金比n期先收付年金多收付一次款，因此，只要将n+1期后付收年金的终值减去一期付款额A，便可求出n期先收付年金终值的另一计算公式：

$$XFVA = A \times [FVIFA_{i,n+1} - 1] = A \times \{[(1+i)^{n+1} - 1]/i - 1\} \qquad (2-8)$$

＊启示：n期先收付年金终值系数等于n+1期后收付年金终值系数减1。

（2）先收付年金现值的另一计算公式。

还可根据n期先收付年金现值与n-1期后收付年金的关系推导出另一计算公式。n期先收付年金现值比n-1期后收付年金多一期不用贴现的收付款额A。因此，只要将n-1期后收付年金的现值加上一期不用贴现的收付款额A，便可求出

n期先收付年金现值另一计算公式：

$$XPVA = A \times [PVIFA_{i,n-1} + 1] = A \times \{[1 - 1/(1+i)^{n-1}]/i + 1\} \qquad (2-9)$$

*启示：n期先收付年金现值系数等于n-1期后收付年金现值系数加1。

与后收付年金现值和终值一样，先收付年金终值和现值计算式（2-6）至式（2-9）也可运用Excel中的财务函数FV（Rate，Nper，Pmt，Type）以及PV（Rate，Nper，Pmt，Type）运算可得，参数含义同上，这里年金类型Type应该输入-1。

[例2-9] 小虹从2000年开始每年年初存入银行1000元，12年后，她能得到多少钱？按复利计息，假设12年间利率为2.25%。

解法一：运用先收付年金终值计算公式可得：

$$XFVA = 1000 \times (1 + 2.25\%) \times [(1 + 2.25\%)^{12} - 1] \div 2.25\% = 13909 (元)$$

解法二：通过Excel财务函数FV可计算出以下结果。如图2-12所示。

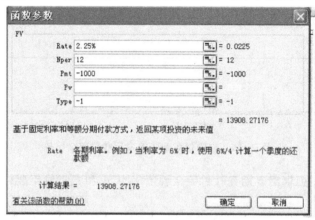

图2-12 例2-9 Excel计算结果

[例2-10] 某大学毕业生参加工作几年后小有积蓄，现拟分期付款购买一套住房，当前总价款40万元，该生在购房当时（6月1日）支付10万元，剩余30万房款从银行贷款，于未来12年内按月分期归还，当时银行贷款利息为年息6%，每等额支付本息。该生每月应该支付多少还款？每月的还款中，有多少是归还银行的房款本金，多少是归还银行的房款利息？

解法一：采用先收付年金现值计算公式可得：

该问题是已知先付年金现值XPVA=30万元，求先付年金问题。年利率6%，则计息月利率=6%÷12=0.5%，12年共计息12×12=144次。将上述数据代入现收付年金现值计算公式，有$30 = A \times \{[1 - 1 \div (1 + 0.5\%)^{143} \div 0.5\%] + 1\}$，由此得到每月还款总额A=2912.99（元）。每月还款本金=30÷144=2084（元），则每月归还的利息=2912.99-2084=828.99（元）。

解法二：采用Excel中财务函数PMT可求得A，如图2-13所示。

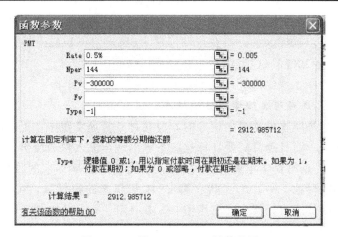

图 2—13　例 2—10 Excel 计算结果

（4）延期年金终值和现值计算。延期年金又叫递延年金，是指在最初若干期没有收付款项的情况下，后面若干期有等额的系列收付款项的年金。假定最初有 m（m＞1）期没有收付款项，后面 n 期每年有等额的系列收付款项，可以用图 2—14 说明。

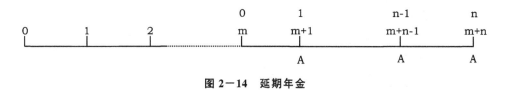

图 2—14　延期年金

1）延期年金终值计算公式。延期年金终值就是后 n 期普通年金复利终值之和，其计算公式与 n 期普通年金终值计算公式相同，具体如下：

$$FV = A \times FVIFA_{i,n} \tag{2—10}$$

2）延期年金现值计算公式。延期年金现值即是后 n 期年金先贴现至 m 期期初再贴现至第一期期初的现值。或者是 m＋n 期后付年金现值，减去没有收付款的前 m 期后付年金现值。具体计算公式是：

$$PV = A \times PVIFA_{i,n} \times PVIF_{i,m} = A \times 1/(1+i)^m \times [1-1/(1+i)^n]/i$$
$$= A \times [PVIFA_{i,n+m} - PVIFA_{i,m}]$$
$$= A \times \{[1-1/(1+i)^{n+m}]/i - [1-1/(1+i)^m]/i\} \tag{2—11}$$

[例 2—11] 保险公司提供一种养老保险，目前它提供的利率是 6％，比现在和你预期的未来银行存款率高。它规定只要你一次存入某个金额，从未来第 11 年开始的 30 年内每年年末你可以获得一固定金额的返还。你认为这是一个很好的养老金储存方式，你希望将来每年能得到 10000 元的养老金，你现在应该一次性缴入多少钱？

解答：已知 m＝11，n＋m＝30，A＝10000 元，将 i＝6％代入式（2—11）得：

$$PV =10000×\{[1-1/(1+6\%)^{30}]/6\%-[1-1/(1+6\%)^{11}]/6\%\}$$
$$=10000×(137648-78668)=58980(万元)$$

2.1.3.4　不等额现金流量现值的计算

前面的年金每期收付款都是相等的，但在财务管理实践中，更多的情况是每期收付款并不相等，而且经常需要计算这些不等额现金流入量或流出量的现值之和。

假设：A_0 代表第 0 年年末的收付款，A_1 代表第 1 年年末的收付款，A_2 代表第 2 年年末的收付款……，A_{n-1} 代表第 n−1 年年末的收付款，A_n 代表第 n 年年末的收付款。则其现值计算公式可用图 2—15 表示。

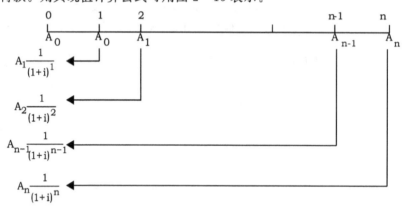

图 2—15　不等额现金流量现值计算

由图 2—15 可知，不等额现金流现值计算公式为

$$PV=A_0+A_1×1/(1+i)^1+A_2×1/(1+i)^2+\cdots+ \quad (2—12)$$
$$A_{n-1}×1/(1+i)^{n-1}+A_n×1/(1+i)^n$$

式（2—12）可运用 Excel 中财务函数 NPV 计算得出。

[例 2—12] 某人每年年末都将节省下来的工资存入银行，其存款额如表 2—1 所示，贴现率为 5％，求这笔不等额存款的现值。

表 2—1　某人不等额存款

年份	0	1	2	3	4
现金流量（元）	1000	2000	100	3000	4000

解法一：运用公式（2—12）计算得出：

$$PV =1000+2000÷(1+5\%)+100÷(1+5\%)^2+3000÷(1+5\%)^3+$$
$$4000÷(1+5\%)^4$$
$$=1000+2000×0.952+100×0.907+3000×0.864+4000×0.823$$
$$=8878.7(元)$$

解法二：运用 Excel 财务函数 NPV 计算出结果约为 8878.7 元。

2.1.3.5　年金和不等额现金流量混合的现值计算

在年金和不等额现金流量混合的情况下，其现值可用年金现值和复利现值计算公式综合计算，此外也可直接用 Excel 中 PV 函数计算得出。

[例 2－13] 某公司投资了一个新项目，新项目投产后每年获得的现金流入量如表 2－2 所示，贴现率为 9%，求这一系列现金流入量的现值。

表 2－2　项目现金流量

单位：元

年份	现金流量	年份	现金流量
1	1000	6	2000
2	1000	7	2000
3	1000	8	2000
4	1000	9	2000
5	2000	10	3000

解答：在这一实例中，1～4 年的现金流量相等，可以看作求 4 年期的普通年金现值，5～9 年的现金流量也相等，可用延期年金现值计算，第 10 年可用复利现值计算，最终得出：

$$PV = 1000 \times PVIFA_{9\%,4} + 2000 \times PVIFA_{9\%,5} \times PVIF_{9\%,4} + 3000 \times PVIF_{9\%,10}$$

并结合 Excel 中财务函数 PV 分别计算出本例中普通年金现值等于 3240，延期年金现值等于 5508.24，复利现值等于 1266，总和等于 10014.24 元。

2.1.3.6　连续增长股利的普通股估价

股票、债券价格确定是复利和年金现值计算的运用和拓展。优先股价格可用永续年金现值计算，但普通股由于每期发放的股利不同，通常可运用上述不等额现金流量现值以及年金和不等额现金流量现值总和计算得出，若发放股利是连续增长的就相当于等额增长年金，将每期分红贴现便可得到连续增长股利的普通股价格。假设某人投资某上市公司连续增长股利的普通股，去年该上市公司股利为 D_0，之后以 g 的增长比率连续增长，该上市公司的必要投资报酬率为 r，则投资该上市公司此类普通股其估价公式如下：

$$PV = D_0 \times (1+g)/(1+r) + D_0 \times (1+g)^2/(1+r)^2 + \cdots + D_0 \times (1+g)^n/$$
$$(1+r)^n + \cdots = D_0 \times (1+g)/(r-g) \tag{2-13}$$

[例 2－14] 时代公司准备投资购买东方信托投资股份有限公司的股票，该股票去年每股股利为 2 元，预计以后每年以 4% 的增长率增长。东方信托投资股份有限公司的必要投资报酬率为 10%，则该种股票的估价是多少？

解答：运用式（2—13）可计算得：

$$PV = 2 \times (1 + 4\%) \div (10\% - 4\%) = 34.67（元）$$

2.1.3.7 公司债券估价

债券发行价格是复利现值和普通年金现值综合计算问题。对于零息债券以及分期计息到期还本付息债券而言，其价格是已知本金（终值）和本息（终值）求解复利现值问题；对于分期付息到期一次还本的债券而言，其价格是普通年金现值和复利现值之和。

[例 2—15] 某债券面值为 1000 元，票面利率为 10%，期限为 5 年。每年年末支付利息到期按面值还本，如果当前市场利率为 12%，问债券价格估计为多少？

解答：该债券期限 n=5，每年支付利息 100 元等于面值 1000 元乘以票面利率 10%，相当于年金 A，到期第五年末支付本金 1000 元，根据普通年金现值和复利现值计算公式得到该债券价格等于：

$PV = 1000 \times PVIF_{12\%,5} + 100 \times PVIFA_{12\%,5}$，结合 Excel 中财务函数 PV 分别计算出普通年金现值和复利现值，两者求和等于 927.5 元，小于面值 1000 元，说明该债券是折价发行。

＊启示：当公司债券票面利率小于市场利率时，债券价格小于其面值以折价发行。

2.2 风险与报酬

对于大多数投资者而言，当前投入资金是因为预期在未来会赚取更多的投资报酬。报酬为投资者提供了一种恰当地描述投资项目财务绩效的方式。报酬的大小可以通过报酬或收益率来衡量。假设某投资者购入 10 万元的短期国库券，利率为 10%，那么这一年的投资报酬率或收益率为 10%。事实上，投资者获得的投资报酬就是国库券的票面利率，一般认为该项投资是无风险的。然而，如果将 10 万元投资于一个刚成立的工程施工公司，则该投资报酬就无法明确估计，即投资面临风险。

2.2.1 基本概念

投资决策几乎都是在包含风险和不确定的情况下做出的。离开了风险，就无法正确评价投资报酬的高低。风险是客观存在的，按风险的程度，可以把投资决策分为以下三种类型。

2.2.1.1 确定性投资

投资者对未来的情况是完全确定的或已知的决策，称为确定性决策。例如，前述投资者将 10 万元投资于利息率为 10% 的短期国库券，由于国家实力雄厚，到期得到 10% 的报酬几乎是肯定的，因此，一般认为这种投资为确定性投资，可以得到稳定的投资报酬，没有任何风险。

2.2.1.2 不确定性投资

投资者对未来的情况不仅不能完全确定，而且对不确定性程度即未来达到的投资报酬出现的可能性无法确定，这种情况为不确定性投资。

2.2.1.3 风险性投资

投资者对未来的情况不能完全确定，但不确定性出现的可能性——概率的具体分布是已知的或可以估计的，这种情况为风险性投资。

从理论上讲，不确定性是无法计量的，但在工程投资决策中，通常为不确定性规定一些主观概率，以便进行定量分析。不确定性规定了主观概率以后，与风险就十分近似了。因此，在工程投资管理中，对风险与不确定性并不作严格区分，当谈到风险时，可能是风险，更可能是不确定性。

投资者之所以愿意冒险投资，是因为其必要的预期报酬率或收益率足够高，能够补偿其可察觉的投资风险。显然，在上述例子中，如果投资工程施工企业的预期报酬率与短期国库券一样，那么几乎没有投资者愿意投资。相反，如果投资工程施工企业的预期报酬率远远高于国库券，那么就会有投资者愿意投资。

2.2.2 单项证券的风险计量

如前所述，对投资活动而言，风险与投资报酬可能性是相联系的，因此，对风险的计量就要从投资报酬的可能性入手。

2.2.2.1 确定概率分布并预测未来不确定性概率情况下可能的报酬率

概率是度量随机事件发生可能性的一个数学概念。例如，掷一次硬币，正面向上的概率为 50%。如果将所有可能的事件或结果都列示出来，并对每个事件都赋予一个概率，则得到事件或结果的概率分布。对于掷硬币一例，可以建立如下的概率分布表，如表 2-3 所示。第 1 列表示可能的事件结果，第 2 列表示不同事件结果的概率。请注意，概率分布必须符合以下两个要求：（1）出现每种结果的概率都在 0~1；（2）所有结果的概率之和应等于 1。

表 2-3 掷硬币的概率分布

事件结果	概率
（1）	（2）
正面向上	50%
反面向上	50%
合计	100%

这里为证券投资的可能结果（即收益或报酬）赋予概率。假设有两家公司中原公司和南方公司，其公司股票报酬率的概率分布如表2-4所示。从表中可以看出，经济繁荣的概率为30%，此时两家公司的股东都将获得很高的报酬率；经济情况一般的概率为50%，此时股票报酬适中；而经济情况衰退的概率为20%，此时两家公司的股东只能获得最低报酬，南方公司的股东甚至会遭受损失。

表2-4　中原公司和南方公司股票报酬率和概率分布

经济情况	发生概率	预计报酬率	
		中原公司	南方公司
繁荣	0.3	40%	60%
一般	0.5	20%	20%
衰退	0.2	0	−10%

2.2.2.2　计算期望报酬率

期望报酬率是预测未来各种可能的报酬率按其概率进行加权平均得到的报酬率，它是反映集中趋势的一种量度。其计算公式为：

$$\overline{K} = \sum_{i=1}^{n} K_i \times P_i \tag{2-14}$$

其中，$\overline{K}$ 是期望报酬率；K_i 表示第 i 种可能结果的报酬率；P_i 表示第 i 种可能结果的概率；n 表示可能结果的个数。

如表2-4所示，将各种可能结果与其所对应的发生概率相乘，并将乘积相加，则得到各种结果的加权平均数。此处权重系数为各种结果发生的概率，加权平均数则为期望报酬率。

中原公司的期望报酬（收益）率计算过程如下：

$$\overline{K} = 40\% \times 0.30 + 20\% \times 0.50 + 0\% \times 0.20 = 22\%$$

南方公司的预期收益率计算过程如下：

$$\overline{K} = 60\% \times 0.30 + 20\% \times 0.50 + (-10\%) \times 0.20 = 26\%$$

由此可知两个公司的期望报酬率不同，中原公司小于南方公司。

2.2.2.3　计算标准离差

标准离差是各种可能的报酬率偏离期望报酬率的综合差异，是反映离散程度的一种量度，标准离差可按下列公式计算：

$$\sigma = \sqrt{\sum_{i=1}^{n} (K_i - \overline{K})^2 \times P_i} \tag{2-15}$$

其中，σ 表示期望报酬率的标准离差；$\overline{K}$ 表示期望报酬率；K_i 表示第 i 种可能结果的报酬率；P_i 表示第 i 种可能结果的概率；n 表示可能结果的个数。

可见，标准离差实际上是第 i 种可能结果的报酬率偏离期望值的离差的加权平均值，其度量了预测值偏离期望值的程度。

前例中，中原公司的标准离差为：

$$\sigma = \sqrt{(40\% - 22\%)^2 \times 0.30 + (20\% - 22\%)^2 \times 0.50 + (0\% - 22\%)^2 \times 0.20}$$
$$= 14\%$$

南方公司的标准离差为：

$$\sigma = \sqrt{(60\% - 26\%)^2 \times 0.30 + (20\% - 26\%)^2 \times 0.20 + (-10\% - 26\%)^2 \times 0.20}$$
$$= 24.98\%$$

南方公司的标准离差更大，说明其收益的离差程度更大，即无法实现期望报酬的可能性更大。由此可以判断，当单独持有时，南方公司的股票比中原公司的股票风险更大。若两家公司期望报酬率相等时，应选择风险小的中原公司股票投资。理性投资者希望冒尽可能小的风险获得尽可能高的投资报酬。但现实中风险和报酬往往成正比，南方公司风险高于中原公司，其期望报酬率也高于中原公司，此时要求通过另一个指标标准离差率来衡量期望报酬率不同时风险程度大小。

2.2.2.4 计算标准离差率

标准离差是反映随机变量离散程度的一个指标，只能用来比较期望报酬率相同的资产的风险程度，无法比较期望报酬率不同的资产的风险程度。要对比期望报酬率不同的各个证券资产的风险程度，应该用标准离差率，标准离差率又称变异系数（Variation Coefficient，CV），是标准离差同期望报酬率的比值，其计算公式是：

$$CV = \frac{\sigma}{\overline{K}} \times 100\% \tag{2-16}$$

其中，CV 表示标准离差率，$\overline{K}$ 表示期望报酬率。可见标准离差率是每单位期望报酬率的标准离差。

上例中中原公司标准离差率（CV）$= 14\% \div 22\% = 64\%$

南方公司标准离差率（CV）$= 24.98\% \div 26\% = 96\%$

可见，南方公司风险比中原公司风险程度大，因为投资南方公司期望报酬率大于中原公司，所以这种情况与现实相符。若是风险承受能力高的投资者则偏好投资南方公司，相反投资中原公司。

*启示：当期望报酬率相同时，可用标准离差衡量单项证券投资风险，而当期望报酬率不同时，必须通过标准离差率衡量单项证券风险大小，该值越大风险越高。

2.2.3 证券组合风险的分类

证券组合投资报酬是组合中单项资产收益的加权平均数；证券组合风险，通常

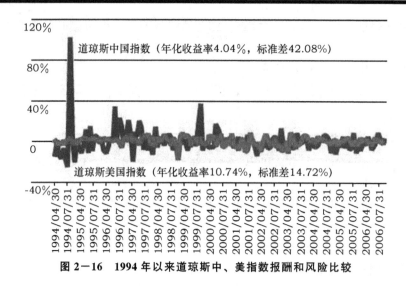

图 2－16　1994 年以来道琼斯中、美指数报酬和风险比较

并非组合内部单项资产标准离差的加权平均数，它是反映证券组合报酬率的离散程度大小。事实上，股票风险中通过投资组合能够被消除的部分称为可分散风险，而不能被消除的部分则称为不可分散风险，也称系统风险或市场风险。

（1）可分散风险。可分散风险又叫非系统风险，是由某些随机事件导致的，如个别公司遭受火灾、公司在市场竞争中的失败等。这种风险可以通过证券持有的多样化来抵消，即多买几家公司的股票，其中某些公司的股票收益上升，另一些公司的股票收益下降，从而将风险抵消。如果组合中股票数量足够多，则任意单只股票的可分散风险都能够被消除。

表 2－5 列示了完全负相关的两只股票 W 和 M 风险报酬数据以及对两只股票各投资 50％时构成的证券组合的相关数据。从图 2－17 中可以看出，两只股票在单独持有时都具有相当的风险，但构成投资组合 WM 时却不再具有风险。

表 2－5　W 股票和 M 股票以及 WM 组合的报酬率和标准离差

单位：％

年份（t）	W 股票（KW）	M 股票（KM）	WM 的组合（Kp）
1995	40	－10	15
1996	－10	40	15
1997	35	－5	15
1998	－5	35	15
1999	15	15	15
平均报酬率（K）	15	15	15
标准离差（σ）	22.6	22.6	0.00

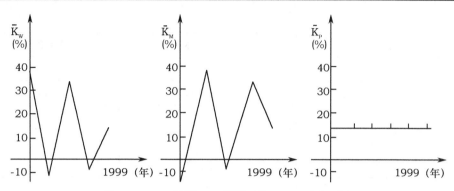

图 2—17 W 股票、M 股票以及 WM 组合报酬率

（2）不可分散风险。不可分散风险又称市场风险或系统风险，是指资本市场熊市不可分散风险，要求风险报酬，产生于那些影响大多数公司的因素包括经济危机、通货膨胀、经济衰退以及高利率。由于这些因素会对大多数股票产生负面影响，因此无法通过分散化投资消除市场风险。通常用 β 系数衡量不可分散的系统风险大小。单项资产的 β 系数反映证券收益对于系统风险反映程度。作为度量一种证券对于市场组合变动的反映程度的指标，β 系数计算复杂，一般由投资服务机构定期计算并向投资者公告。表 2—6 列示了美国几家公司的 β 系数，表 2—7 列示了中国几家上市公司的 β 系数。

表 2—6 2006 年度美国几家公司的 β 系数

公司名称	β 系数
通用汽车公司	1.88
微软公司	0.79
雅虎公司	0.72
摩托罗拉公司	1.35
国际商用机器公司	1.65
美国电话电报公司	0.62
杜邦公司	1.33

资料来源：Yahoo Finance（http：//finance, yahoo, com）.

表 2—7 2016 年度中国几家公司的 β 系数

股票代码	公司名称	β 系数
000037	深南电 A	1.20
000039	中集集团	0.56
000045	深纺织 A	0.86

续表

股票代码	公司名称	β系数
000060	中金岭南	2.34
600637	广电信息	1.49
600641	万业公司	0.40
600644	乐山电力	1.53
600650	锦江投资	1.00

资料来源：Yahoo Finance（http：//cn. finance, yahoo, com）.

　　作为整体证券市场的 β 系数为 1，如果某种股票的风险程度与整个证券市场的风险程度相同，则这种股票的 β 系数也等于 1，如果某股票的 β 系数大于 1 说明这种股票的风险大于整个证券市场的风险，如果某股票的 β 系数小于 1 说明这种股票的风险小于整个证券市场的风险。

　　证券组合的两类风险包括可分散风险和不可分散的系统风险，可用图 2—18 描述。

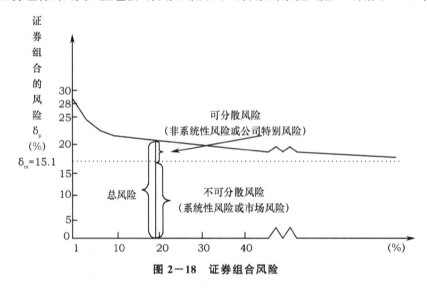

图 2—18　证券组合风险

　　*启示：可分散风险与公司微观因素相关，而不可分散系统风险与整个资本市场相关，是宏观经济因素导致的。

2.3　资本资产定价模型

2.3.1　基本假设

William F. Sharpe 等在 H. Markowitz 提出的最优组合理论的基础上提出了资本资产定价模型（Capital Asset Pricing Model，CAPM），其基本假设为：

（1）投资者都讨厌风险，他们要在风险与报酬的选择中将财富达到最大。

（2）投资者都是价格的接收者，他们对资产的投资报酬具有相同的预期。资产收益服从正态分布。

（3）存在一种无风险资产，投资者可以无限制地借贷。

（4）资产是可以无限划分的。

（5）无交易成本和所得税。

2.3.2 基本模型

$$K = R_F + \beta(K_M - R_F) \qquad (2-17)$$

其中，K 表示投资必要报酬率，R_F 是无风险报酬率（或利率）即考虑通货膨胀贴水的货币时间价值，通常采用国库券的利率。K_M 表示证券市场平均报酬率，β 系数。

假设无风险报酬率为 6%，市场报酬率为 10%，计算其必要报酬率。

当 β＝0 时，K＝6%＋0×（10%－6%）＝6%

当 β＝0.5 时，K＝6%＋0.5×（10%－6%）＝8%

当 β＝1 时，K＝6%＋1×（10%－6%）＝10%

当 β＝2 时，K＝6%＋2×（10%－6%）＝14%

此模型揭示风险与报酬的关系，无风险投资报酬率，投资的无差别点。资本资产定价模型中参数的确定过程是：

（1）无风险报酬率。①在国外，一般选择国债利率作为无风险利率。一种观点认为应该选择短期国债收益率作为无风险利率，因为短期国债没有流动性风险，但短期国债收益率的波动性很高，如果选择短期国债收益率作为无风险利率来估计公司的资本成本，这会使得所估计的结果对短期国债收益率过于敏感，因此有人提出用长期国债收益率作为无风险利率。但期限较长意味着流动性风险和再投资风险，因此应该在长期国债收益率的基础上减去期限贴水。②目前，我国可供选择的无风险利率主要有以下几个：国债收益率、国债回购利率、银行存款利率、银行间同业拆借利率。我国国债市场存在着市场化程度低、品种少、期限结构不合理（长期国债多而短期国债少）、流动性低和市场分割的问题，因此用国债利率作为无风险利率存在一定的困难。而建立在国债基础上的国债回购利率在很大程度上可以作为市场利率的参考。国债回购相当于国债抵押贷款，因此违约风险较小。我国国债回购市场交易相对活跃，流动性较高，但其主要问题是市场分割，因为回购市场有银行间和交易所两个市场。国内也有人采用商业银行的存款利率作为无风险利率。这一考虑主要基于我国的银行体系以国有商业银行为主，违约风险较小。但是采用银行存款利率的问题在于它不是市场化的，而且流动性很差，尤其是定期存款。银行同业拆借利率能够较好地反映资金的供求状况，但市场参与者仅限于具备一定资格的金融机构，而且它更多的是反映短期流动性的供求关系，波动性较大。

（2）证券市场平均报酬率。首先，我们需要找到一种市场组合的替代品；其次，我们需要确定抽样的期间；最后，我们要在抽样期间计算报酬率的平均值，而报酬率平均值的计算又有几何平均法和算术平均法。目前，我国交易所提供的指数主要有两类：一类是上证综合指数和深证综合指数，以所有上市公司为样本并以总股本为权重；另一类是两市的成分指数，包括上证 180 指数、上证 50 指数、深证成分指数和沪深 300 指数。非交易所提供的指数主要有中信指数、中华指数、新华指数、中经指数等。其中中信指数的影响相对较大。我国在股权分制改革前，大部分股票不可流通，因此以总股本为权重的综合指数失真情况比较严重；几个成分指数由于受成分股选择的影响，有时不能代表所有股票的变化。非交易所指数的影响力要小于交易所指数。计算市场风险溢价，需要把若干个样本数据作平均，而平均的方法有几何平均法和算术平均法。用几何平均法算出的数据要小于算术平均法算出的；收益率的波动性越大，两者的差别就会越大。样本跨度期间越短，用算术平均法算出的数就会越大，例如，按月计算的算术平均值要比按年计算的算术平均值大，而几何平均法不受样本期间长短的影响。

（3）β 系数。估算 β 值时需要考虑以下问题：①市场证券组合的替代品选择问题。一般用指数作为市场组合的替代，在大多数情况下，指数的选取对 β 值的影响并不显著，但必须要保证指数应该是一个充分分散化的投资组合，因此，用成分指数作为市场组合的替代，效果会稍差一些。②样本数据期间跨度的选择，用作回归分析的数据可以是日数据，也可以是周数据和月数据，比较这几种数据的选择对 β 值的影响。样本数据期间跨度长短的选择会对 β 值产生影响，如果选择日数据，由于受个别因素的影响会使计算的 β 值较小；而选择较长的数据期间，所要求的样本数量就会增加。一般选择周数据和月度数据。③样本数据区间长短的确定。样本区间不能太短，至少要达到 2～3 年，如美林公司用 5 年的数据来估算 β 值。但是，根据研究，β 值有向目标值 1 恢复的趋势，即 β 值大于 1 的公司，其 β 值会逐渐减小；而 β 值小于 1 的公司，其 β 值会逐渐增大。如果时间区间太长，这期间 β 值的变化会使估计误差加大。④基于历史数据估算的 β 值的调整。基于历史数据估算的 β 值，一般还要对其进行调整，作为未来 β 值的估计值。一方面是对 β 值均值恢复规律的调整，另一方面还需要针对行业因素和公司财务因素对 β 值进行调整，如行业风险大，β 值要向上调整。公司财务风险大，β 值也要向上调整。

2.3.3　证券组合的风险报酬

投资者在进行证券投资时，一般并不把所有资金投资于一种证券，而是同时持有多种证券。这种同时投资于多种证券的方式，称为证券的投资组合，简称证券组合或投资组合。由多种证券构成的投资组合，会减少风险，收益率高的证券会抵消收益率低的证券带来的负面影响。因此，绝大多数法人投资者如工商企业、投资信托公司、投资基金等都同时投资于多种证券，即使是个人投资者，一般也是持有证券的投资组合而不只是投资于某一个公司的股票或债券。所以，了解证券投资组合的风险收益率对于公司财务人员进行投资决策来说非常重要。

投资者进行证券组合投资与进行单项投资一样，都要求对承担的风险进行补偿，股票的风险越大，要求的收益越高。但是，与单项投资不同，证券组合投资要求补偿的风险只是市场风险，而不要求对可分散风险进行补偿。如果可分散风险的补偿存在，善于科学地进行投资组合的投资者将会购买这部分股票，并抬高其价格，其最后的收益率只反映市场风险即系统风险。因此，证券组合的风险收益是投资者因承担不可分散风险而要求的超过时间价值的那部分额外收益即风险溢价，可用下列公式计算：

$$K_p = \beta_p (K_M - R_F) \qquad (2-18)$$

其中，K_p 表示证券组合的风险报酬率；K_M 表示所有股票的平均报酬率，也就是由市场上所有股票组成的证券组合的报酬率，简称市场报酬（收益）率；β_p 表示证券组合的 β 系数，由式（2—19）给出。

$$\beta_p = \sum_{i=1}^{n} x_i \beta_i \qquad (2-19)$$

其中，x_i 为证券组合中第 i 只股票所占的比重，β_i 为第 i 只股票的 β 系数，n 为证券组合中包含的股票数目。

可用证券市场线 SML（Security Market Line，SML）来描述证券组合的风险报酬与不可分散系统风险 β 系数的关系，如图 2—19 所示。

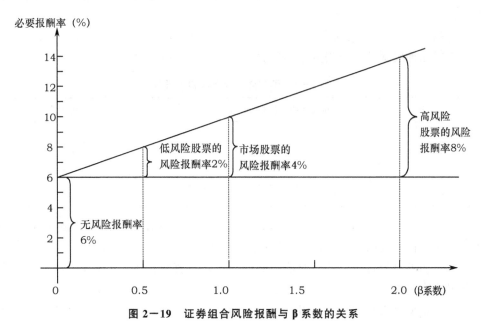

图 2—19 证券组合风险报酬与 β 系数的关系

由图 2—19 可见，无风险报酬率为 6%，β 系数不同的股票有不同的风险报酬率，当 β<1 时，风险报酬率为 2%；当 β=1 时，风险报酬率为 4%；当 β>1 时，风险报酬率为 8%。也就是说，β 值越高，要求的风险回报越高，在无风险收益率不变的情况下，投资必要报酬率也就越高。β 系数反映了股票投资报酬对于系统性风险的反应程度。

从投资者的角度来看，无风险收益率是其投资的收益率，但从筹资者的角度来看，则是其支出的无风险成本，或称无风险利息率。现在市场上的无风险利率由两方面构成：一是无通货膨胀的收益率。这是真正的时间价值部分。二是通货膨胀贴水等于预期的通货膨胀率。这样，在图 2-19 中无风险收益率等于 6%，假设包括 3% 的真实收益率和 3% 的通货膨胀贴水，如果预期通货膨胀率上升 2%，这将使无风险利率由 6% 上升至 8%，从而会引起投资必要报酬率相应增加 2%，低风险股票投资必要报酬率增至 10%，市场平均风险股票投资必要报酬率增至 12%，高风险股票投资必要报酬率增至 16%。

证券市场线（SML）反映了投资者回避风险的程度——直线越陡峭，投资者越回避风险。也就是说，在同样的风险水平上，要求的收益更高；或者在同样的收益水平上，要求的风险更小。如果投资者不回避风险，当为 6% 时，各种证券的收益率也是 6%，这样，证券市场线将是水平的，当风险回避增加时，风险收益率随之增加，证券市场线的斜率也变大。当 β=1 时，投资市场股票风险收益率从 4% 上升到 6%，必要收益率也从 10% 上升到 12%。

*启示：投资必要报酬率与系统风险 β 系数、通货膨胀以及风险回避程度三个影响因素均正相关。

［例 2-16］目前无风险收益率为 10%，市场组合的期望报酬率为 15%，市场分析家对四种股票的投资报酬率和 β 的预测如表 2-8 所示。

表 2-8　预测必要报酬率和 β 系数

股票	预测必要报酬（收益）率（%）	预测 β
锌矿公司	17	1.3
油漆公司	14.5	0.8
汽车公司	15.5	1.1
电子公司	18	1.7

问题：（1）若市场分析家的预测 β 是正确的，每只股票的必要报酬率是多少？哪些股票的价格被高估或低估了（哪些值得投资）？

（2）如果对值得投资的股票等金额购买，该投资组合的 β 值是多少？投资组合必要报酬率是多少？

（3）若无风险收益率突然升至 12%，市场对风险的态度不变，则股票的必要报酬率是否有所改变，怎样改变？

解答：（1）锌矿公司=10%+1.3×（15%-10%）=16.5%<17%，高估

油漆公司＝10％＋0.8×（15％－10％）＝14％＜14.5％，高估

汽车公司＝10％＋1.1×（15％－10％）＝15.5％＝15.5％，没有高估也没有低估

电子公司＝10％＋1.7×（15％－10％）＝18.5％＞18％，低估

所以，汽车公司和电子公司值得投资。

（2）投资汽车公司和电子公司的组合风险系数 β＝0.5×（1.7＋1.1）＝1.4

汽车和电子公司投资组合必要报酬率＝10％＋1.4×（15％－10％）＝17％

（3）有改变。

锌矿公司＝12％＋1.3×（15％－12％）＝15.9％＜17％，高估

油漆公司＝12％＋0.8×（15％－12％）＝14.4％＜14.5％，高估

汽车公司＝12％＋1.1×（15％－12％）＝15.5％＝15.5％，没有高估也没有低估

电子公司＝12％＋1.7×（15％－12％）＝17.1％＜18％，高估

所以，汽车公司值得投资。

项目投资现金流量分析 **3**

学习目标

(1) 掌握工程项目现金流量构成。

(2) 掌握静态和动态指标的计算和决策评级标准。

(3) 如何应用评价指标解决单个新建项目投资决策。

(4) 如何决策使用寿命不同的互斥项目如更新改造项目。

(5) 如何运用决策树法解决项目风险投资决策。

3.1 项目现金流量分析

3.1.1 现金流量概述

3.1.1.1 以现金流量作为项目投资决策依据的理由

财务会计按权责发生制核算收入和成本，并以收入减成本后的差额作为利润，用来评价项目投资的经济效益。在项目投资决策中则不能以权责发生制计算的收入和成本作为依据，而应以收付实现制计算的现金流入量、现金流出量和净现金流量作为项目投资决策的依据。项目投资决策之所以要以收付实现制计算的现金流量为依据，其主要原因有：①采用现金流量有利于科学地考虑时间价值因素；②采用现金流量使项目投资决策更符合客观实际；③采用现金流量考虑了项目投资的逐步回收问题。

3.1.1.2 什么是项目现金流量

由一项长期投资方案引起的在未来一定期间所发生的现金收支，称为现金流量（Cash Flow）。现金收入就是现金流入量（Cash Inflow），现金支出就是现金流出量（Cash Outflow）。现金流入量与现金流出量相抵后的余额，称为现金净流量（Net Cash Flow，NCF）。通常，现金流量指的是净现金流量。

所谓现金既指库存现金，银行存款等货币性资产，也指原材料、设备等非货币性资产的变现价值，它是广义的现金概念。

3.1.2 现金流量预测的原则

（1）实际现金流量原则。实际现金流量原则是指计量投资项目的成本和收益时，应使用现金流量而不是会计收益。其另一个含义是项目未来的现金流量必须用预期的未来价格和成本来计算。而不是用现在的价格和成本计算。因此，要充分考虑通货膨胀的影响。

（2）增量现金流量原则。增量现金流量是根据"有无"原则确认有这项投资与没有这项投资的现金流量之间的差额。判断增量现金流量要注意几个方面：①附加效应：在估计项目现金流量时，要以投资企业所有经营活动产生的整体效果为基础进行分析，而不是孤立地考察某一项目；②沉没成本；③机会成本；④制造费用。如设备购置成本、每年的操作成本均属于相关成本，对设备投资决策会产生影响，因此要参与计算。投资前的调研费就属于沉没成本。它发生在过去，无论企业是否进行设备投资，前期设备支出的发生已无法改变，对设备投资决策没有影响，因此不参与计算。

（3）税后原则。如果公司须向政府纳税，在评价投资项目时所使用的现金流量应当是税后现金流量，因为只有税后现金流量才与投资者的利益相关。

3.1.3 项目现金流构成

项目现金流是指项目周期现金流，项目周期先后经历初始投资期、营业期（寿命期）、终结期三个阶段。每个阶段现金流量构成如下：

3.1.3.1 项目初始投资阶段的现金流量

初始投资的现金流量主要是现金流出，包括显性现金流出和隐性现金流出，其中显性现金流出就是投资该项目的原始投资额，如固定资产（设备厂房）购置安装支出，以及营运资金垫支（流动资产－流动负债），如果原始投资额不是一次投入（如工程建造），则应把投资归属于不同投入年份之中。隐性现金流出包括丧失变现净收益即机会成本。而节税收益减少企业缴纳的税款因此可视为现金流入。

3.1.3.2 项目营业阶段的现金流量

项目营业阶段是项目寿命使用期，是投资项目的主要阶段。该阶段既有现金流入也有现金流出，现金流入量主要是营业各年的营业收入，现金流出主要是营业各年的付现费用和缴纳的所得税费用。因此可用直接法和间接法衡量营业各年的净现金流量 NCF 来衡量该阶段现金流量。

（1）直接法：

营业净现金流 NVF＝营业收入－付现费用－所得税费用

（2）间接法：

营业净现金流＝营业收入－（营业费用－折旧）－所得税费用

　　　　　　　＝税后净利润＋折旧

　　　　　　　＝（营业收入－付现费用－折旧）×（1－所得税税率）＋折旧

　　　　　　　＝（营业收入－付现费用）×（1－所得税税率）＋折旧费×所得税税率 （3－1）

这里折旧按税法规定要求计提。营业收入是增量现金流入，付现费用、营业费用是增量现金流出。营业各年净现金流还要考虑因新项目开发对原有项目的交叉影响。

3.1.3.3 项目终结阶段的现金流量

项目寿命已到，表明进入终结阶段，该阶段主要是现金流入量，包括固定资产残值变现净收益，代垫营运资金回收，固定资产残肢变现净损失是现金流出量。

＊启示：项目初始投资期中需要考虑所得税带来的显性和隐性现金流量。税收显性现金流出就是投资收益需要缴纳的所得税款，隐性现金流入就是投资亏损给企业带来的节税收益。

[例3－1] 你的企业正在进行一条生产线的投资决策，在这之前企业已经进行了市场调研和技术分析共花费了3万元，并且企业根据估计，项目开始一次性投资额为6000万元，其中固定资产5000万元，采用直线法折旧，项目结束后无残值；流动资金投入1000万元，项目结束后收回用于其他项目。项目使用闲置的厂房（售价1500万元，账面价值1200万元）项目期限5年，各年度的收入、成本费用状况如表3－1所示。企业所得税税率为25%。请问你如何确定各阶段现金流？

表3－1　生产线5年经营的现金收入和费用状况

单位：千万元

年份	1	2	3	4	5
现金收入	10	11	12	12	10
现金费用	6.5	7	7	8	7.04

解答：初始投资第一年初现金流出＝-6000－1425＝-7425（万元）

其中：厂房机会成本＝1500－300×25%＝1425（万元）

市场调研和技术分析共花费了3万元，属沉没成本不考虑。

项目生产经营期共5年，每年经营现金流通过表3－1计算如下：

每年折旧额＝5000÷5＝1000（万元）则根据OCF＝净利润＋折旧可得表3－2结果。

表 3－2   生产线 5 年经营期各年营业现金流计算

单位：千万元

年份	1	2	3	4	5
现金收入	10	11	12	12	10
现金费用	6.5	7	7	8	7.04
折旧	1	1	1	1	1
税前利润	2.5	3	4	3	1.96
所得税税率25%	0.625	0.75	1	0.75	0.49
税后利润	1.875	2.25	3	2.25	1.51
折旧	1	1	1	1	1
净现金流量	2.875	3.25	4	3.25	2.51

则该项目投资每年净现金流量分布如表 3－3 所示。

表 3－3   投资生产线各年的净现金流量

单位：千万元

年份	0	1	2	3	4	5
净现金流量	－7.425	2.875	3.25	4	3.25	3.51

注释：表 3－3 中第 0 年是初始投资现金流出，第一年至第四年净现金流数据来自表 3－2 中最后一行第一至第四年经营现金流对应数据；第四年净现金流数据是表 3－2 中最后一行第五年经营现金流 2.51 加年初代垫流动资产回收 1 最终得到 3.51 千万元。

3.2   经济评价指标

项目投资方案的主要经济评价指标，按照其是否按货币时间价值进行统一换算，可分为静态指标与动态指标两大类。

3.2.1   静态指标

静态指标是不按货币时间价值进行统一换算，而直接按项目形成的现金流进行计算的指标又称非贴现现金流量指标。常用的静态指标包括平均报酬率、投资回收期。

3.2.1.1   平均报酬率
（1）数学表达式。

平均报酬率＝各年经营净现金流量平均值/初始投资额   （3－2）

根据［例 3－1］中表 3－3 数据，并结合平均报酬率数学表达式（3－2）计算可得：

平均报酬率＝[(2.875＋3.25＋4＋3.25＋3.51)÷5]÷7.425＝45%

（2）评价标准。平均报酬率的决策评价标准是：投资项目的平均报酬率越高越好，低于无风险投资利润率的方案为不可行方案。

（3）优缺点。平均报酬率指标计算简单明了，容易被实际工作者掌握。不过由于没有考虑货币的时间价值，把各年的现金流量等值视之，难以反映考虑项目建设期长短及收益流时间分布对项目的影响。

3.2.1.2 投资回收期

投资回收期简称回收期，指以投资项目净现金流入抵偿初始投资总额所需要的时间，一般以年为单位计算。

（1）数学表达式。如果项目投资每年经营净现金流（NCF）相等。

$$投资回收期＝初始投资总额/NCF \qquad (3-3)$$

如果项目投资每年经营净现金流量（NCF）不相等

投资回收期＝第 N 年＋第 N 年末尚未收回的初始投资/第（N＋1）年的 NCF

$$(3-4)$$

根据［例3−1］中表3−3数据，并结合式（3−4）计算可得：

$$投资回收期＝2＋\frac{7.425-2.875-3.25}{4}＝2.325$$

（2）评价标准。投资回收期越短，则该项目承受的风险也越小。多个方案中，投资回收期最短的方案最好。将方案的投资回收期与基准回收期相比，只有小于或等于基准回收期的方案是可行的。考虑到建设期的影响，投资回收期还可以分为包括建设期的投资回收期和不包括建设期的投资回收期，而实务中，前者的运用更广一些。

（3）优缺点。投资回收期的主要不足也在于没有考虑货币时间价值，既没有考虑资金的时间价值，也没有考虑回收期满后的现金流量状况。

3.2.2 动态指标

动态指标对项目形成的现金流量按货币时间价值进行统一换算的基础上进行计算的各项指标，又称贴现现金流量指标。常用的动态指标包括净现值 NPV、获利指数 PI 和内部报酬率 IRR。

3.2.2.1 净现值 NPV

净现值是项目各年净现金流量折现值之和，以 NPV（Net Present Value）表示。

（1）数学表达式。

净现值＝未来每年净现金流入量折现值之和－初始投资净现金流出量折现值之和

$$\text{净现值 NPV} = \sum_{t=1}^{n+m-1} \frac{NCF_{m+t}}{(1+k)^{m+1}} - \sum_{l=0}^{m-1} \frac{C_t}{(1+k)^1} \tag{3-5}$$

其中，n 表示项目竣工到项目清算日的期限即项目使用寿命期限，m 代表项目投资期，C_t 代表 t 时间点投资净现金流出量，NCF_{m+t} 表示 m＋t 时间点净现金流量，k 是贴现率等于投资必要报酬率或筹资的资金成本。

当项目初始投资期 m＝1 时，式（3－5）可以转换为：

$$\text{净现值 NPV} = \sum_{t=1}^{n} \frac{NCF_t}{(1+k)^t} - C_0 \tag{3-6}$$

其中，C_0 表示初始投资额。

仍以表 3－3 中的数据为例，假设企业使用 40％的银行借款，利率为 10％，第五年年末项目结束时归还。使用 60％的股权资本，股东必要回报率为 40％。企业所得税税率为 25％，计算项目的净现值：

首先计算贴现率。

资本成本（k）＝40％×10％（1－25％）＋60％×40％＝27％

则：

$$NPV = \left[\frac{NCF_1}{(1+k)^1} + \frac{NCF_n}{(1+k)^n} + \cdots + \frac{NCF_n}{(1+k)^t} \right] - C = \sum_{t=1}^{n} \frac{NCF_t}{(1+k)^t} - C_0$$

$$= 2.875 \times (PVIF, 27\%, 1) + 3.25 \times (PVIF, 27\%, 2) + 4 \times (PVIF, 27\%, 3) +$$

$$3.25 \times (PVIF, 27\%, 4) + 3.5 \times (PVIF, 27\%, 5) - 7.425$$

$$= 2.2637 + 2.015 + 1.8527 + 1.2493 + 1.062 - 7.425$$

$$= 8.5427 - 7.425 = 1.1177$$

或运用 Excel 中的财务函数 NPV 计算每年年末现金收入现值总和，如图 3－1 所示。

则：

NPV＝8.54－7.425＝1.115（千万元）

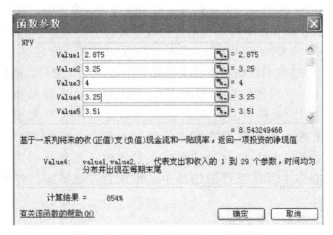

图 3－1　用 Excel 计算例 3－1 中 NPV

（2）评价标准。当拟建设项目的净现值大于或等于 0 时，说明该方案可实现的收益率大于所要求的折现率，该项目可行；反之，若项目的净现值小于 0，说明项目的收益率尚未达到企业所要求的折现率，该项目不可行。

（3）优缺点。净现值指标考虑了资金时间价值，是最常采用的项目投资决策的经济评价指标之一。但净现值有一个主要的缺点，就是如果不同项目的投资额不同，单纯看净现值的绝对量并不能做出正确判判、对比。为消除这一不便，可以用净现值率又称获利指数（PI）进行参照。

3.2.2.2　获利指数 PI

获利指数又称利润指数（Profitability Index，PI），是投资项目未来报酬的总现值与初始投资额的现值之比。

（1）数学表达式。

$$获利指数(PI) = \sum_{t=1}^{n+m-1} \frac{NCF_{m+t}}{(1+k)^{m+t}} \div \sum_{l=0}^{l-1} \frac{C_l}{(1+k)^l} \tag{3-7}$$

当项目初始投资期 m＝1 时，式（3-7）可以转换为：

$$获利指数(PI) = \sum_{t=1}^{n} \frac{NCF_t}{(1+k)^t} \div C_0 \tag{3-8}$$

仍采用［例 3-1］中表 3-3 的数据，资金成本 k＝27％，则：

$$PI = \left[\frac{NCF_1}{(1+k)^1} + \frac{NCF_2}{(1+k)^2} + \cdots + \frac{NCF_n}{(1+k)^n}\right] \div C = \sum_{t=1}^{n} \frac{NCF_t}{(1+k)^t} \div C_0$$

$$= [2.875 \times (PVIF,27\%,1) + 3.25 \times (PVIF,27\%,2) + 4 \times (PVIF,27\%,3) + 3.25 \times (PVIF,27\%,4) + 3.51 \times (PVIF,27\%,5)] \div 7.425$$

$$= [2.2637 + 2.015 + 1.8527 + 1.2493 + 1.062] \div 7.425$$

$$= 8.4427 \div 7.425 = 1.137$$

（2）评价标准。在只有一个备选方案的采纳与否的决策中，获利指数大于或等于 1 时，NPV 大于或等于 0 时，则采纳；否则获利指数小于 1 时，NPV 小于 0 时就拒绝。在有多个方案的互斥选择决策中，应采用获利指数超过 1 最多的投资项目。在本例中，该方案的获利指数大于 1 时 NPV 大于 0，故可以进行投资。

（3）优缺点。获利指数可以看作是 1 元钱的原始投资渴望获得的现值净收益。相对于 NPV 指标而言，获利指数指标是用相对数来表示的，所以有利于在初始投资额不同的投资方案之间进行对比。但获利指数只代表获得收益的能力而不代表实际可能获得的财富，它忽略了互斥项目之间投资规模上的差异，所以在多个互斥项目的选择中，可能会得到错误的答案。

3.2.2.3　内部报酬率 IRR

内部报酬率又称内含报酬率（Internal Rate of Return，IRR）实际上反映了投资项目的真实报酬，目前越来越多的企业使用该项指标对投资项目进行评价。

（1）数学表达式。

内部报酬率就是使项目的净现值等于零的一个特殊的折现率，它表示的是项目可以达到的具体的投资收益率。其计算公式为：

$$\text{净现值 NPV} = \sum_{t=1}^{n+m-1} \frac{NCF_{m+t}}{(1+IRR)^{m+t}} - \sum_{l=0}^{m-1} \frac{C_l}{(1+IRR)^l} = 0 \qquad (3-9)$$

当项目初始投资期 $m=1$ 时，式（3-9）可以转换为：

$$\text{净现值 NPV} = \sum_{t=1}^{n} \frac{NCF_t}{(1+IRR)^t} - C_0 = 0 \qquad (3-10)$$

仍以［例3-1］中表3-3数据为例，计算项目的内部报酬率：

$$
\begin{aligned}
NPV &= \left[\frac{NCF_1}{(1+IRR)^1} + \frac{NCF_2}{(1+IRR)^2} + \cdots + \frac{NCF_n}{(1+IRR)^n} \right] - C_0 \\
&= \sum_{t=1}^{n} \frac{NCF_t}{(1+IRR)^t} - C_0 = 0 \\
&= \frac{2.875}{(1+IRR)^1} + \frac{3.25}{(1+IRR)^2} + \frac{4}{(1+IRR)^3} + \frac{3.25}{(1+IRR)^4} + 3.51 \times \frac{3.51}{(1+IRR)^5} - 7.425 \\
&= 0
\end{aligned}
$$

通过 Excel 中财务函数 IRR（Values，Guess）计算，得到 IRR＝34％。

计算步骤：首先在 Excel 工作表中输入数据系列，其次插入财务函数 IRR，具体计算如图3-2所示。

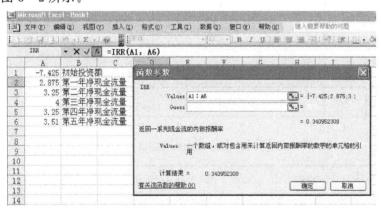

图3-2　用 Excel 计算例3-1中 IRR

（2）评价标准。项目的内部报酬率大于资金成本时，该项目可行；否则不可行。本例中该项目内部报酬率为34％，大于资金成本27％，因此该项目投资可行。

（3）优缺点。内部报酬率与净现值指标都考虑了资金时间价值，两者之间关系密切。对于大部分的项目，项目的内部报酬率大于计算净现值所选定的贴现率时，净现值大于0；选定的折现率大于项目的内部报酬率时，计算出来的净现值小于0。内部报酬率指标理论计算相对复杂，且在多个互斥项目投资决策中会得出与 NPV 不同的结论。

3.2.3 经济评价指标比较

3.2.3.1 NPV 和 IRR 比较

[例 3—2] 已知 A、B 各个项目现金流量构成以及计算出来两个项目 NPV 和 IRR，如表 3—4 所示。

表 3—4 项目 A、B 现金流和 NPV、IRR 指标

单位：万元

项目	0	1	2	3	NPV（k＝10％）	IRR
A	−1000	0	0	3375	1536	50％
B	−1000	2000	0	0	818	100％

此时选择 NPV 大的还是选择 IRR 大的项目投资，如选择 NPV 大的应投资 A 项目，选择 IRR 大的应投资 B 项目。两个指标得出的结果不一致。现依据表 3—4 中数据绘出贴现率和 NPV 的关系图，如图 3—3 所示。

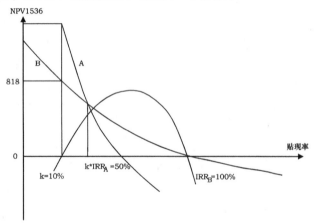

图 3—3 NPV、IRR 两指标的关系

NPV、IRR 两个指标得到的决策结果不一致的原因主要有以下两点：一是投资规模不同。当一个项目的投资规模大于另一个项目时，规模较小的项目的内含报酬率可能较大但净现值可能较小。例如，项目 A 的内含报酬率为 50％，净现值为 1536 万元，而项目 B 的内含报酬率为 100％，净现值为 818 万元。在这两个互斥项目之间进行选择，实际上就是在更多的财富和更高的内含报酬率之间进行选择，很显然，决策者将选择财富。所以，当互斥项目投资规模不同并且资金可以满足投资规模时，净现值决策规则优于内含报酬率决策规则。

二是现金流量发生的时间不同。B 项目早期现金流入量比较大，而 A 项目早期现金流入量比较小。之所以会产生现金流量发生时间的问题，是因为"再投资率假设"，即两个指标假定投资项目使用过程中产生的现金流量进行再投资时会产生不同的报酬率。净现值假定产生的现金流入量重新投资会产生相当于企业资本成本的利润率，而内含报酬率却假定现金流入量重新投资产生的利润率与此项目的特定的内含报酬率相同。如果按内含报酬率，应拒绝项目 A 而采纳项目 B；如果应用净现值，则应采纳项目 A 而拒绝项目 B。产生上述差异的根本原因是，内含报酬率假定项目 A 前两期产生的现金流量（第 1 年和第 2 年的 0 万元）若进行再投资，则会产生与 50％相等的报酬率，而项目 B 前两期的现金流量（第 1 年的 2000 万元和第 2 年的 0 万元）若进行再投资，则得到 100％的报酬率。与此相反，净现值假定前两期产生的现金流量若进行再投资，报酬率应相当，在本例中是10％，即资本成本。如图 3-3 所示，在资金成本为 10％时项目 A 的净现值大于项目 B，即项目 A 优于项目 B。因此，在资本成本为 10％时，且没有资金限量的情况下，项目 A 和项目 B 虽然投资相等，但 A 净现值高于 B，可为企业带来较多的财富，是较优的项目。而当资本成本大于 k^* 时，不论用净现值还是用内含报酬率，都会得出项目 B 优于项目 A 的结论。也就是说，净现值总是正确的，而内含报酬率有时却会导致错误的决策。因而，在无资金限制的情况下，净现值是一个比较好的经济评价指标。

*启示：在单个项目投资决策时，当 NPV≥0 即 PI≥1，IRR≥k，接受项目否则放弃，三个经济评价指标都能做出正确决策。但在两个或以上项目投资决策时尤其是互斥和非正常规项目选择 NPV（PI）大的还是 IRR 大的，用这三个指标得出的决策结果可能不一致，在没有资金限制的情况下，利用净现值在所有的投资评价中都能做出正确的决策，而利用内含报酬率和获利指数在互斥选择决策或非常规项目中有时会得到错误的结论。因而，在这三种评价指标中，净现值仍然是最好的评价指标。

3.2.3.2 动态指标和静态指标比较

（1）静态指标把不同时间点上的现金收入和支出当作毫无差别的资金进行对比，忽略了资金的时间价值因素，这是不科学的。而动态指标则把不同时间点收入或支出的现金按照统一的折现率折算到同一时间点上，使不同时期的现金具有可比性，这样才能做出正确的投资决策。

（2）静态指标中的投资回收期只能反映投资的回收速度，不能反映投资的主要目标——净现值的多少。同时，由于回收期没有考虑时间价值因素，因而高估了投资的回收速度。

（3）投资回收期、平均报酬率等静态指标对使用寿命不同、资金投入的时间和提供收益的时间不同的投资方案缺乏鉴别能力。而动态指标则可以通过净现值、报酬率和获利指数等指标，有时还可以通过净现值的年均化方法进行综合分析，从而做出正确合理的决策。

1）静态指标中的平均报酬率、平均会计报酬率等指标，由于没有考虑资金的时间价值，实际上是夸大了项目的盈利水平。而动态指标中的报酬率是以预计的现金流量为基础，考虑了货币的时间价值以后计算出的真实报酬率。

2）在运用投资回收期这一指标时，标准回收期是方案取舍的依据，但标准回收期一般都是以经验或主观判断为基础来确定的，缺乏客观依据。而折现指标中的净值和内含报酬率等指标实际上都是以企业的资本成本为取舍依据的，任何企业的资本成本都可以通过计算得到，因此，这一取舍标准符合客观实际。

3）管理人员水平的不断提高和电子计算机的广泛应用，加速了动态指标的推广使用。在 20 世纪五六十年代，只有很少企业的财务人员能真正了解折现现金流量动态指标的真正含义，而今天，几乎所有大企业的高级财务人员都明白这一方法的科学性和正确性。电子计算机的广泛应用使折现指标中的复杂计算变得非常容易，加速了折现现金流量动态指标的推广应用。

3.3 项目投资决策实务

3.3.1 单个项目投资决策

[例 3—3] 某项目投资期为两年，每年投资 200 万元。第三年开始投产，投产开始时垫支流动资金 50 万元，项目结束时收回。项目有效期 6 年，净残值 40 万元，按直线法折旧。每年营业收入 400 万元，付现成本 280 万元。公司所得税税率 30%，资金成本 10%。请用 NPV、PI、IRR 经济评价指标判断项目可行性。

解答：每年折旧＝(200＋200－40)÷6＝60(万元)

则每年营业现金流量＝营业收入×(1－所得税税率) －付现成本×(1－所得税税率) ＋折旧×所得税税率

＝400×(1－30%)－280×(1－30%)＋60×30%＝102(万元)

项目在投资期间现金流量构成如表 3—5 所示。

表 3—5 项目投资现金流量分布

单位：万元

年份	0	1	2	3	4	5	6	7	8
初始投资	－200	－200							
垫支流动资金			－50						
营业现金流量				102	102	102	102	102	102
收回流动资金									50
残值									40
合计	－200	－200	－50	102	102	102	102	102	192

$$NPV = 192 \times PVIF_{10\%,8} + 102 \times PVIFA_{10\%,5} \times PVIF_{10\%,2} - 50 \times PVIF_{10\%,2} - 200 \times$$
$$PVIF_{10\%,1} - 200$$
$$= 192 \times 0.467 + 102 \times 3.791 \times 0.826 - 50 \times 0.826 - 200 \times 0.909 - 200$$
$$= 89.664 + 319.399 - 41.3 - 181.8 - 200 = -14.04(万元)$$

$PI = 367.763 \div 381.8 = 0.96$

IRR 通过试算法得到，具体计算如下：

当 k=10% 时，NPV=-14.04（万元）

当 k=9% 时，NPV=67.6（万元）

采用内插法得到内部报酬率(IRR)$=9\% + (67.66 \div 14.04 + 67.66) \times 1\% = 9.83\%$

因为 NPV 小于 0，PI 小于 1，IRR 小于资金成本 10%，所以投资该项目不可行。

［例 3—4］某公司进行大型项目投资：项目概算总投资 37085 万元，其中建设投资 29700 万元，流动资金 7385 万元。建设投资中 2999 万元由中央预算内投资解决，26393 万元由企业自筹解决。项目现金流量构成如表 3—6 所示。

要求计算每年净现金流量和 NPV、IRR 指标并以此决策。

解答：依据表 3—6 计算净现金流量＝现金流入－现金流出，计算结果如表 3—7 所示。

采用 Excel 财务函数计算 NPV、IRR，计算结果如图 3—4、图 3—5 所示。

图 3—4　例 3—4 Excel 计算 IRR 的结果

图 3—5　例 3—4 Excel 计算 NPV 的结果

单位:万元

表 3－6　项目投资现金流量

序号	项目	合计	计算期 第1年	第2年	第3年	第4年	第5年	第6年	第7年	第8年	第9年	第10年	第11年	第12年
一	现金流入	347712			27282	34103	34103	34103	34103	34103	34103	34103	34103	47606
1	销售收入(不含增值税)				27282	34103	34103	34103	34103	34103	34103	34103	34103	34103
2	朴贴收入(设备抵扣税)													
3	回收固定、无形资产余值	6118												6118
4	回收流动资金	7385												7385
二	现金流出	307703	11880	18698	27860	29009	27532	27532	27532	27532	27532	27532	27532	27532
1	新增建设投资	29700	11880	17820										
2	利用原有固定资产	878		878										
3	流动资金	7385			5908	1477								
4	经营成本	259612			21193	26491	26491	26491	26491	26491	26491	26491	26491	26491
5	销售税金及附加	3067			250	313	313	313	313	313	313	313	313	313
6	调整所得税	7061			509	728	728	728	728	728	728	728	728	728

单位:万元

表 3－7　项目投资每年净现金流量

	合计	第1年	第2年	第3年	第4年	第5年	第6年	第7年	第8年	第9年	第10年	第11年	第12年
净现金流量	40009	-11880	-18698	-578	5094	6571	6571	6571	6571	6571	6571	6571	20074

NPV=5038.17（资金成本10%），IRR=13.015%＞10%，因此该项目可行。

［例3－5］某工程建设项目总投资估计 3931.16 万元，其中，建设投资 3450.16 万元，占总投资的 87.76%；流动资金 481.00 万元，占总投资的 12.24%。总投资构成如表3－8所示。

表 3－8　项目投资分析预测

投资内容	金额（万元）	占总投资百分比（%）
总投资	3931.16	100.00
建设投资	3450.16	87.76
工程费用	2710.10	68.94
其中：设备购置	2197.50	55.90
建设工程	512.60	13.04
其他费用	469.05	11.93
预备费用	271.01	6.89
流动资金	481.00	12.24

以上工程费用和其他费用形成固定资产，其中车间一、车间二和管理部门使用的固定资产分别为 1914.38 万元、1197.38 万元和 67.39 万元，最终残值为其 5%；预备费用形成开办费用。

（1）资金的筹集与使用。

本项目总投资 3931.16 万元，其中 1572.46 万元向商业银行贷款，贷款利率 10%；其余 2358.7 万元自筹，投资者期望的最低报酬率为 22%。这一资本结构也是该企业目标资本结构。

本项目建设期一年。在项目总投资中，建设性投资 3450.16 万元应在建设期初一次性全部投入使用，流动资金 481 万元，在投产第一年年初一次性投入使用。项目生产期为 15 年。

（2）财务成本测算。

该项目总成本费用如表3－9所示。

表 3－9　总成本费用

单位：万元

项目	2～6 年	7～16 年
（1）原材料	1801.16	1801.16
（2）燃料及动力	125.00	125.00
（3）直接人工	43.78	43.78
（4）制造费用	350.08	350.08
其中：折旧费	197.08	197.08

续表

项目	2～6年	7～16年
（5）制造费用合计：〔（1）＋（2）＋（3）＋（4）〕	2320.02	2320.02
（6）管理费用	138.47	84.27
其中：折旧费用	4.27	4.27
摊销费	54.20	
（7）销售费用	288.00	288.00
（8）总成本：〔（5）＋（6）＋（7）〕	2746.49	2692.29
（9）固定成本	515.55	461.35
（10）可变成本：〔（8）－（9）〕	2230.94	2230.94

（3）销售价格预测4800万元。

（4）相关税率：假设没有增值税、城建税和教育费附加等已考虑在相关费用的预计中，所得税税率按33%计算。请分别运用平均报酬率、投资回收期、净现值、内含报酬率评价指标对项目可行性进行论证。

解答：（1）现金流量测算：

1）初始投资净现金流量：

$C_0 = -3450.16$（万元）

$C_1 = -481$（万元）

2）经营现金流量测算表如表3－10所示：

表3－10　经营现金流量测算表

单位：万元

项目	2～6年	7～16年
销售收入	4800.00	4800.00
减：销售成本	2746.49	2692.29
利润总额	2053.51	2107.71
减：所得税（33%）	677.66	695.54
净利润	1375.85	1412.17
加：折旧等非付现成本	255.55	201.35
经营现金流量	1631.40	1613.52

3）终结现金流入量：

$NCF_{16} = 481 + (1914.38 + 1197.38 + 67.39) \times 5\% = 3179.15$（万元）

（2）折现率的确定。

由于该项目总投资额为3931.16万元，其中：向商业银行贷款1572.46万元，贷款利率8%；发行股票筹资2358.7万元，投资者期望的最低报酬率为24%。根据目标资本结构和个别资本成本计算确定折现率如表 3-11 所示。

表 3-11　折现率测算表

项目	资本成本	资本结构	综合资本成本
负债	10％×（1-33％）＝6.67％	1572.46÷3931.16＝40％	6.67％×40％＝2.67％
股权	22％	60％	22％×60％＝13.2％
合计			2.67％＋13.2％＝16％

所以，本项目选择 16％作为折现率和基准投资收益率。

（3）固定资产投资评价指标计算。本项目计算了四个指标作为投资方案财务可行性判断的依据，其中前两个指标属于静态指标，后两个指标属于动态指标。

1）平均报酬率。

本项目的平均报酬率为：

平均报酬率＝（1631.40×5＋1613.52×10）÷15÷3931.16×100％＝41.19％

2）投资回收期。

本项目投资回收期计算如表 3-12 所示：

表 3-12　投资回收期测算表
单位：万元

年份	现金净流量	累计现金净流量
0	-3450.16	-3450.16
1	-481.00	-3931.16
2	1631.40	-2299.36
3	1631.40	-668.36
4	1631.40	963.04

因此，投资回收期＝3＋668.36÷1631.40＝3.41（年）

3）净现值。通过上述现金流量的分布可以看出 2~6 年和 7~16 年的现金流量是递延年金，可按年金的方法折现；其他现金流量可用复利现值的方法折现。

$$NPV = 1631.40×(3.685-0.862)+1613.52×(5.669-3.685)+$$
$$3179.15×0.093-3450.16-481×0.862$$
$$=4605.44+3201.22+295.66-3450.16-414.62$$
$$=4237.54(万元)$$

NPV 大于 0，方案可行。

4）内含报酬率。采用逐次测试法和插值法求内含报酬率。

当 k＝40％时：

$$NPV = 1631.40 \times (2.168 - 0.714) + 1613.52 \times (2.489 - 2.168) +$$
$$3179.15 \times 0.005 - 3450.16 - 481 \times 0.714$$
$$= 2372.06 + 517.94 + 15.9 - 3450.16 - 343.43$$
$$= -887.69 (万元)$$

当 k＝36％时：
$$NPV = 1631.40 \times (2.339 - 0.735) + 1613.52 \times (2.785 - 2.339) +$$
$$3179.15 \times 0.007 - 3450.16 - 481 \times 0.735$$
$$= 2616.77 + 719.63 + 22.25 - 3450.16 - 353.54$$
$$= -445.05 (万元)$$

当 k＝32％时：
$$NPV = 1631.40 \times (2.534 - 0.758) + 1613.52 \times (3.088 - 2.534) +$$
$$3179.15 \times 0.012 - 3450.16 - 481 \times 0.758$$
$$= 2897.37 + 893.89 + 38.15 - 3450.16 - 364.6$$
$$= 14.65 (万元)$$

可见，IRR 处于 32％和 36％之间，运用插值法，则：
$$IRR = 32\% + 14.65 \div (445.05 + 14.65) = 32.14\%$$

IRR＞16％，方案可行。

由于本方案的净现值远远大于 0，内含报酬率 32.12％远远大于基准投资收益率 16％，说明本方案经济效益良好，值得投资。

3.3.2 互斥项目投资决策

两项目使用寿命相同，可用净现值 NPV 作为经济评价标准，选择 NPV 大的项目投资。否则，两项目使用寿命不同，则要选择共同年限法和等额年金 ANPV 法进行评价。

1. 共同年限法

假设两项目终止时进行重置使两项目达到相同的使用年限，然后比较两项目净现值。如 A 项目使用年限为 2 年，B 项目使用年限为 3 年，则 A、B 两项目共同年限是 6 年，即 A、B 两项目使用年限的最小公倍数。

2. 等额年金法

等额年金法是已知年金现值求年金的问题，即先计算两项目的净现值 NPV，然后用 $NPV/PVIFA_{i,n}$ 得出每年的等额投资。

3.3.2.1 A、B 两项目使用寿命相同

[例 3-6] 某公司投资 A 项目初始投资额 20000 元，使用寿命 5 年，到期净残值为 0，预计该项目投资未来每年营业收入 5 万元，付现成本 3 万元；B 项目初始投资额 60000 元，使用寿命 5 年，到期净残值 1 万元，残值变现价值 1 万元，预计

该项目每年营业收入 80000 元，每年付现成本为 40000 元。假设该公司的资本成本为 10%，所得税税率为 40%，A、B 两项目均用直线法计提折旧。该公司应该选择哪个项目进行投资。

解答：（1）投资 A 项目：

初始投资现金流出 = -20000（元）

每年折旧 = 20000 ÷ 5 = 4000（元）

使用 5 年每年经营现金流量 = （50000 - 30000 - 4000）× （1 - 40%）+ 4000
$$= 13600（元）$$

则 $NPV_A = 13600 \times PVIFA_{10\%,5} - 20000 = 31554.7（元）$

（2）投资 B 项目。

初始投资 = -60000（元）

5 年内每年折旧 = （购买价格 - 残值）÷ 使用年限
$$= （60000 - 10000）÷ 5 = 10000（元）$$

每年净现金流量 = （销售收入 - 付现成本 - 折旧）× （1 - 所得税税率）+ 折旧
$$= （80000 - 40000 - 10000）× （1 - 40\%）+ 10000$$
$$= 28000（元）$$

5 年末残值 = 10000（元）

则 $NPV_B = 28000 \times PVIFA_{10\%,5} + 10000 \times PVIF_{10\%,5} - 40000$
$$= 106142.03 + 6209.21 - 60000 = 88351.24（元）$$

因为 A、B 两项目使用寿命相同，又知 $NPV_B > NPV_A$，所以应投资 B 项目。

3.3.2.2 A、B 两项目使用寿命不同

[例 3-7] 估计新设备可使用 8 年，残值为 0.4 万元，其他条件同 [例 3-6]，此时是否投资 B 项目。

解答：

（1）共同年限法。

投资 A 项目：$NPV_A = 31554.7（元）$

投资 B 项目：$NPV_B = 26800 \times PVIFA_{10\%,5} + 4000 \times PVIF_{10\%,5} - 60000$
$$= 142976.02 + 3265.55 - 60000$$
$$= 86241.57（元）$$

两项目共同年限应该是：5 × 8 = 40（年）

重置后 A 项目：

$NPV_A = 31554.7 + 31554.7 \times PVIFA_{10\%,35}$
$$= 31554.7 + 304318.54 = 335873.24（元）$$

重置后 B 项目：

$NPV_B = 86241.57 + 86241.57 \times PVIFA_{10\%,32}$

=86241.57+821569.59=907811.16（元）

考虑重置后 B 项目 NPV$_B$ 大于 A 项目 NPV$_A$，因此选择 B 项目投资。

（2）等额年金法。

ANPV$_A$=NPV$_A$÷PVIFA$_{10\%,5}$=31554.7÷3.79=8325.78（元）

ANPV$_B$=NPV$_B$÷PVIFA$_{10\%,8}$=86241.57÷5.33=16180.42（元）

因为项目 B 每年净现值大于项目 A 每年净现值，所以应该投资 B 项目。

3.3.2.3 固定资产更新决策

固定资产更新决策的现金流量构成：

（1）初始投资现金流。

1）新设备购置和安装支出（显性现金流出）。

2）旧设备丧失变现的净收益即机会成本（隐性现金流出）＝旧设备变现价值－（旧设备变现价值－旧设备变现时的账面价值）×所得税税率。

假设某设备目前已经使用 5 年，原值 10 万元，税法规定的折旧年限是 10 年，按直线法折旧，净残值为 0，目前变现价值是 4 万元，如果决定更新该设备，该设备的账面价值等于 5 万元，则：

该设备丧失的变现净收益即机会成本＝4－（4－5）×25％＝4.25（万元）

（2）营运期净现金流量。项目营运期（寿命期）每年营业净现金流按式（3－1）计算。

（3）终结期现金流量。包括代垫流动资金回收以及处置设备变现的净收益。

[例 3－8] 某公司一条生产线购买原价 6 万元，税法规定残值是原价的 10％、折旧年限是 6 年，采用直线法折旧，每年折旧额为：（60000－6000）÷6=9000（元）；该生产线已使用三年，现考虑是否需要更新。假定企业所得税税率为 25％，资金成本为 10％，其他相关资料如下：

若继续使用旧生产线，尚可使用 4 年，目前变现价值 1 万元，两年后需一次性支付大修理费用 2.8 万元，每年操作成本 8600 元；最终报废残值 7000 元。

若更换新生产线，购买原价为 5 万元，使用年限 4 年，每年操作成本是 5000 元，税法规定按年数总和法计提折旧，残值是原价的 10％；第一年折旧 18000 元，第二年折旧 13500 元，第三年折旧 9000 元，第四年折旧 4500 元；最终报废残值 1 万元。

解答：

方案一：继续使用旧生产线。

（1）初始投资期的现金流（第一年初）丧失的变现净收益即机会成本，目前旧生产线账面价值＝（60000－3×9000）＝33000（元）

C$_0$＝－[10000（目前变现价值）－（10000－33000）×25％]

＝－15750（元）

（2）营运期（第一年末至第四年末）净现金流量。

$NCF_1 = -8600 \times (1-25\%) + 9000 \times 25\% = -4200$（元）

$NCF_2 = (-8600 - 28000) \times (1-25\%) + 9000 \times 25\% = -25200$（元）

$NCF_3 = NCF_1 = -8600 \times (1-25\%) + 9000 \times 25\% = -4200$（元）

$NCF_4 = -8600 \times (1-25\%) = -6450$（元）

（3）项目终结现金流。

残值变现净收益 $NCF_4 = 7000 - (7000 - 6000) \times 25\% = 6750$（元）

则：

$NPV_{旧} = -15750 - 4200 \times (1+10\%)^{-1} - 25200 \times (1+10\%)^{-2} - 4200 \times (1+10\%)^{-3} - 6450 \times (1+10\%)^{-4} + 6750 \times (1+10\%)^{-4} = -43344.06$（元）

方案二：更换新生产线。

（1）初始投资期的现金流（第一年初）购买新生产线 5 万元，则初始投资额 $C_0 = -50000$（元）。

（2）营运期（第一年末至第四年末）净现金流量：

$NCF_1 = -5000 \times (1-25\%) + 18000 \times 25\% = 750$（元）

$NCF_2 = -5000 \times (1-25\%) + 13500 \times 25\% = -375$（元）

$NCF_3 = -5000 \times (1-25\%) + 9000 \times 25\% = -1500$（元）

$NCF_4 = -5000 \times (1-25\%) + 4500 \times 25\% = -2625$（元）

（3）项目终结现金流。

残值变现净收益 $NCF_4 = 10000 - (10000 - 5000) \times 25\% = 8750$（元）

则：

$NPV_{新} = -50000 + 750 \times (1+10\%)^{-1} - 375 \times (1+10\%)^{-2} - 1500 \times (1+10\%)^{-3} - 2625 \times (1+10\%)^{-4} + 8750 \times (1+10\%)^{-4} = -46571.65$（元）

因为新旧生产线尚可使用寿命相同，$NPV_{旧}$ 大于 $NPV_{新}$，所以应继续使用旧生产线。

［例 3—8］南方公司有一台包装机，购于 3 年前，目前正在考虑是否需要更新该包装机。有关资料如下：

（1）该公司目前正在使用的包装机原价 60000 元，税法规定残值率为 10%，预计最终报废残值收入为 7000 元，预计使用年限为 6 年，已使用 3 年，因日常精心使用并定期保养和维护，工厂的工程师估计该包装机尚可使用 4 年。目前使用的包装机采用直线法计提折旧。

（2）新包装机每台购置价格为 50000 元，税法规定残值率为 10%，预计最终报废残值收入为 10000 元，预计使用年限为 4 年，预计新包装机每年操作成本为 5000 元。新包装机拟采用年数总和法计提折旧。

（3）目前正在使用的包装机每年操作成本为 8600 元，预计两年后将发生大修，成本为 28000 元。该公司估计，目前每台旧包装机能以 10000 元的价格卖出。

（4）该公司的所得税税率是 40％，该公司测算的综合资本成本为 10％，新、旧包装机的生产能力相同。

要求：公司经理希望财务部做出有关数据的分析和计算，并提交一份报告。

解答：财务部的分析和计算过程如下：

（1）因为旧包装机的原始购置成本发生在过去，无论企业是否进行这个项目，前期设备支出的发生已无法改变，对旧包装机的重置决策没有影响，因而，它是沉没成本，不参与计算。

（2）当新、旧包装机的生产能力相同，并且预计未来使用年限相同时，可以通过比较其现金流出的总现值来判断方案优劣。

（3）相关现金流量的分析。

继续使用旧包装机的相关现金流量的分析如下：

1）若公司决定继续使用旧包装机，则旧包装机的变现价值就无法获得，视同为现金流出。旧包装机的变现价值现金流量为－10000 元。

2）旧包装机变现损失减税现金流量：

$\{10000-[60000-60000\times(1-10\%)\times3\div6]\}\times40\%=-9200（元）$

3）每年付现操作成本现金流量：$-8600\times(1-40\%)=-5160$（元）

4）每年折旧抵税现金流量：$9000\times40\%=3600$（元）

5）两年后大修成本现金流量：$-28000\times(1-40\%)=-16800$（元）

6）残值变现收入现金流量：7000 元

7）残值变现净收入纳税现金流量，即残值变现净收入超过税法规定部分发生的所得税的现金流出：$-（7000-60000\times10\%）\times40\%=-400$（元）

更新使用新包装机的相关现金流量的分析如下：

1）新包装机投资现金流量：－50000 元

2）每年付现操作成本现金流量：$-5000\times(1-40\%)=-3000$（元）

3）年折旧抵税现金流量：

第 1 年：$50000\times(1-10\%)\times40\%\times4\div10=7200$（元）

第 2 年：$50000\times(1-10\%)\times40\%\times3\div10=5400$（元）

第 3 年：$50000\times(1-10\%)\times40\%\times2\div10=3600$（元）

第 4 年：$50000\times(1-10\%)\times40\%\times1\div10=1800$（元）

4）残值收入现金流量：10000 元

5）残值变现净收入纳税现金流量，即残值变现净收入超过税法规定部分发生的所得税的现金流出：$-（10000-50000\times10\%）\times40\%=-2000$（元）

（4）分别确定继续使用旧包装机和更换新包装机的现金流出的总现值：

1）继续使用旧包装机的现金流出的总现值：

$-10000-9200-5160\times\mathrm{PVIFA}_{10\%,4}+3600\times\mathrm{PVIFA}_{10\%,3}-16800\times\mathrm{PVIF}_{10\%,2}+7000\times\mathrm{PVIF}_{10\%,4}-400\times\mathrm{PVIF}_{10\%,4}=-35973$（元）

2）更新使用新包装机的现金流出的总现值：

NPV＝－50000－3000×PVIFA$_{10\%,4}$＋7200×P/VIF$_{10\%,1}$＋5400×PVIF$_{10\%,2}$＋3600×PVIF$_{10\%,3}$＋1800×PVIF$_{10\%,4}$＋10000×PVIF$_{10\%,4}$－2000×PVIF$_{10\%,4}$＝－39107.8（元）

（5）由以上计算结果可知，更新使用新包装机的现金流出的总现值比继续使用旧包装机的现金流出的总现值要多出 3134.8 元，因此继续使用旧包装机比较有利。

3.3.3 多阶段项目风险投资决策：决策树法

决策树法也是对不确定性投资项目进行分析的一种方法。可用于分析各期现金流量彼此相关的投资项目。决策树直观地表示了一个多阶段项目决策中每一个阶段的投资决策和可能发生的结果及其发生的概率，所以决策树法可用于识别净现值分析中的系列决策过程。

决策树分析的步骤如下：

（1）把项目分成明确界定的几个阶段。

（2）基于当前可以得到的信息，列出各个阶段可能发生的结果发生概率及净现金流量。

（3）根据前面阶段的结果及其对现金流量的影响，从决策树决策点出发，由前往后计算每一分支联合概率及净现值 NPV。

（4）基于联合概率以及 NPV 计算期望 NPV，以此决策第一阶段应采取的最佳行动。

［例 3－9］某公司准备投资一项目，投资金额 300 万元，如投资成功，可得现金净流量 500 万元，投资成功概率是 0.75，相应投资失败概率是 0.25，失败后现金净流量是－100 万元，但无论投资成功或失败都将继续投资，现金流和发生概率可用图 3－6 决策树描绘出来。要求：对公司投资该项目进行可行性分析。

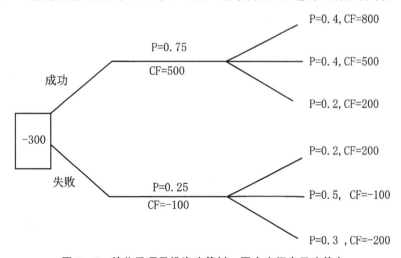

图 3－6 某公司项目投资决策树：图中方框表示决策点

解答：计算各种结果的期望净现值及联合概率列示于图 3—6 中相应的现金流量序列之后。假设资金成本等于 10％，如图 3—7 所示决策树是从后向前进行决策。采用从左往右顺推的方法来确定决策树各分支的联合概率和净现金流量。比如：第一个分支联合概率 P＝0.3（0.75×0.4），净现金流量 NPV＝816（800×PVIF$_{10\%,2}$＋500×PVIF$_{10\%,1}$－300）。其他分支联合密度和 NPV 可以同理得到。

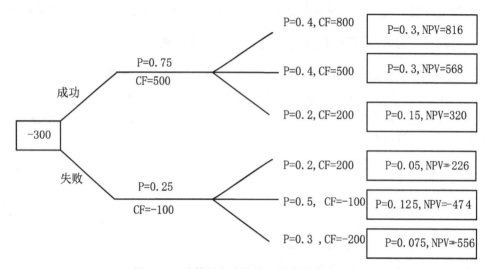

图 3—7　决策树各分支的净现值及联合概率

对第一阶段做出决策。通过以上的决策树，可以计算出目前投资的期望净现值
＝0.3×816＋0.3×568＋0.15×320－0.05×226－0.125×474－0.075×556＝
350.95（万元）＞0，故投资该项目可行。

工程筹资基本原理 **4**

学习目标

(1) 掌握筹资动机、原则和渠道。

(2) 掌握外部筹资额预测的方法。

(3) 掌握各种筹资方式和特征。

4.1 筹资动机、原则与渠道

4.1.1 筹资的动机

筹资的基本目的是谋求自身的生存和发展。具体原因多种多样，如为开发产品、购置设备、对外投资、偿还负债等筹集资金。概括起来筹资的动机可分为以下三种类型。

4.1.1.1 扩张筹资动机

扩张筹资动机是指为了生产经营或对外投资而产生的筹资动机。例如，开发新产品、修建厂房、购置设备、拓展市场、购买证券、并购企业等往往需要筹集资金。这种筹资动机所导致的筹资行为将直接扩大所有者权益规模。

4.1.1.2 偿债筹资动机

偿债筹资动机是指为偿还负债而产生的筹资动机。具体来看，又分为调整性偿债筹资和恶化性偿债筹资。前者指虽然有足够的能力支付到期负债，但基于资本结构的考虑，筹集新的资金偿还负债；后者指没有足够的能力支付到期负债，被迫筹措新资还债。这种筹资动机所导致的筹资行为不会影响所有者权益总额，只是不同权益之间的替代。

4.1.1.3 混合筹资动机

混合筹资动机是指上述两种筹资动机的混合，既为生产经营或对外投资，又为偿还负债。

4.1.2 筹资的原则

筹资是基本财务活动，是扩大生产经营规模和调整资本结构所必须采取的行为。为了经济有效地筹集资金，筹资必须遵循合法性、效益性、合理性和及时性等基本原则。

4.1.2.1 合法性原则

筹资活动影响社会资本及资源的流向和流量，涉及相关主体的经济权益，为此，必须遵守国家有关法律法规，依法履行约定的责任，维护有关各方的合法权益，避免非法筹资行为给企业本身及相关主体造成损失。

4.1.2.2 效益性原则

筹资与投资在效益上应当相互权衡。投资是决定筹资的重要因素。投资收益与资金成本相比较的结果，决定着是否要追加筹资；而一旦采纳某个投资项目，其投资数量就决定了所需筹资量。因此在长期筹资活动中，一方面要认真分析投资机会，追求投资效益，避免不顾投资效益的盲目筹资；另一方面由于不同筹资方式的资金成本高低不尽相同，也需要综合研究各种筹资方式，寻求最优的长期筹资组合，以便降低资金成本，经济有效地筹集资金。

4.1.2.3 合理性原则

筹资必须合理确定所需筹资量。企业不论通过哪些筹资渠道，运用哪些筹资方式，都要预先确定筹资量。企业筹资固然应当广开财路，但也必须有合理的限度，使所需筹资的数量与投资所需量达到平衡，避免因筹资不足而影响投资活动，或因筹资量过剩而影响筹资效益。

筹资还必须合理确定资本结构。合理确定筹资资本结构：一方面是合理确定权益资金与负债资金的结构，也就是合理确定负债筹资规模或比例，负债资金的规模应当与权益资金的规模和偿债能力的要求相适应。在这方面，既要避免负债过多，导致财务风险过高，偿债负担过重；又要有效地利用负债经营，提高权益资金的收益水平。另一方面是合理确定长期资金与短期资金的比例，也就是合理确定资金的期限结构，这要与企业资产所需持有的期限相匹配。

4.1.2.4 及时性原则

筹资必须根据资金的投放时间安排来予以筹划，及时地取得资金来源，使筹资与投资在时间上相协调。投资一般都有投放时间上的要求，筹资必须与此相配合，避免筹资过早而造成投资前的资金闲置或筹资滞后而贻误投资的有利时机。

4.1.3 筹资的渠道

筹资需要通过一定的渠道和资本市场。不同的渠道各有特点和适用性，需要加以分析研究。筹资渠道是指企业筹集资金来源的方向与通道，体现资本的源泉和流量。筹资渠道主要由社会资本的提供者及数量分布所决定。目前，我国社会资本的提供者众多，数量分布广泛，为筹资提供了广泛的资本来源。认识筹资渠道的种类及其特点和适用性，有利于企业充分开拓和利用筹资渠道，实现各种筹资渠道的合理组合，有效地筹集资金。筹资渠道可归纳为如下几种：

4.1.3.1 政府财政资金

政府财政资金历来是我国筹资的主要来源，政策性很强，通常只有国有独资或国有控股企业才能利用。政府财政资本具有广阔的源泉和稳固的基础，并在国有企业资本金预算中安排，今后仍是我国国有独资或国存控股企业权益资本筹资的重要渠道。

4.1.3.2 银行信贷资金

银行信贷资金是各类企业筹资的重要来源。银行一般分为商业银行和政策性银行。在我国，商业银行主要有中国工商银行、中国农业银行、中国建设银行、中国银行、交通银行以及各地方银行等；政策性银行有国家开发银行、农业发展银行和中国进出口银行。商业银行可以为各类企业提供各种商业性贷款；政策性银行主要为特定企业提供一定的政策性贷款。银行信贷资金拥有居民储蓄、单位存款等经常性的资金来源，贷款方式灵活多样，可以适应各类企业负债资金筹集的需要。

4.1.3.3 非银行金融机构资金

非银行金融机构也可提供一定筹资来源。非银行金融机构是指除银行以外的各种金融机构及金融中介机构。在我国，非银行金融机构主要有租赁公司、保险公司、企业集团的财务公司以及信托投资公司、证券公司。它们有的集聚社会资本，融资融物；有的承销证券，提供信托服务，为一些企业直接筹集资金，或为一些公司发行证券筹资提供承销信托服务。这种筹资渠道的财力虽然比银行小，但具有广阔的发展前景。

4.1.3.4 其他法人资金

其他法人资金有时亦可为筹资提供一定的资金来源。在我国，法人可分为企业法人、事业法人和团体法人等。它们在日常的资金运营周转中，有时也可能形成部分暂时闲置资金，为让其发挥一定效益，也需要相互融通，这就为企业提供了一定的筹资来源。

4.1.3.5 民间资金

民间资金可以为企业提供直接筹资来源。我国企业和事业单位的职工和广大城乡居民持有大笔的货币资金，可以对一些企业直接进行投资，为企业筹资提供资金来源。

4.1.3.6 自有内部资金

拥有内部资金主要是指通过提取盈余公积和保留未分配利润而形成的资金。这是企业内部形成的自有筹资渠道，比较便捷，有盈利的企业都可以加以利用。

4.1.3.7 国外和港澳台地区资金

在改革开放的市场条件下，国外以及中国香港、中国澳门和中国台湾地区的投资者持有的资金，亦可加以吸收，从而形成外商投资的筹资渠道。

在上述各种筹资渠道中，政府财政资金、其他法人资金、民间资金、自有内部资金、国外和港澳台地区投入资金，可以成为所有者权益资金的筹资渠道；银行资金、其他金融机构资金、其他法人资金、民间资金、国外和港澳台地区资金，可以成为负债资金的筹资渠道。

4.2 外部筹资需求预测

4.2.1 预测依据

生产经营和投资业务的资金需求是筹资需求的依据，必须科学合理地进行预测，以保证企业经营和投资业务的顺利进行，使筹集的资金既能保证满足经营和投资的需要，又不会有太多的闲置，增强资金使用效率。

影响企业筹资需求的因素有很多。譬如，有法律规范方面的限定，有企业经营和投资方面的因素等。归结起来，主要表现在以下几个方面：

4.2.1.1 法律方面的限定

（1）注册资金限额的规定。我国《公司法》规定，股份有限公司注册资金的最低限额为人民币 500 万元，在考虑筹资数量时首先必须满足注册资金最低限额的要求。

（2）负债限额的规定。如《公司法》规定，公司累计债券总额不超过公司净资产额的 40%，是为了保证公司的偿债能力，进而保障债权人的利益。

4.2.1.2 生产经营和投资规模

一般而言，生产经营和投资规模越大，所需资金越多；反之，所需资金越少。在筹划重大投资项目时，需要进行专项资金筹措预算。

4.2.1.3 其他因素

利率的高低、对外投资规模的大小、企业资信等级的优劣等因素，都会对筹资需求产生一定的影响。

4.2.2 预测方法

4.2.2.1 营业百分比法

营业百分比法是根据营业收入与资产负债表和利润表项目之间的关系，预计各项目的金额，进而预测外部筹资需求的方法。

（1）敏感和非敏感项目划分。根据与营业收入的关系，可将资产负债表和利润表中的项目分为敏感项目和非敏感项目。敏感项目是指在短期内与营业收入的比例关系基本上保持不变的项目，非敏感项目是指在短期内不随营业收入的变动基本上保持不变的项目。通常，在短期内与主营经营业务规模密切相关的项目往往是敏感项目，而短期内与主营业务没有直接关系的项目是非敏感项目。利润表项目中，敏感项目一般包括营业成本、税金及附加、销售费用和管理费用、所得税费用；营业利润、利润总额和净利润这几个项目依据其他项目计算得来；其余的为非敏感项目。资产中敏感项目一般包括货币资金、应收票据、应收账款、预付款项和存货；一些合计项目依据其他项目计算得来；其余为非敏感项目。应注意，某些非敏感资产在短期内虽然不随营业规模的变动而成比例变动，但会出现阶梯式跳跃。例如，当营业规模在一定范围内时，固定资产规模不变，但是当营业规模超过此范围时，就要考虑扩充固定资产规模，这种情况下应单独考虑，即固定资产不再是典型的敏感项目或非敏感项目。负债中敏感项目一般包括应付票据、应付账款、预收账款、应付职工薪酬、应交税费；一些合计项目依据其他项目计算得来；其余为非敏感项目。所有者权益项目中股本和资本公积一般是非敏感项目，盈余公积和未分配利润合称留存收益，其每年增加额等于净利润乘以利润留存比例。当然，以上敏感项目与非敏感项目的划分并不是绝对的，有时要视企业的具体情况而定。

（2）具体思路。营业百分比法的依据是"资产＝负债＋所有者权益"的会计恒等式，推算出需要向外部筹资需求。具体思路是：

1）合理确定敏感项目和非敏感项目，以及各敏感项目与营业收入的百分比。

2）根据估计的营业收入预计各利润表项目，进而估算出净利润。

3）预计留存收益增加额＝预计净利润×（1－股利支付率）。

其中，预计净利润可以编制预计利润表得到，也可以根据营业净利率指标计算得到。

4）根据估计的营业收入变动预计各资产负债表项目变动。由于非敏感项目在短期内不发生变动，因此只需计算各敏感项目的变动即可。敏感项目的预计等于营业收入变动估计值乘以（1）算出的百分比。如果存在跳跃式变动的项目，其变动额也应考虑在内。而预计留存收益的变动已通过（3）得到。

5）根据"资产＝负债＋所有者权益"的会计恒等式，得出外部长期筹资需求计算公式如下：

外部筹资需求＝预计资产变动额－预计负债变动额－预计所有者权益变动额

$$=\Delta S \times (\Sigma RA/S - \Sigma RL/S) - \Delta RE + M$$

$$=\Delta S/S \times (\Sigma RA - \Sigma RL) - \Delta RE + M \qquad (4-1)$$

其中，$\Delta S/S$ 为预计营业收入增长率；ΣRA 为敏感流动资产之和；ΣRL 为敏感短期负债之和；ΔRE 为预计留存收益变动额；M 为跳跃式变动资产的变动额。

[例 4-1] HY 公司 2017 年的简化资产负债表和利润负债表分别如表 4-1 和表 4-2 所示。

表 4-1　2017 年简化资产负债表

单位：元

资产	金额	负债及股东权益	金额
货币资金	800000	短期借款	1500000
以公允价值计量且其变动计入当期损益的金融资产	800000	应付账款	2400000
应收票据	900000	应付职工薪酬	820000
应收账款	3600000	应交税费	600000
存货	2800000	其他应付款	400000
其他流动性资产	100000	其他流动负债	180000
长期股权投资	3300000	长期借款	3300000
固定资产	9300000	股本	7000000
无形资产	1400000	资本公积	2600000
		留存收益	4200000
资产合计	23000000	负债及股东权益合计	23000000

表 4-2　2017 年简化利润负债表

单位：元

项目	金额
营业收入	40000000
减：营业成本	25000000
税金及附加	2000000
销售费用	4600000
管理费用	7200000
财务费用	270000
加：投资收益	1800000

续表

项目	金额
营业利润	2730000
加：营业外收入	470000
利润总额	3200000
减：所得税费用	800000
净利润	2400000

公司 2018 年预计营业收入为 5000 万元。为扩大生产经营规模，公司决定于 2018 年购建价值 300 万元的厂房和机器设备。公司的股利支付率为 60％，所得税税率为 25％。试预测公司 2018 年的外部筹资需求（敏感项目占营业收入的百分比按 2017 年的数据确定。2018 年非敏感项目的预计额等于 2017 年的金额）。

解答：首先，分别计算敏感资产和敏感负债占营业收入的百分比之和。

$\Sigma RA/S=$（货币资金＋应收票据＋应收账款＋存货）/2017 年营业收入＝ （800000＋900000＋3600000＋28000000）÷40000000＝2％＋2.25％＋9％＋7％ ＝20.25％

$\Sigma RL/S=$（应付账款＋应付职工薪酬＋应缴税费）/2017 年营业收入＝ （2400000＋820000＋600000）÷40000000＝6％＋2.1％＋1.5％＝9.6％

其次，编制公司 2018 年预计利润表，如表 4－3 所示。

表 4－3　2018 年预计利润表

单位：元

项目	2017 年实际数	占营业收入的百分比（％）	2018 年预计数
(1)	(2) 来自表 3－2	(3)＝(2)÷40000000	(4)＝(3)×50000000
营业收入	40000000	100	50000000
减：营业成本	25000000	62.5	31250000
营业税金及附加	2000000	5	2500000
销售费用	4600000	11.5	5750000
管理费用	7200000	18	9000000
财务费用	270000	—	270000
加：投资收益	1800000	—	1800000
营业利润	2730000	*	3030000
加：营业外收入	470000	—	470000
利润总额	3200000	*	3500000
减：所得税费用＝	800000	/	875000
净利润	2400000	*	2625000

其中，"/"代表变动幅度与营业收入变动幅度不成比例的项目；"＊"代表根据其他项目推算出来的项目，所得税费用＝利润总额×25％

再次，计算预计留存收益增加额 ΔRE。

预计 2018 年留存收益增加额＝2018 年预计净利润－支付红利或股利＝2625000×（1－60％）＝1050000（元）

最后，计算 2018 年的外部筹资需求。

$$外部长期筹资需求＝\Delta S（\sum RA/S－\sum RL/S）－\Delta RE＋M$$
$$＝（50000000－40000000）×（20.25\%－9.6\%）－$$
$$1050000＋3000000$$
$$＝10000000×10.65\%－1050000＋3000000$$
$$＝3015000（元）$$

［例 4－2］C 公司 2017 年年末流动资产 1200 万元，长期资产 1800 万元；应付账款 300 万元，应付票据 60 万元，其他负债 640 万元，股东权益 2000 万元。其中，敏感项目是流动资产、应付账款和应付票据。该公司 2017 年营业收入为 6000 万元，净利润为 300 万元。2018 年预计营业收入将增加 13％，营业净利率保持不变。公司的股利支付率为 40％。试确定公司 2018 年是否需要外部长期筹资。如果营业收入将增加 30％，公司的股利支付率为 60％，公司 2018 年是否需要外部长期筹资。

解答：运用式（4－1）可预测 2018 年是否需要外部长期筹资。

（1）营业收入将增加 13％，股利支付率为 40％时：

$$预计 2018 年留存收益增加额 \Delta RE＝6000×（1＋13\%）×\frac{300}{6000}×（1－40\%）$$
$$＝203.4（万元）$$

外部长期筹资需求＝（1200－300－60）×13％－203.4＝－94.2（万元）

结论：不需要外部长期筹资，因为自有留存收益可以满足企业扩张需要。

（2）营业收入增加 30％，公司的股利支付率为 60％时。

$$预计 2018 年留存收益增加额 \Delta RE＝6000×（1＋30\%）×\frac{300}{6000}×（1－60\%）$$
$$＝156（万元）$$

外部筹资需求＝（1200－300－60）×30％－156＝96（万元）

可见，公司扩张规模增大，投资者要求的报酬增加，此时公司自有留存收益无法满足需要，必须向外筹集资金 96 万元。

（3）优缺点。运用营业百分比法进行外部长期资金需求的预测，具有如下优缺点：

1）考虑了各个项目与营业规模的关系、资金来源与应用的平衡关系，
并能提供短期预计的财务报表。

2）敏感项目与非敏感项目的划分具有一定的主观性。首先，有些项目的金额大小与营业收入相关，但未必与营业收入成比例变动。此时如果人为地将其划分为敏感项目或非敏感项目，显然有失科学性；其次，敏感项目占营业收入的百分比如果直接由上一个期间的数据得出，具有一定的偶然性，因为上一个期间的数据并不一定能够代表通常的状况；最后，当相关情况发生改变时，如果仍然用原来的比例预测今后的项目金额，可能会有较大的出入，进而影响资金需要量预测的准确性。

4.2.2.2 趋势预测法

趋势预测法是根据资金需求与相关因素过去的发展趋势，预测未来资金需求的一种方法。这种方法通常是建立资金需求和相关因素之间的数学模型，根据回归分析原理预测未来的资金需求，因此又叫作回归分析法。其中最常见的相关因素是营业业务量，如产销量。

（1）基本步骤。

第一步：建立反映资金需要量与相关因素之间关系的数学模型。所选择的相关因素通常是营业业务量，如产品的产销量。

第二步：利用历史数据进行回归分析，确定数学模型中的参数。

第三步：根据相关因素如产销量的预测值，预测未来的资金需求量。

［例4—3］HY公司2013～2017年的商品产销量和资金需求量如表4—4示。预计公司2018年的产销量为15.8万件。试预测公司2018年的资金需求。

表4-4　2013～2017年HY公司商品产销量和资金需求量

年份	产销量 x（万件）	资金需求量 y（万元）
2013	11	917
2014	10	893
2015	12.5	952
2016	13	976
2017	14.5	1010

解答：

（1）假设资金需求量 y 与产销量 x 存在线性关系，并建立如下线性方程：

$$y = a + bx \tag{4-2}$$

其中，a 为固定资金需求；b 为单位产销量的变动资金需求。

固定资金需求是指在一定营业规模内不随产销量变动的资金需求，如固定资产占用资金、存货保险储备占用资金等。变动资金需求是随着产销量变动而成比例变动的资金需求，如应收账款占用资金、保险储备之外的存货占用资金等。

（2）由表4—4中的数据加工得到表4—5。

表 4－5　由表 4－4 中数据加工得到的数据

年份	产销量 x（万件）	资金需求量 y（万元）	xy	x^2
2006	11	917	10087	121
2007	10	893	8930	100
2008	12.5	952	11900	156.25
2009	13	976	12688	169
2010	14.5	1010	14645	210.25

由线性方程 y＝a＋bx 得到如下方程组：

$$\sum y = na + b\sum x$$
$$\sum xy = a\sum x + b\sum x^2 \qquad (4-3)$$

将表 4－5 中的数据代入方程组（4－3）：

$$\begin{cases} 4748 = 5a + 61b \\ 58250 = 61a + 756.5b \end{cases}$$

解得：

$$a = 627.84$$
$$b = 26.37$$

（3）将预测的商品产销量 15.8 万件代入上述线性方程 627.84＋15.8x，得到 2018 年的资金需求量为 627.84＋15.8×26.37＝1044.49（万元）。

（4）优缺点。用趋势预测法进行资金需求简便易行要量的预测，具有如下优点：

①简便易行，利用多个期间的数据寻找出平均的趋势，可以有效降低个别特殊期间对预测的影响。②资金需求量与营业业务量之间未必符合线性关系的假定，完全用历史数据去预测未来，没有充分考虑价格等因素的变动。

4.3　筹资方式选择

筹资方式主要包括权益筹资、负债筹资以及混合性筹资。

4.3.1　权益筹资方式

权益筹资是投资者投入和控制的资金，具体包括：直接投资、留存收益、发行股票；其特征是：资金所有权属于股东、无须还本付息，财务风险小，但投资收益不固定。具体内容如下：

4.3.1.1　直接投资

直接投资是非股份制企业筹集权益资金的基本方式。它是以协议等形式吸收国家、其他法人、个人和外商直接投资的一种筹资方式。直接投入资金筹资是我国筹资中最早采用的一种方式，也曾经是我国国有企业、集体企业、合资或联营企业普遍采用的筹资方式。

（1）吸收直接投资的种类。

1）按资金来源分为如下四类：①吸收国家直接投资，形成企业的国有资本。②吸收其他企业、事业单位等法人的直接投资，形成企业的法人资本。③吸收企业内部职工和城乡居民的直接投资，形成企业的个人资本。④吸收外国投资者和我国港澳台投资者的直接投资，形成企业的外商资本。

2）按投资者的出资形式划分为如下两类。①吸收现金投资。现金是最常见的投资形式。②吸收非现金投资。非现金投资主要包括两种形式：一是材料、燃料、产品、房屋建筑物、机器设备等实物资产投资；二是专利权、非专利技术、商标权、土地使用权等无形资产投资。

（2）吸收直接投入资金的程序。

1）确定所需投入资金量，这是筹资的前提。在吸收投入资金之前，必须明确资金的用途，进而合理确定所需资金。

2）选择吸收投入资金的来源。应根据具体情况选择资金的来源，决定是吸收国家、法人、个人投资，还是吸收外商直接投资。

3）签署合同、协议或决定等文件。与投资者进行磋商之后，应签署投资合同或出资协议等文件。对于国有独资公司，应由国家授权的投资机构签署增资拨款决定。

4）取得资金。按照签署的合同、协议或决定，适时适量取得资金。对以实物资产和无形资产进行的投资，应进行合理估价，办理合法的产权转移手续。

（3）直接投资的条件。企业采用投入资金筹资方式筹措权益资金，必须符合一定的条件和要求，主要有以下几个方面：

1）主体条件。采用投入资金筹资方式筹措投入资金的应当是非股份制企业，包括个人独资企业、个人合伙企业和国有独资公司。而股份制企业按规定应以发行股票方式取得股本权益资金。

2）需求条件。直接投入资金的出资者以现金、实物资产、无形资产出资的，必须符合企业生产经营和研发的需要。

3）消化要求。筹集的直接投入资金，如果是实物和无形资产，必须在技术上能够消化，企业经过努力，在工艺、人员操作等方面能适应。

（4）吸收直接投入资本的优缺点。

1）直接投入资本筹资的优点主要有：投入资本筹资所筹取的资本属于企业的股权资本，与负债资本相比，它能提高企业的资信和借款能力；投入资本筹资不仅可以筹取现金，而且能够直接获得所需的先进设备和技术，与仅筹取现金的筹资方式相比，它能尽快地形成生产经营能力，投入资本筹资的财务风险较低。

2）投入资本筹资的缺点主要有：投入资本筹资通常资本成本较高；投入资本筹资未能以股票为媒介，产权关系有时不够明晰，也不便于进行产权交易。

＊启示：采用直接投入资金筹资的主体只能是非股份制企业，包括个人独资企业、个人合伙企业和国有独资公司。

4.3.1.2 普通股筹资

股票是股份有限公司签发的证明，股东按其所持股份享有权利和承担义务的书面凭证。股票是一种有价证券，它代表了持股人对公司的所有权。股票按股东的权利和义务分为普通股和优先股。普通股股东享有决策参与权、利润分配权、优先认股权和剩余资产分配权。

（1）普通股的分类。

1）按资金来源划分，可分为国家股、法人股、个人股和外资股。

国家股是有权代表国家投资的部门或机构以国有资产向公司投入而形成的股份。

法人股是企业法人依法以其可支配的资产向公司投入而形成的股份，或具有法人资格的事业单位和社会团体以国家允许用于经营的资产向公司投入而形成的股份。

个人股是公司内部职工或城乡居民以个人合法财产投入公司而形成的股份。

外资股是外国和我国港澳台投资者向公司投资而形成的股份。

2）按票面有无记名划分，可分为记名股票和无记名股票。

记名股票是在股票票面上记载股东的姓名或名称的股票。对记名股票，公司应当置备股东名册，记载股东姓名或名称、股东住所、各股东所持股份数、各股东所持股票编号以及各股东取得股份的日期。记名股票一律用股东本名，其转让、继承要办理过户手续。

无记名股票是在股票票面上不记载股东的姓名或名称的股票。对无记名股票，公司只需记载股票数量、编号和发行日期。无记名股票的转让、继承不需要办理过户手续。

我国《公司法》规定，公司向发起人、国家授权投资的机构、法人发行的股票，应当为记名股票；向社会公众发行的股票，可以为记名股票，也可以为无记名股票。

3）按币种和上市地区划分，可分为 A 股、B 股、H 股、N 股、S 股等。

A 股是供境内个人或法人购买的、以人民币标明面值并以人民币认购和交易的股票。

B 股是在境内上市的外资股，它以人民币标明面值但以外币认购和交易。

H 股、N 股、S 股和 D 股是在境外上市的外资股，它以外币标明面值并以外币认购和交易。H 股在中国香港上市，N 股在纽约上市，S 股在新加坡上市，D 股在德国上市。

4）按是否上市划分，可分为上市股票和非上市股票。

上市股票是可以在证券交易所挂牌交易的股票。上市股票的信誉高、易转让，因而能够吸引投资者；但是股票上市需要具备一系列严格的条件，并且要经过复杂的办理程序，上市之后如果不满足相关条件还有被暂停上市或终止上市的可能。

非上市股票是不能在证券交易所挂牌交易的股票。

（2）发行普通股的基本要求。股份有限公司发行普通股分为设立发行和增资发行。设立发行是指设立股份有限公司时，为募集资金而进行的股票发行，它是股份有限公司首次发行股票（IPO）。增资发行是指股份有限公司成立后因增加资金的需要而进行的股票发行，是股份有限公司在首次发行股票以后又发行新股票的行为。

根据《公司法》《证券法》等规定，不论是设立发行还是增资发行均应满足以下要求：

1）股票发行必须公开、公平、公正，每股面额相等，同股同权，同股同利。

2）同次发行的股票，每股认购条件和价格相同。

3）股票发行价格可以等于票面金额，也可以超过票面金额，但不得低于票面金额。也就是说，股票可以平价发行或溢价发行，但不得折价发行。

（3）发行股票的程序。各国对普通股发行程序都有严格的法律规定。根据我国《上市公司证券发行管理办法》的规定，上市公司申请发行股票应当遵循如下程序。

1）公司董事会依法作出决议，明确本次证券发行的方案、募集资金使用的可行性报告和前次募集资金使用的报告等事项，并请股东大会批准。

2）公司股东大会就发行股票作出决定，明确本次发行证券的种类和数量、发行方式、发行对象及向原股东配售的安排、定价方式或价格区间、募集资金用途、决议的有效期、对董事会办理本次发行具体事宜的授权等事项。

3）公司申请公开或者非公开发行新股，应当由保荐人保荐，并向中国证监会申报。保荐人应按中国证监会的有关规定编制和报送发行申请文件。

4）中国证监会依照下列程序审核发行证券的申请：收到申请文件后5个工作日内决定是否受理；受理后对申请文件进行初审；发行审核委员会审核申请文件；作出核准或不予核准的决定。

5）自中国证监会核准发行之日起，公司应在6个月内发行证券；超过6个月未发行的，核准文件失效，须重新经中国证监会核准后方可发行。公司发行证券前发生重大事项的，应暂缓发行，并及时报告中国证监会。该事件对本次发行条件构成重大影响的，发行证券的申请应重新经中国证监会核准。

6）证券发行申请未获核准的公司，自中国证监会作出不予核准的决定之日起6个月后，可再次提出证券发行申请。

（4）普通股的发行途径、销售方式和发行价格。

1）股票发行的途径主要有公募和私募两类：

公募发行是指公司公开向社会发行股票。我国股份有限公司采用募集方式设立时以及向社会公开募集新股时，就属于公募发行。

私募发行是指公司不公开向社会发行股票，只向少数特定的对象直接发行。我国股份有限公司采用发起方式设立时以及不向社会公开募集新股时，即属于私募发行。

2）股票销售方式包括自销、包销和代销。自销是指发行公司自己直接将股票销售给认购者。这种销售方式可由公司直接控制发行过程，并节省发行费用，但是筹资时间较长，并要由公司承担全部发行风险。

包销是由发行公司与证券经营机构签订承销协议，全权委托证券承销机构代理股票的发售业务，采用这种办法，一般由证券承销机构买进股份公司公开发行的全部股票，然后将所购股票转销给社会上的投资者。在规定的募股期限内，若实际招募股份数达不到预定发行股份数，剩余部分由证券承销机构全部承购下来。发行公司选择包销办法，可促进股票顺利出售，及时筹足资本，还可免于承担发行风险；不利之处是要将股票以略低的价格出售给承销商，且实际付出的发行费用较高。

代销是由证券经营机构代理股票发售业务，若实际募股份数达不到发行股数，承销机构不负承购剩余股份的责任，而是将未售出的股份归还给发行公司，发行风险由发行公司自己承担。

3）普通股的发行价格。股票的发行价格是公司将股票出售给投资者的价格，也就是投资者认购股票时所支付的价格。设立发行股票时，发行价格由发起人决定；增资发行新股时，发行价格由股东大会决定。在确定股票价格时要全面考虑股票面额、股市行情和其他相关因素。股票发行价格通常有等价、时价、中间价三种。等价就是以股票票面金额为发行价格。时价就是以公司原发行股票的现行市场价格为基准来确定增发新股的价格，中间价就是以时价和等价的中间值来确定股票的发行价格。

按等价发行股票又叫平价发行。按时价或中间价发行股票，发行价格既可能高于面额也可能低于面额。高于面额发行叫溢价发行，低于面额发行叫折价发行。如前所述，我国只允许溢价或平价发行股票，不允许折价发行。

4）普通股筹资的优缺点。

①普通股筹资的优点。股票属于权益资本，与负债资本相比，能够提高企业的资信和借款能力。

与负债性负债相比，股票不需要归还，并且没有固定的利息负担，因此财务风险较低。

②普通股筹资的缺点。a. 发行股票的负债成本较高。首先，根据风险与报酬原则，从筹资企业的角度看，由于发行股票的财务风险比筹集负债性负债的财务风险低，因而其负债成本通常较高；反过来，从投资者的角度来看，权益性投资与负

债性投资相比投资风险更高，因而投资者要求更高的报酬率，从而决定了股份有限公司必须以较高的代价才能够筹得股票负债。其次，负债利息在税前扣除，具有抵税作用，股利则只能从税后支付。另外，股票的发行费用较高。b. 增资发行新股，一方面可能会分散公司的控制权；另一方面由于新股对累计盈余具有分享权，从而降低了股票每股净资产，因此有可能导致普通股价格下跌。

　　*启示：股份有限公司申请股票上市，是为了增强本公司股票的吸引力，形成稳定的资本来源，能在更大范围内筹措大量资本。股票上市对上市公司而言，主要有如下意义：①提高公司所发行股票的流动性和变现性，便于投资者认购、交易。②促进公司股权的社会化，避免股权过于集中。③提高公司的知名度。④有助于确定公司增发新股的发行价格。⑤便于确定公司的价值，以利于促进公司实现财富最大化的目标。因此，不少公司积极创造条件，争取其股票上市。但是，也有人认为，股票上市对公司不利，主要表现为：各种信息公开的要求可能会泄露公司的商业秘密；股市的波动可能歪曲公司的实际情况，损害公司的声誉；可能分散公司的控制权。因此，有些公司即使已符合上市条件，也宁愿放弃上市机会。

4.3.1.3　优先股筹资

　　优先股是指其持有者比普通股持有者具有一定优先权的一类证券，它是介于普通股和公司债券之间的一种筹资工具。优先股在某些方面与公司债券类似——支付固定的股息，但与债券利息不同的是，优先股股息只能从税后利润中支付，不能用来抵税；在某些方面又与普通股类似——对公司财产的要求权排在公司债权人之后。从资产负债表看，它属于权益类筹资；从金融角度看，它需要支付固定的费用从而提高了公司的财务杠杆，但却不会因为不支付优先股股利而导致公司破产，而优先股的优先权意味着优先股股东获得股利后，普通股股东才有资格获得股利。

　　（1）优先股的基本特征。优先股都有一个确定的面值，也叫清偿价值。优先股的面值具有两层意义：一是代表优先股股东在公司清算时应得的资产权，二是计算股利的基础。股息可以用每股多少货币单位表示，也可以用面值的百分之几表示，或者两种方法并用。

　　优先股的股息不同于债券利息，董事会有权决定不对优先股发放股息。优先股的股息可以是累计的，也可以不是累计的。但是，现实中大多数优先股股息都是可以累计的，也就是说某一年未发放的股息可以向前结转。在拖延支付期间，未支付的优先股股息被称为未付款项，但它本身并不能产生利息，未付款项只会随着未付股利的增多而增多。

　　优先股股东通常都没有投票权。但是如果公司在一段时间内（通常为4个或6个分红期）没有发放优先股股息，根据约定，一般都会赋予优先股股东选举部分董事的权利。还有一些优先股的条款规定，一旦优先股股息累积到一定时间之后，公司的某些行为（如修改有关公司兼并的条款）必须经过优先股股东的投票表决通过。

优先股的股息支付必须排在普通股股利支付之前。所以，尽管不支付优先股股息并不会导致公司破产，但发行公司一般还是倾向于支付优先股股息。因为若不支付优先股股息，就不能支付普通股股利，不支付普通股股利就会导致发行债券融资更困难，当然也不能发行更多的优先股或普通股来融资。但从发行公司的角度讲，优先股股息支付的灵活性还是为公司提供了很大的便利，因为优先股的风险要比债券小；但从投资者来说，优先股的风险就比债券要大，因此他们会要求一个比较高的税后收益。

优先股股东一般只能收取既定的股息，而且公司一旦破产，他们只能获得给定的价值补偿。近年来，许多新发行的优先股都设定了强制性偿债基金。这些因素都使优先股看起来很像债券。然而，从发行公司的角度看，优先股股息不像债券利息那样能够免税。从个人投资者的角度看，优先股股息属于应纳税的普通收入。在美国，对公司投资者而言，投资优先股股息 70% 是可以免税的。因此公司投资者更有动力购买其他公司的优先股而不是债券，从而导致优先股的收益率一般要比债券低。例如，花旗集团发行的 F 序列优先股收益率曾经大约为 6.9%，大致与同期美国政府债券的收益率相等。所以，在谈到关于优先股的税收问题时，既要考虑优先股股息税后支付的税收劣势，也要考虑到公司投资者所具有的税收优势。

目前大多数的优先股附有下述条款：①利用偿债基金定期赎回优先股；②提前赎回全部或者部分优先股；③转化为普通股。订立赎回及转化条款的原因很多，主要是经济环境发生了变化、发行人希望利用债券的税收优势，或者希望通过低成本地发行股票从而赎回高成本的优先股，也可能是为了调整公司的资本结构。大多数优先股赎回时是以预定的价格加上赎回日累计欠付的股息全部或者部分赎回。初始赎回价一般是面值或者售出价格加一年的股息，随后逐渐降到面值或者初始售出价格。例如，杜克能源公司（Duke Power Company）股息率为 7.12% 的 Q 系列优先股（面值 100 美元）到 1992 年 3 月 15 日的赎回价为 107.12 美元；第二个五年内的赎回价为 104.75 美元；第三个五年的赎回价为 102.83 美元；最后，2000 年 3 月 16 日的赎回价为 100 美元。

（2）优先股筹资的优缺点。

1）从发行优先股的公司角度看，优先股融资的主要优点在于：

优先股不像负债那样，面临着到期必须支付利息的硬约束，未能支付优先股股息不属于公司的违约行为，不会导致公司破产。

增加优先股股东一般不会导致原有普通股股东对公司控制权的下降。

优先股没有固定的到期日，是公司可以永久使用的自有资金。

2）优先股融资的最主要不足在于其较高的成本。成本高的原因：一是对于个人投资者而言，投资优先股的风险高于购买债券，为补偿风险要求股利比债券的票面利率高；二是优先股股息须从税后利润中支付，不能起到抵税作用。正因为如此，那些高税率的企业不喜欢发行优先股。另外，优先股往往附有较多的限制条款，如对公司借债的限制、对普通股股利支付的限制等。

＊启示：优先股与普通股的主要区别表现为股息固定，优先分配剩余财产，无表决权可赎回。

4.3.2 负债筹资方式

负债筹资主要内容包括借款、发行公司债券、短期融资券和商业信用，融资租赁；其特征是负债必须到期还本付息因此财务风险大、长期负债筹资偿还的利息费用具有抵税作用。

4.3.2.1 借款筹资

长短期借款筹资是各类企业通常采用的一种负债筹资方式。

(1) 借款的种类。借款是指企业向银行等金融机构以及向其他单位借入的、期限在一年以上的借款称为长期借款，在一年内为短期借款，两者在借款信用条件方面基本相同。

1) 按提供贷款的机构分为政策性银行贷款、商业银行贷款和保险公司贷款。

政策性贷款是执行国家政策性贷款业务的银行（通称政策性银行）提供的贷款，通常为长期贷款。

商业银行贷款包括短期贷款和长期贷款，其中长期贷款的一般特征为，期限长于一年；企业与银行之间要签订借款合同，含有对借款企业的具体限制条件；有规定的借款利率，可固定，亦可随基准利率的变动而变动；主要实行分期偿还方式，一般每期偿还金额相等，也可采用到期一次偿还方式。

其他金融机构对企业的贷款一般较商业银行贷款的期限更长，要求的利率较高，对借款企业的信用要求和担保的选择也比较严格。

2) 按有无抵押品作担保分为抵押贷款和信用贷款。

抵押贷款是指以特定的抵押品为担保的贷款。作为贷款担保的抵押品可以是不动产、机器设备等实物资产，也可以是股票、债券等有价证券。它们必须是能够变现的资产。如果贷款到期时借款企业不能或不愿偿还贷款时，银行可取消企业对抵押品的赎回权，并有权处理抵押品。抵押贷款有利于降低银行贷款的风险，提高贷款的安全性。

信用贷款是指不以抵押品作担保的贷款，即仅凭借款企业的信用或某保证人的信用而发放的贷款。信用贷款通常仅由借款企业出具签字的文书，一般是贷给那些资信优良的企业。对于这种贷款，由于风险较高，银行通常要收取较高的利息，并附加一定的条件限制。

3) 按贷款的用途分为基本建设贷款、更新改造贷款、研发和新产品试制贷款等。

（2）银行借款的信用条件。按照国际惯例，银行借款往往附加一些信用条件，主要有授信额度、周转授信协议、补偿性余额。

1）授信额度。授信额度是借款企业与银行间正式或非正式协议规定的企业借款的最高限额。通常在授信额度内，企业可随时按需要向银行申请借款。例如，在正式协议下，约定某企业的授信额度为 5000 万元，该企业已借用 3000 万元且尚未偿还，则该企业仍可申请 2000 万元，银行将予以保证。但在非正式协议下，银行并不承担按最高借款限额保证贷款的法律义务。

2）周转授信协议。周转授信协议是一种经常为大公司使用的正式授信额度。与一般授信额度不同，银行对周转信用额度负有法律义务，并因此向企业收取一定的承诺费用，一般按企业使用的授信额度的一定比率（2% 左右）计算。

3）补偿性余额。补偿性余额是银行要求借款企业保持按贷款限额或实际借款额的 10%～20% 的平均存款余额留存银行。银行通常都有这种要求，目的是降低银行贷款风险，提高贷款的有效利率，以补偿银行的损失。在银行附加上述信用条件下，企业取得的借款属于信用借款。

（3）贷款银行的选择。除了考虑借款种类、资金成本等因素外，企业还须对贷款银行进行分析，做出选择。对短期贷款银行的选择，通常要考虑以下几个方面。

1）银行对贷款风险的政策。银行通常都对其贷款的风险作出政策性的规定。有些银行倾向于保守政策，只愿承担较小的贷款风险；而有些银行则富有开拓性，敢于承担较大的风险。这与银行的实力和环境有关。

2）银行与借款企业的关系。银行与借款企业的现存关系，是由以往借贷业务形成的。一个企业可能与多家银行有业务往来，且这种关系的亲密程度不同。当借款企业面临财务困难时，有的银行可能大力支持，帮助企业渡过难关；而有的银行可能会施加更大的压力，迫使企业偿还贷款或付出高昂的代价。

3）银行对借款企业的咨询与服务。有些银行会主动帮助借款企业分析潜在的财务问题，提出解决问题的建议和办法为企业提供咨询与服务，同企业交流有关信息。这对借款企业具有重要的参考价值。

4）银行对贷款专业化的区分。一般而言，大银行都设有不同类别的部门，分别处理不同行业的贷款，如工业、商业、农业等。这种专业化的区分，影响不同行业的企业对银行的选择。

（4）银行借款的程序。

1）提出借款申请，申请借款必须符合贷款条件。确定贷款条件的依据是：企业单位设置的合法性、经营的独立性、自有资本的足够性、经营的营利性及贷款的安全性。借款企业应具备的基本条件为：①借款企业经营的合法性；②企业经营的独立性；③企业具有一定数量的自有资金；④企业在银行开立基本账户；⑤企业有按期还本付息的能力。企业提出的借款申请，应陈述借款的原因、借款金额、用款时间与计划、还款期限与计划。银行进行审批。

2）银行针对借款申请，按照有关规定和贷款条件，对借款人进行审查，依据审批权限，核准借款人申请的借款金额和用款计划。银行审查的内容包括：①借款人的财务状况；②借款人的信用情况；③借款人的盈利稳定性；④借款人的发展前景；⑤借款投资项目的可行性等。

3）签订借款合同。银行经审查批准借款合同后，可与借款企业进一步协商贷款的具体条件，签订正式的借款合同，明确规定贷款的数额、利率、期限和一些限制性条款。

4）取得借款。借款合同生效后，银行可在核定的贷款指标范围内，根据用款计划和实际需要，一次或分次将贷款转入借款人的存款结算户，以便借款人支用借款。

5）偿还借款。按借款合同的规定按期还本付息。借款人偿还借款的方式通常有三种：①到期日一次偿还。在这种方式下，还款集中，借款人须于借款到期日前做好准备，以保证全部清偿到期贷款。②定期偿还相等份额的本金，即在到期日之前定期（如每1年或每2年）偿还相同的金额，至贷款到期日还清全部本金。③分批偿还，每批金额不等，便于借款人灵活安排。贷款到期经银行催收，如果借款人不予偿付，银行可按合同规定，从借款人的存款户中扣收贷款本息及加收的利息。借款人如因暂时财务困难，需延期偿还贷款时，应向银行提交延期还贷计划，经银行审查核实，续签合同，但通常要加收利息。

（5）借款合同的内容。借款合同是规定借贷当事人各方权利和义务的契约。借款人提出的借款申请经贷款银行审查认可后，双方即可在平等协商的基础上签订借款合同。借款合同依法签订后，即具有法律约束力，借贷当事人各方必须遵守合同条款，履行合同约定的义务。

借款合同的基本条款。根据我国有关法规，借款合同应具备下列基本条款：
①借款种类；②借款用途；③借款金额；④借款利率；⑤借款期限；⑥还款资金来源及还款方式；⑦保证条款；⑧违约责任等。借款企业无力偿还到期贷款时，贷款银行有权处理作为贷款保证的财产物资；必要时还可规定保证人，保证人必须具有足够代偿借款的财产，当借款企业不履行合同时，由保证人连带承担偿付本息的责任。

借款合同的限制条款，由于长期贷款的期限长、风险较高，因此，除合同的基本条款以外，按照国际惯例，银行对借款企业通常都约定一些限制性条款，主要有如下三类：①一般性限制条款，包括：企业须持有一定限度的现金及其他流动资产，以保持其资产的合理流动性及支付能力；限制企业支付现金股利；限制企业资本支出的规模；限制企业借入其他长期资金等。②例行性限制条款。多数借款合同都有这类条款，一般包括：企业定期向银行报送财务报表；不能出售太多的资产；负债到期要及时偿付；禁止应收账款的转让等。③特殊性限制条款。例如，要求企业主要领导人购买人身保险，规定借款的用途不得改变等。这类限制条款只在特殊情形下才生效。

（6）借款筹资的优缺点。

1）优点在于借款筹资速度较快；利用借款筹资，一般所需时间较短，程序较为简单，可以快速获得现金。而发行股票、债券筹集长期资金，须做好发行前的各种工作，如印制证券等，发行也需一定时间，故耗时较长，程序复杂；借款筹资是间接筹资，它比直接筹资的股票和债券的资金成本都要低；借款筹资弹性较大。在借款时，借款人与银行直接商定贷款的时间、数额和利率等；在用款期间，借款人如因财务状况发生某些变化，亦可与银行再行协商，变更借款数量及还款期限等。因此借款筹资具有较大的灵活性；利用借款筹资，与债券一样，可以发挥财务杠杆的作用。

2）缺点在于借款筹资风险较高。①借款通常有固定的利息负担和固定的偿付期限，因此筹资风险较高。②借款筹资限制条件较多。这可能会影响到企业以后的筹资和投资活动。③借款筹资数量有限。一般不如股票、债券那样可以一次筹集到大笔资金。

4.3.2.2 公司债券筹资

公司债券是公开发行，期限在 1 年以上的长期债券筹资。债券是经济主体为筹集资金而发行的用以记载和反映债权负债关系的有价证券。在我国，只有股份有限公司、国有独资公司、两个以上的国有企业或其他两个以上的国有投资主体设立的有限责任公司才有资格发行公司债券。其他企业发行的债券称为企业债券。下面以公司债券为例介绍发行债券的相关问题。

（1）公司债券的种类。公司债券按不同的标准有不同的分类。

1）按债券上有无记名划分，可分为记名债券和无记名债券。

记名债券是在债券票面上记载持券人姓名或名称的债券。对记名债券，公司应在债券存根簿上载明债券持有人的姓名或名称及住所，债券持有人取得债券的日期及债券的编号，债券总额、票面金额、利率、还本付息的期限和方式。记名债券由债券持有人以背书方式或法律、行政法规规定的其他方式转让，并且由公司将受让人的姓名或名称及住所记载于公司债券存根簿。

无记名债券是在债券票面上不记载持券人姓名或名称的债券。对无记名债券，公司只需在债券存根簿上载明债券总额、利率、还本付息的期限和方式、发行日期和债券编号。无记名债券的转让，由债券持有人在依法设立的证券交易场所将债券交付给受让人后即发生效力。

2）按有无抵押品划分，可分为信用债券和抵押债券。

信用债券是发行公司没有特定财产作抵押，仅凭信用发行的债券。

抵押债券是发行公司以特定财产作为抵押品的债券。根据抵押品的不同，抵押债券又分为不动产抵押债券、动产抵押债券、证券抵押债券等。

3）按利率是否固定划分，可分为固定利率债券和浮动利率债券。

固定利率债券是将利率明确记载于债券上，按这一固定利率向债权人支付利息的债券。

浮动利率债券是债券上不明确记载利率，发放利息时利率根据某一标准（如政府债券利率、银行存款利率）的变化同方向调整的债券。

4）按是否上市划分，可分为上市债券和非上市债券。

上市债券是在证券交易所挂牌交易的债券。上市债券信用度高，易于变现，因而能吸引投资者。但是债券上市需要具备规定的条件，并经过一定的办理程序。

非上市债券是不能在证券交易所挂牌交易的债券。

（2）发行公司债券的程序。

1）作出发行债券的决议或决定，股份有限公司和有限责任公司发行公司债券，由董事会制定方案，股东会作出决议。国有独资公司发行公司债券，由国家授权投资的机构或国家授权的部门作出决定。

2）提出发行债券的申请，公司应向国务院证券管理部门提出发行公司债券的申请，并提交公司登记证明、公司章程、公司债券募集办法以及资产评估报告和验资报告。

3）国务院证券管理部门对符合《公司法》规定的，予以批准；否则不予批准。对已作出的批准如果发现不符合《公司法》规定的，应予撤销。债券尚未发行的，停止发行；已经发行的，由发行公司向认购人退还所缴款项并加算银行同期存款利息。

4）公告债券募集办法，债券募集办法中应载明如下事项：公司名称、拟发行债券的总额、票面金额、利率、还本付息的期限和方式，债券发行的起止日期，公司净资产额，已发行的尚未到期的公司债券总额，公司债券的承销机构。

5）发售债券，募集款项，登记债券存根簿。

（3）公司债券的发行和销售方式、发行价格。

1）债券的发行方式，与股票类似，债券的发行方式也有公募发行和私募发行两类。公募发行是指公司公开向社会发行债券；私募发行是指公司不公开向社会发行，只向少数特定的对象直接发行债券。

2）债券的销售方式，与股票类似，债券的销售方式也是指公司向社会公募发行时所采取的销售方法，分为自销和承销两大类，承销又具体分为包销和代销。我国相关法规规定，公司向社会公开发行债券，必须与依法设立的证券经营机构签订承销协议，由证券经营机构承销。

3）债券的发行价格，债券的发行价格是公司将债券出售给投资者的价格，也就是投资者认购债券时所支付的价格。债券发行价格可以高于、低于或等于债券面值即溢价、折价和平价发行。

（4）债券的信用等级。债券的信用等级标志着债券质量的优劣，反映了债券还本付息能力的强弱和债券投资风险的高低。公司公开发行债券通常需要债券评信机构评定等级。债券的信用等级对发行公司的发行效果和投资者的投资选择都有重要的影响。

债券的信用评级制度在很多国家广泛采用。国际上流行的债券等级一般分为三等九级，即债券从高到低分为 A、B、C 三等，每一等又由高到低分为三级，如 A 等分为 AAA 级、AA 级和 A 级。

我国的债券评级工作也在不断发展。根据中国人民银行的规定，凡是向社会公开发行的公司债券，都需要由中国人民银行及其授权的分行指定的资信评级机构或公证机构进行评信。我国《证券法》也规定，公司发行债券，必须向经认可的债券评信机构申请信用评级。

（5）公司债券筹资的优缺点。

1）债券筹资成本较低。与股票的股利相比，债券的利息允许在所得税前支付，发行公司可享受节税利益，故公司实际负担的债券成本一般低于股票成本。

2）债券筹资能够发挥财务杠杆的作用。无论发行公司盈利多少，债券持有人一般只收取固定的利息，而更多的利润可分配给股东或留用公司经营，从而增加股东和公司的财富。

3）债券筹资能够保障股东的控制权。债券持有人无权参与发行公司的管理决策，因此，公司发行债券不会像增发新股那样分散股东对公司的控制权。

4）债券筹资便于调整公司资本结构。在公司发行可转换债券以及可提前赎回债券的情况下，便于公司主动合理地调整资本结构。

利用公司债券筹集长期资本，虽有前述优点，但也有明显的不足，主要有：

1）债券筹资的财务风险较高。债券有固定的到期日，并需定期支付利息，发行公司必须承担按期还本付息的义务。在公司经营不景气时，亦需向债券持有人还本付息，这会给公司带来更大的财务困难，有时甚至导致破产。

2）债券筹资的限制条件较多。发行债券的限制条件一般要比长期借款、租赁筹资的限制条件多且严格，从而限制了公司对债券筹资方式的使用，甚至会影响公司以后的筹资能力。

3）债券筹资的数量有限。公司利用债券筹资一般受一定额度的限制，多数国家对此都有限定。《公司法》规定，发行公司流通在外的债券累计总额不得超过公司净资产的 40%。

＊启示：长期债券发行价格高低的决定因素是：①债券面额。债券的票面金额是决定债券发行价格的最基本因素。债券发行价格的高低，从根本上取决于债券面额的大小。一般而言，债券面额越大，发行价格越高。但是，如果不考虑利息因素，债券面额是债券的到期价值，即债券的未来价值，而不是债券的现在价值，即发行价格。②票面利率。债券的票面利率是债券的名义利率，通常在发行债券之前即已确定，并注明于债券票面上。一般而言，债券的票面利率越高，发行价格越

高；反之，发行价格越低。③市场利率。债券发行时的市场利率是衡量债券票面利率高低的参照系，两者往往不一致，因此共同影响债券的发行价格。一般而言，债券的市场利率越高，债券的发行价格越低；反之发行价格越高。④债券期限。同银行借款一样，债券的期限越长，债权人的风险越大，要求的利息报酬越高，债券的发行价格就可能较低；反之，发行价格可能较高。债券的发行价格是上述四项因素综合作用的结果。

4.3.2.3 融资租赁筹资

融资租赁筹资是指向租赁公司借长期资产即融资租赁固定资产形成长期应付款，融资租赁利率高于长期借款利率。

融资租赁是由租赁公司按照承租企业的要求购买资产，并在契约或合同规定的较长期限内提供给承租企业使用的信用性业务。融资租赁的期限一般在资产使用年限的一半以上，租赁期满后资产的所有权一般转移给承租企业。承租企业采用这种租赁方式的主要目的是融通资金，因此融资租赁是承租企业筹集长期负债性负债的一种特殊方式。

（1）融资租赁的形式。融资租赁按业务的不同特点，可细分为三种具体形式：

1）直接租赁。这种形式是融资租赁的典型形式。通常所说的融资租赁就是指直接租赁形式。这种形式的效果类似于以分期付款方式购买资产。

2）售后租回。在这种形式下，企业先将资产卖给租赁公司，再作为承租企业将所售资产租回使用，并按期向租赁公司支付租金。采用这种融资租赁形式，承租企业因出售资产而获得了一笔资金，同时又通过租赁保留了资产的使用权，其效果与抵押贷款有些相似。

3）杠杆租赁。这种形式涉及承租人、出租人和贷款人三方当事人。从承租人的角度，杠杆租赁与其他融资租赁形式并无区别。对出租人来说就有所不同，出租人只支付购买资产所需资金的一部分，其余部分则以该资产作担保向贷款人借款支付。在这种形式下，租赁公司既是出租人又是借款人，既要收取租金又要支付利息，但租赁收益一般高于借款成本，由此可获得财务杠杆利益，故称为杠杆租赁。

（2）融资租赁的程序。不同的租赁业务，具体程序会有所不同。下面以最典型的租赁业务为例，介绍其基本程序。

1）选择租赁公司，企业决定采用融资租赁方式取得某项资产时，首先需要了解各家租赁公司的经营范围、业务能力、资信情况和租赁费率等情况，然后进行分析比较，选择最适合的租赁公司。

2）提出租赁申请，企业选定租赁公司后，便可向其提出租赁申请，详细说明所需资产的具体要求，并向租赁公司提供财务报表等资料。

3）签订租赁合同。企业与租赁公司在详细磋商的基础上签订租赁合同。融资租赁合同的条款比较复杂，包括租赁资产描述条款，租赁资产交货、验收、使用、保管、维修条款，租赁期限条款，租金支付条款，保险条款，担保条款，租赁期满资产处理条款，违约责任条款等。

4）签订购货协议，由承租企业与租赁公司的一方或双方选定资产供应商，进行谈判协商，签订购货协议。

5）办理验货、付款与保险，承租企业按购货协议收到租赁资产时，要进行验收，验收合格后签发验收证书提交租赁公司，租赁公司据以向供应商支付货款。同时，承租企业向保险公司办理保险事宜。

6）支付租金，承租企业在租赁期内按租赁合同规定的金额和支付方式向租赁公司支付租金。

7）合同期满处理资产，租赁合同期满后，承租企业根据合同约定对资产退租、续租或留购，通常采用留购方式。

（3）决定融资租赁租金的因素。融资租赁每期支付租金的金额取决于以下因素：①租赁资产的购置成本，包括买价、运杂费、途中保险费等。②预计租赁期满后租赁资产的残值。③租赁公司购置资产所提供资金应计的利息。④租赁手续费，包括租赁公司承办租赁业务的营业费用及一定的盈利。⑤租赁期限。⑥租金支付方式。租金支付方式按支付间隔期，分为年付、半年付、季付和月付；按期初或期末支付，分为先付和后付；按每期金额是否相等，分为等额支付和不等额支付。实务中采用的租金支付方式大多为后付等额年金。

（4）融资租赁筹资的优缺点。

1）优点。租金可在税前扣除，起到抵税作用。融资租赁的限制条件少。融资租赁集"融资"与"置产"于一身，可迅速获得所需资产。融资租赁中，资产陈旧过时的风险一般由出租人承担，因此承租企业可免遭资产陈旧过时的风险。

2）缺点。融资租赁的筹资成本较高。与其他负债性负债相比，融资租赁的成本相当高，租金总额通常比资产价值高出很多。融资租赁的财务风险较高。

4.3.2.4 商业信用和短期融资券筹资

（1）商业信用。

1）概念。商业信用是指商品交易中由于延期付款或预收货款而形成的企业之间的借贷关系，主要包括应付账款、应付票据和应计费用。商业信用筹资是企业在日常交易活动中自然形成的资金来源，其数量多少取决于公司的经营规模。一般来说，公司的经营规模越大，由商业信用形成的负债资金就越多。

2）筹资的利弊。商业信用筹资的优点主要表现在以下三个方面：

①商业信用是企业在日常交易活动中自然产生的资金来源，不需要安排筹资计划，也不需要办理借贷手续，因此使用起来方便自然。

②不需要承担筹资费，在没有优惠条件的情况下，也不会发生隐性成本。

③与银行借款等短期融资方式相比，商业信用筹资在资金的使用上不受限制，

因此资金使用的弹性大。

当然，商业信用筹资也存在一些不足。与其他短期融资方式相比，其最主要的缺点在于期限短，数额受交易规模约束，在有优惠条件的情况下，需承担较高的成本，在经济不景气或市场信用环境不好的情况下，企业之间很可能会因相互拖欠货款而引起不良连锁反应。

（2）短期融资券。

1）概念。短期融资券又称商业票据或商业本票，是工商企业或金融企业为筹措短期资金发行的无担保短期本票。

短期融资券源于商业票据。商业票据是随商品交易和劳务交易而签发的一种远期付款的债务凭证，在票据上列有付款的金额和时间、收款方和付款方的名称。持有票据的公司如在约定付款期前需要现金，可以向商业银行或贴现公司贴现。有时贴现票据的银行或贴现公司因为资金周转的需要，也将贴现过的票据再次贴现。根据商业票据所具有的这种融资特点，一些大公司就凭借自己的信誉，开始脱离商品交易过程签发商业票据并逐渐演变为一种在货币市场上筹资的票据。这种票据体现的是发行人与投资者之间纯粹的债权债务关系，票据上也不再列明收款人，只是列出付款人，成为单名票据。这种区别于传统商业票据的单名票据就称为短期融资券。

短期融资券可以由发行人直接销售给最终投资者，也可以由承销商代销。发行短期融资券通常也需要进行信用评级，其评级方法与评级程序与发行长期公司债券相似，不过发行人的短期偿债能力对债券级别的影响较大。

2）筹资的利弊。短期融资券作为一种直接短期债务筹资方式，最主要的优点就是具有较低的资金成本。通常情况下，短期融资券的利率加上发行费用要低于银行同期贷款的利率；另外，发行短期融资券可以筹集到的资金数额比较大。但发行短期融资券也会加大企业的还款压力和财务风险。短期融资券不能提前或延期偿还，必须按期如数偿还，缺少灵活性，而一旦不能按期偿还将给企业信用造成严重的不良影响。此外，发行短期融资券的条件比较严格，一般的企业难以利用这种筹资方式。

4.3.3　混合性筹资

混合性筹资既有权益筹资特征又有负债筹资特征，主要包括可转换债券和认股权证。

4.3.3.1　可转换债券

可转换债券简称可转债，是债券持有人在约定的期限内可将其转换为普通股的债券。发行可转换债券，应在债券募集办法中规定具体的转换办法。债券持有人对是否将债券转换为普通股具有选择权。在可转换债券转换前，企业需要定期向债券持有人支付利息。如果在规定的转换期限内债券持有人未进行转换，企业需要继续定期支付利息，并且到期偿还本金。在这种情况下，可转换债券与普通公司债券没有区别，属于债权性负债。如果在规定的转换期限内，债券持有人将可转换债券转换成普通股，则变成了权益性负债。因此，可转换债券具有负债性负债和权益性负债的双重性质。在我国，只有上市公司和重点国有企业才有资格发行可转换债券。

（1）发行可转换债券的条件。上市公司经股东大会决议可以发行可转换债券，并在公司债券募集办法中规定具体的转换办法。上市公司发行可转换债券，除应当符合发行债券的条件，还应当符合《证券法》规定的公开发行股票的条件，并报国务院证券监督管理机构核准。

（2）可转换债券的转股。

1）可转换债券的转股期限。可转换债券的转股期限是指按发行企业的规定，持有人可将其转换为普通股的期限。可转换债券转换期限的长短通常与可转换债券的期限相关。我国可转换债券的期限最短为 3 年，最长为 5 年。上市公司发行的可转换债券，在发行结束 6 个月后，持有人可以依据约定的条件随时转为股份。

2）可转换债券的转股价格。可转换债券的转股价格是指将可转换债券转换为普通股时采用的每股价格。转股价格由发行企业在发行可转换债券时约定。上市公司发行的可转换债券，以发行可转换债券前 1 个月普通股的平均价格为基准，上浮一定幅度作为转股价格。可转换债券的转股价格并不是固定不变的。由于增发新股、配股及其他原因引起公司股份发生变动的，应当及时调整转换价格并向社会公布。

3）可转换债券的转股比率。可转换债券的转股比率是指每份债券可换得的普通股股数，它等于可转换债券的面值除以转股价格。如果出现不足以转 1 股股票的余额，发行企业应当以现金偿付。

（3）可转换债券筹资的优缺点。

1）发行可转换债券是一种特殊的筹资方式，其优点主要包括：

有利于降低负债成本。可转换债券的利率通常低于普通债券，因此转换前的负债成本低于普通债券。如果转换为普通股，由于转换价格通常高于发行可转换债券时的普通股价格，并且可节省普通股的发行费用，因而比直接发行普通股的负债成本低。

有利于调整资本结构。可转换债券在转换前属于发行公司的负债，转换后属于发行公司的所有者权益，因此发行公司可以通过引导持有人的转换行为来调整公司的资本结构。

2）可转换债券也存在着缺陷，主要体现在不确定性上。如果发行人发行可转换债券的本意在于变相进行普通股筹资，但普通股价格并未如期上升，债券持有人不愿转股，则发行人将被迫承受偿债压力。如果可转换债券转股时的股价大大高于转换价格，则发行人将承担溢价损失。

4.3.3.2 认股权证

认股权证是由股份有限公司发行的以其股票为标的物的看涨期权。它赋予持有者在规定期限内以事先约定的价格购买发行公司一定数量股票的权利。

（1）认股权证合约的内容。发行认股权证时，其合约一般包括如下要素：

1）基础股票，即认股权证可以转换的对象。它可以是单一股票，也可以是一揽子股票。基础股票一般是交易活跃的绩优股。

2）有效期限，即认股权证的权利期限。在有效期内，认股权证持有者可以随时要求将其转换为股票，超过有效期限以后，认股权证即失效。

3）转换比率，即每1份认股权证可转换的股票数量。例如，某认股权证的转换比率为2，表明每1份认股权证可转换为2股普通股。

4）执行价格，指认股权证的持有者行使转换权时，购买公司普通股的价格。该价格可以是固定的，也可以按普通股股票的市场行情进行调整。

（2）认股权证的种类。

1）长期认股权证与短期认股权证。根据认股权证的有效期限可以将其分为长期认股权证和短期认股权证。长期认股权证的认股期限通常持续几年，有的甚至是永久性的。短期认股权证的认股期限比较短，一般在90天以内。

2）单独发行的认股权证与附带发行的认股权证。按照认股权证的发行方式可将其分为单独发行的认股权证和附带发行的认股权证。单独发行的认股权证是指不依附于其他证券而独立发行的认股权证。附带发行的认股权证是指依附于债券、优先股、普通股等证券发行的认股权证。

4.3.3.3 认股权证筹资的优缺点

（1）认股权证筹资十分灵活，其优点主要包括：①为公司筹集额外的资金。认股权证不论是单独发行还是附带发行，大都能为发行公司筹得一笔额外资金。②促进其他筹资方式的运用。单独发行的认股权证有利于将来发售股票，附带发行的认股权证可以促进其所依附证券的发行效率。而且由于认股权证具有价值，附认股权证的债券票面利率和优先股股利率通常较低。

（2）认股权证筹资的缺点主要表现：①认股权证的执行时间不确定。投资者何时执行认股权证是公司所不能控制的，往往会导致公司陷于既有潜在资金又无资金可用的被动局面。②稀释普通股收益和控制权。当认股权证执行时，提供给投资者的股票是新发行的股票，并非二级市场的股票。这样，当认股权证执行时，普通股股份增多，每股收益下降，同时也稀释了原有股东的控制权。

案例讨论：万科多元化筹资

万科企业股份有限公司（000002）是目前中国最大的专业住宅开发企业，1988年进入住宅行业，1991年在深圳上市筹资，随后万科的经营范围迅猛地布局全国。

当前，万科的房地产开发已入驻全国二十多个城市和地区。其创作的"四季花城""城市花园""金色家园"等品牌得到广大业主认可，除此之外，万科公司更开创性地研发了中国住宅行业第一个专利产品的"情景花园洋房"；作为与业主密切联系的万客会和良好的公司物业服务为万科产品的推广和宣传起到了至关重要的作用。2011年，在国家严厉打压住宅价格大幅上涨、着力调控房地产市场的情况下，万科的发展力求由规模速度型向质量效益型转变。

从2003年对于房地产行业的调控加剧和银行贷款难度加大以来，万科转变了一般企业以银行贷款为主的筹资方式，采取以资本市场主导的筹资策略。2006年7月定向增发7亿股A股募资42亿元，2007年8月万科A股以31.53元增发3.17亿股股票，股权筹资100亿元。

作为最早进入资本市场的房地产企业，万科已经开辟了多样化筹资，例如，企业合作开发、海外筹资、房地产信托基金、配股筹资和银行贷款等方式。1991年万科首次成功上市筹资，成为第一批上市的房地产开发企业；2002年万科发行可转换债券筹集资金15亿元，不久之后的2004年，万科再次发行可转换债券募集资金19.9亿元；2008年9月万科发行59亿公司债券筹资，与此同时，2004年万科也充分利用银行借贷筹资，帮助企业实现了快速发展，2004年11月，万科获得农业银行有史以来最大的一笔综合授信额度46.9亿元。同年12月，深圳国际信托投资公司签署期限2年，总额1.5亿元的信托贷款协议用于深圳万科云项目。2005年7月，北国投·北京万科两山项目集合资金信托1.5亿元，2006年荣获中国银行不超过50亿元授信额。

不过万科也充分认识到了负债筹资给企业带来的财务风险，因此不断通过其他方式来调整负债筹资即债权性资金的比例。从2003年至今，万科多次进行信托筹资，用于不同项目的开发；2003年6月万科向新华信托投资股份有限公司申请1.9995亿元，期限2年，利率为4%的信托筹资，用于深圳十七英里项目开发；同年12月与新华信托达成总额2.602亿元，期限2年，年利率为4.3%的信托贷款协议，用于深圳大梅沙万科东海岸项目开发。2009年4月两笔各为9亿元的信托筹资，两年期固定利率5.45%；9月15日，万科通过A股公开增发方式募集资金净额不超过人民币112亿元的方案，但最终计划流产；同年12月，10亿元两年期固定利率5.45%的信托筹资。2010年1月26日、2月8日万科各有一笔10亿元的信托借款，利率均为5.85%，9月28日10亿元的信托借款的利率大幅飙升至10.2%；9月两笔委托贷款各10亿元。2011年12月，向华润深国投信托有限公司申请信托借款人民币10亿元，用于上海五街坊项目，借款期限2年，固定借款利率11.2%。

2012年3月5日，向华润信托申请金额为10亿元和20亿元的两笔信托借款，借款期限均为2年，利率分别为10.6%和10.5%。2004年7月，与德国银行合作，获得3500万美元不超过42个月的贷款，开启了万科海外筹资的大门；2005

年12月，与新加坡政府产业投资有限公司的附属公司 Reco Ziyang Pte Ltd（RZP）股权合作5000万美元。2006年万科在企业合作开发上取得了新的突破，受让北京市朝万房地产开发中心60％股权给北京市朝阳区国资委，从而获得16万平方米开发土地，此举也为万科更多参与国有企业改制的机会积累了经验。伴随着企业的不断发展成熟，规模的不断扩大，企业发展战略的调整，万科也在一步步地通过筹资活动，调整着企业的资本结构，保证企业开发资金的同时也促进着企业的不断进步。

2005年12月万科与中信资本投资有限公司共同成立"中信·万科中国房地产开发基金"筹资1.8亿元。

要求：（1）万科通过哪些筹资来源和方式调整举债水平，优化资本结构，避免一定的财务风险，使其更为灵活地发展。

（2）万科负债结构控制在什么范围，财务杠杆能得到更充分的利用，拓宽的筹资渠道，改善了万科的资本负债结构（借助2008～2011年资产负债率、息税前利润率和净资产报酬率数据）。

资金成本与资本结构 5

5.1 资金成本估算

资金成本是投资所需筹集资金所付出的代价,因此也称为投资必要报酬率。资金成本是评价投资项目优劣的依据,是选择筹资方式、进行资本结构决策、确定追加筹资方案的依据。通常资金成本采用相对数表示,是用筹资费用与有效筹资额之间的比率。所谓有效筹资额是指筹资金额扣除筹资费用后的净额。其基本计算公式为:

$$K = \frac{D}{P-F} = \frac{D}{P(1-f)} \tag{5-1}$$

其中,K 为资金成本;D 为每个期间的用资费用;P 为筹资额;F 为筹资费用;f 为筹资费率(筹资费用与筹资额之比)。

5.1.1 负债资金成本估算

5.1.1.1 长期负债资金成本估算

由于长期负债筹集资金中长期借款和长期债券的利息是从税前利润中扣除,从而具有抵减企业所得税的作用,因此长期借款和长期债券每期的用资费用应是考虑抵税因素后的利息。

(1) 长期借款资金成本的计算公式:

$$K_t = \frac{I_t(1-T)}{L(1-f_t)} = \frac{L \times R_t(1-T)}{L(1-f_t)} = \frac{R_t(1-T)}{1-f_t} \tag{5-2}$$

其中,K_t 为长期借款筹资成本;I_t 为长期借款年利息额;T 为企业所得税税率;L 为长期借款本金;R_t 为长期借款年利率;f_t 为长期借款筹资费率。相对而言，长期借款的筹资费用很低，有时可以忽略不计。因此，长期借款资金成本的计算公式也可简化为：

$$K_t = R_t (1-T) \tag{5-3}$$

[例5—1] HY 公司从银行取得 3 年期长期借款 500 万元，手续费率 0.1%，年利率 8%，每年结息一次，到期一次还本。公司所得税税率 40%。计算该笔长期借款的资金成本。

解答：（1）用式（5—2）计算长期借款的资金成本为：

$$K_t = \frac{500 \times 8\% \times (1-40\%)}{500 \times (1-0.1\%)} = \frac{8\% \times (1-40\%)}{1-0.1\%} = 4.80\%$$

（2）如果忽略手续费，则用式（5—3）计算的结果为：

$$K_t = 8\% \times (1-40\%) = 4.80\%$$

（3）长期债券资金成本计算公式：

$$K_b = \frac{S \times R_b (1-T)}{B (1-f_b)} = \frac{I_b (1-T)}{B (1-f_b)} \tag{5-4}$$

其中，K_b 为长期债券资金成本；S 为债券面值；R_b 为债券票面利率；I 为债券每年利息额；f_b 为债券筹资费率，B 是债券发行价格。

需要注意以下几点：首先，债券的筹资费用即发行费用，包括律师费等申请过程中发生的费用、印刷费等制作过程中发生的费用，以及证券公司手续费等销售过程中发生的费用，这些费用一般较高，不能忽略。其次，债券的发行价格有溢价、平价、折价之分，因而筹资额不一定等于债券面值。当债券按面值发行时面值等于发行价格，因此长期债券资金成本的计算公式可简化为：

$$K_b = \frac{R_b (1-T)}{(1-f_b)} \tag{5-5}$$

[例5—2] HY 公司发行面值为 1000 元、期限为 4 年、票面利率为 10% 的债券 5000 张，每年结息一次，到期一次还本。筹资费用为发行价格的 4%。公司所得税税率为 25%。分别计算发行价格为 1100 元、1000 元和 900 元时，债券的资金成本。

解答：（1）如果发行价格为 1100 元，即发行价格大于面值 1000 元（债券溢价发行）则债券的资金成本为：

$$K_b = \frac{S \times R_b (1-T)}{B (1-f_b)} = \frac{I_b (1-T)}{B (1-f_b)} = \frac{1000 \times 10\% \times (1-25\%)}{1100 \times (1-4\%)} = 7.1\%$$

（2）如果发行价格为 1000 元，即发行价格等于面值 1000 元（债券平价发行）则债券的资金成本为：

$$K_b = \frac{R_b (1-T)}{(1-f_b)} = \frac{10\% \times (1-25\%)}{(1-4\%)} = 7.81\%$$

（3）如果发行价格为 900 元，即发行价格小于面值 1000 元（债券折价发行）

则债券的资金成本

$$K_b = \frac{S \times R_b (1-T)}{B(1-f_b)} = \frac{I_b (1-T)}{B(1-f_b)} = \frac{1000 \times 10\% \times (1-25\%)}{900 \times (1-4\%)} = 8.68\%$$

* 启示：溢价发行长期债券资金成本最低其次是平价发行，折价发行债券资金成本最高。

5.1.1.2 短期负债资金成本估算

短期负债筹集资金中短期借款、商业信用和短期融资因为持有资金在一年内部需要偿还，通常不考虑抵税收益。

（1）短期银行借款资金成本估算。银行借款资金成本用借款利率来表示，按照国际惯例，短期银行借款的利率会因借款企业的类型、借款金额及时间的不同而不同。例如，银行向信用好、贷款风险低的企业只收取较低的利率；反之，则收取较高的利率。此外，银行贷款利率有单利、复利、贴现利率和附加利率等种类，由于付息方式不同，实际利率与名义利率存在差异。除了到期一次还本付息，其他情况都是实际利率大于名义利率。因此，企业应根据不同的情况确定短期借款的成本，以便做出选择。

［例5-3］某企业打算向银行借入一年期的短期贷款100万元，名义年利率12%。

①如果银行要求到期时一次还本付息；②如果银行要求按季付息；③如果银行要求公司在取得贷款时就一次性支付利息，到期时还本；④假如银行同意连本带利到期一次偿还，但要求公司保留贷款额的20%作为补偿性余额，上述四种情形实际负担的利率又是多少？

解答：①到期时一次还本付息，其名义年利率就是实际年利率12%：

$$(1+12\% \div 4)^4 - 1 = 12.55\%$$

②按季付息实际利率为：

$$(1+12\% \div 4)^4 - 1 = 12.55\%$$

③实际利率等于贴现利率为：

$$\frac{1000000 \times 12\%}{1000000 - 1000000 \times 12\%} = 13.64\%$$

④考虑贷款补偿性余额，则短期借款利率为：

$$实际利率 = \frac{12\%}{1-20\%} = 15\%$$

（2）商业信用资金成本估算。在规范的商业信用行为中，债权人为了控制应收账款的期限和额度，往往向债务人提出信用条件。信用条件包括信用期限、给买方的现金折扣和折扣期限。

在商业信用政策中给予现金折扣和折扣期限的目的，是促使客户尽早付款，以控制卖方公司的应收账款数额。至于买方是否接受折扣优惠并提前付款，需考虑放弃这笔现金折扣所形成的利息成本，即考虑商业信用成本是否太高。

[例5-4] 假定东方公司每年都从西京公司购买价值6000万元的零件，西京公司给东方公司的商业信用条件是2/10，n/30，东方公司拖延扣除2%购物折扣，则平均每天的进货额为：

$$6000×1-2\%÷360=163.33（万元/天）$$

如果东方公司接受折扣并于第10天付款，则平均应付款为：

$$16.33×10=163.3（万元）$$

东方公司可以从西京公司得到163.3万元商业信用。

也就是说，放弃折扣，东方公司可以多拿326.6万元的额外信用是以放弃2%的购货折扣为代价的，这相当于放弃了120万元的价格优惠。用放弃的折扣额处以因放弃折扣换来的信用资金增加额，就可以计算出放弃折扣的成本。

放弃折扣的成本＝放弃折扣金额/由放弃折扣增加的信用额×100%

$$=36.74\%$$

放弃折扣的成本若比银行贷款利率高，显然是不合算的。至于用放弃折扣而增加的商业信用归还银行贷款，则更是不明智之举，正是在这个意义上，放弃折扣的成本为商业信用的隐含利息成本，放弃折扣的资金成本计算公式如下：

放弃折扣的成本＝折扣率/（1-折扣率）×360/（信用度-折扣期）　　（5-6）

（3）短期融资券资金成本估算。短期融资券的成本也就是利息，是在贴现的基础上支付的。短期融资券的成本（年的利率）i的计算公式如下：

$$i=\frac{r}{1-r×\frac{n}{360}}\qquad（5-7）$$

其中，i为年度利率；r为票面利率；n为票据期限。

[例5-5] ABC公司发行了为期120天的优等短期融资券，其票面利率是12%，则该短期融资券的成本是多少？

解答：该短期融资券的成本为：

$$i=\frac{r}{1-r×\frac{n}{360}}=\frac{12\%}{1-12\%×\frac{120}{360}}=12.5\%$$

如果有多个短期融资券的发行方案可供选择，那么应该选择年度利率最低的方案，以使成本最低。

另外，发行短期融资券的公司一般都保持备用的信用额度，以便为出售短期融资券时发生的问题提供保证。如果一家公司到期不能偿还它的短期融资券，就可以动用备用的信用额度。对于这种备用的信用额度，银行一般要按年收取0.25%～0.5%的费用，这将增加企业的成本。

[例5-6] ABC公司以10%的票面利率发行了50亿元为期90天的优等短期

融资券。ABC 公司利用备用的信用额度所获得的资金成本是 0.25％，其他直接费用率为每年 0.5％，则 ABC 公司的短期融资券的总成本是多少？

首先，计算年度利率。

$$i=\frac{r}{1-r\times\frac{n}{360}}=\frac{10\%}{1-10\%\times\frac{90}{360}}=10.26\%$$

然后，计算总成本 $=10.26\%+0.25\%+0.5\%=11.01\%$

5.1.2 权益资金成本估算

与负债资金不同，普通股和优先股同属股权性资金，股利是税后利润中支付的，因此没有抵税作用。

5.1.2.1 优先股资金成本估算公式

$$K_p=\frac{D_p}{P_p\ (1-f_p)} \tag{5-8}$$

其中，K_p 为优先股资金成本；D_p 为优先股每期股利；P_p 为优先股发行价格；f_p 为优先股筹资费率。

[例 5-7] HY 公司发行一批优先股。发行价格为 6 元，筹资费率为 4％，每年股利 0.6 元。试计算这批优先股的资金成本。

此批优先股的资金成本计算结果如下：

$$K_p=\frac{D_p}{P_p\ (1-f_p)}=\frac{0.6}{6\ (1-4\%)}=10.42\%$$

5.1.2.2 普通股资金成本估算公式

（1）固定股利支付政策的普通股资金成本估算公式：

$$K_c=\frac{D_c}{P_c\ (1-f_c)} \tag{5-9}$$

其中，K_c 为普通股资金成本；D_c 为普通股每期股利；P_c 为优先股发行价格；f_c 为优先股筹资费率。

（2）股利固定增长的普通股资金成本估算公式：

$$K_c=\frac{D_1}{P_c\ (I-f_c)}+g=\frac{DR_1}{(I-f_c)}+g \tag{5-10}$$

其中，K_c 为普通股资金成本，D_1 为普通股第一年股利 P_c 为普通股发行价格，DR_1 为普通股第一年股利支付率；f_c 为普通股筹资费用，g 为股利增长比率。

[例 5-8] HY 公司发行普通股，发行价格 8 元，筹资费率为 5％。公司有两套股利分派方案：一是每年分派现金股利 0.8 元，二是第 1 年分派 0.4 元或股利支付率 5％，以后每年增长 6％。计算两种方案下的普通股资金成本。

如果采用第一套方案，则普通股资金成本为：

$$K_c = \frac{D}{P_c(1-f_x)} = \frac{0.8}{8 \times (1-5\%)} = 10.53\%$$

如果采用第二套方案，则普通股资金成本为：

$$K_c = \frac{D_1}{P_c(I-f_c)} + g = \frac{0.4}{8 \times (1-5\%)} + 6\% = 11.26\%$$

或：

$$K_c = \frac{DR_1}{(I-f_c)} + g = \frac{5\%}{1-5\%} + 6\% = 11.26\%$$

（3）普通股资金成本从投资角度分析就是投资者要求的必要投资报酬（收益）率，衡量必要投资报酬率公式为：

$$K_c = R_F \, \beta(K_M - R_F) \qquad (5-11)$$

其中，β系数是衡量系统风险指标，K_M 为整个资本市场加权平均报酬率，R_F 为无风险报酬率。

［例5-9］HY公司股票的β系数为1.2，无风险报酬率为4%，市场报酬率为10%，则该股票的资金成本为：

$$K = 4\% + 1.2 \times (12\% - 4\%) = 11.2\%$$

其实，上述资本资产定价模型可以简单描述是股票资金成本等于债券投资报酬率加股票投资额外风险报酬率。一般而言，普通股投资的风险高于债券投资，因此普通股投资的必要报酬率通常高于债券投资的必要报酬率。于是，普通股投资必要报酬率可以在债券投资必要报酬率的基础上加上普通股投资高于债券投资的额外风险报酬率。相应地，普通股资金成本就等于债券资金成本加普通股额外风险报酬率。这种方法的不足之处是比较主观但计算简便。

［例5-10］HY公司已发行债券的资金成本为7.5%。现增发一批普通股。经分析，该股票高于债券的额外风险报酬为4%。试计算该批普通股的资金成本。

该批普通股的资金成本为：

$$K = 7.5\% + 4\% = 11.5\%$$

5.1.2.3 留存收益资金成本估算公式

留存收益与优先股和普通股一样属于股权性资金，是由企业税后利润扣除普通股和优先股股利后剩余的资金，包括盈余公积和未分配利润，该资金获取从理论上看并不需要企业花费专门的代价。但是实际上，留存收益最终归属于普通股股东，可以理解为普通股股东对企业的再投资。因此，普通股股东要求留存收益应该与普通股具有相同的报酬率。于是，留存收益的资金成本与普通股基本相同，唯一不同的是不存在筹资费用。用其筹资的资金成本估算公式是 $f_c = 0$ 时的式（5-9）和式（5-10）。

［例5-11］HY公司普通股市场价格为8元，第1年分派股利0.4元，以后每

年增长 6%。试计算公司留存收益的资金成本。

留存收益的资金成本为：

$$K_c = \frac{D_1}{P_c} + g = \frac{0.4}{8} + 6\% = 11\%$$

上述计算表明普通股资金成本大于或等于优先股资金成本。

5.1.3 综合资金成本估算

企业通过不同的方式从不同的来源取得的资金，其成本各不相同。要进行正确的筹资和投资决策，不仅需要计算债权和股权个别资金成本，还需要确定全部长期资金的综合资金成本。综合资金成本又称为加权平均资金成本，它是以各种长期资金所占的比例为权重，对个别资金成本进行加权平均计算得来的。其计算公式如下：

$$K_w = \sum_{j=1}^{n} K_j W_j \qquad (5-12)$$

其中，K_w 为综合资金成本；K_j 为第 j 种个别资金的成本；W_j 为第 j 种个别资金在所有长期资金中所占比例。

$$\sum_{j=1}^{n} W_j = 1 \qquad (5-13)$$

由综合资金成本的计算公式可知，综合资金成本由两个因素决定：一是各种长期资金的个别资金成本；二是各种长期资金所占比例，即权数。各种长期资金的个别资金成本的计算方法前面已经详细阐述。至于各种长期资金权数的确定，则需要选择一定的价值基础。常见的价值基础主要有如下三种。

（1）按账面价值确定资本比例。企业财务会计所提供的资料主要是以账面价值为基础的。财务会计通过资产负债表可以提供以账面价值为基础的资本结构资料，这也是企业筹资管理的一个依据。使用账面价值确定各种资本比例的优点是易于从资产负债表中取得这些资料，容易计算。其主要缺陷是：资本的账面价值可能不符合市场价值，如果资本的市场价值已经脱离账面价值许多，采用账面价值作基础确定资本比例就有失客观性，从而不利于综合资金成本率的测算和筹资管理的决策。

（2）按市场价值确定资本比例。按市场价格确定资本比例是指债券和股票等以现行资本市场价格为基础确定其资本比例，从而测算综合资金成本率。

（3）按目标价值确定资本比例。按目标价值确定资本比例是指债券和股票等以公司预计的未来目标市场价值确定资本比例，从而测算综合资金成本率。从公司筹资管理决策的角度来看，对综合资金成本率的一个基本要求是，它应适用于公司未来的目标资本结构。

[例 5-12] HY 公司各种长期资金的账面价值、市场价值和目标价值以及个别资金成本如表 5-1 所示。分别按账面价值基础、市场价值基础和目标价值基础计算 HY 公司的综合资金成本。

表5－1　HY公司各种长期资金的账面价值、市场价值和目标价值以及个别资金成本

资金种类	账面价值（万元）	市场价值（万元）	目标价值（万元）	个别资金成本（％）
长期借款	800	800	2000	5.0
长期债券	1500	2000	4000	6.5
优先股	500	750	1000	10.0
普通股	2000	4000	4000	12.0
留存收益	1800	3600 *	4000	11.5
合计	6600	11150	15000	—

注：* 表示留存收益的市场价值与账面价值之比等于普通股的市场价值与账面价值之比。

（1）按账面价值基础计算的综合资金成本为：

$$K_w = 5.0\% \times \frac{800}{6600} + 6.5\% \times \frac{1500}{6600} + 10\% \times \frac{500}{6600} + 12\% \times \frac{2000}{6600} + 11.5\% \times \frac{1800}{6600}$$

$$= 5.0\% \times 12.12\% + 6.5\% \times 22.73\% + 10.0\% \times 7.58\% + 12.0\% \times 30.3\% + 11.5\% \times 27.27\%$$

$$= 0.606\% + 1.477\% + 0.758\% + 3.636\% + 3.136\%$$

$$= 9.61\%$$

（2）按市场价值基础计算的综合资金成本为：

$$K_w = 5.0\% \times \frac{800}{11150} + 6.5\% \times \frac{2000}{11150} + 10\% \times \frac{750}{11150} + 12\% \times \frac{4000}{11150} + 11.5\% \times \frac{3600}{11150}$$

$$= 5.0\% \times 7.17\% + 6.5\% \times 17.94\% + 10.0\% \times 6.73\% + 12.0\% \times 35.87\% + 11.5\% \times 32.29\%$$

$$= 0.359\% + 1.166\% + 0.673\% + 4.304\% + 3.713\%$$

$$= 10.22\%$$

（3）按目标价值基础计算的综合资金成本为：

$$K_w = 5.0\% \times \frac{2000}{15000} + 6.5\% \times \frac{4000}{15000} + 10\% \times \frac{1000}{15000} + 12\% \times \frac{4000}{15000} + 11.5\% \times \frac{4000}{15000}$$

$$= \frac{10\% + 26\% + 10\% + 48\% + 46\%}{15}$$

$$= 9.33\%$$

5.1.4　边际资金成本估算

边际资金成本是指企业追加筹资的资金成本。一般来说，企业不可能以某一固定的资金成本来筹措无限的资金，当筹集的资金超过一定限度时，资金成本将会有所变化。因此，企业在未来追加筹资时，应当更多地关注新筹措资金的成本，即边际资金成本。

企业追加筹资有可能只采取某一种筹资方式。在这种情况下，边际资金成本的

确定与前述个别资金成本的确定方法相同。

在筹资数额较大或目标资本结构既定的情况下，追加筹资往往需要通过多种筹资方式的组合来实现。这时的边际资金成本是新筹措的各种资金的加权平均成本，各种资金的权数应以市场价值为基础来确定。

当企业追加筹资的金额未定时，需要测算不同筹资范围内的边际资金成本，我们称之为边际资金成本规划。下面举例说明边际资金成本规划的具体步骤。

[例5-13] HY 公司为了适应追加投资的需要，准备筹措新资。追加筹资的边际资金成本规划可按如下步骤进行：

（1）确定各种资金的目标比例。公司经过分析认为，各种资金的目标比例为：长期借款 20%，长期债券 30%，普通股 50%。

（2）测算各种资金的个别资金成本。公司在对资金市场状况和自身筹资能力进行研究之后，测算出在不同筹资范围内各种资金的个别资金成本如表5-2所示。

表5-2 HY 公司在不同筹资范围内各种资金的个别资金成本

资金种类	追加筹资范围	个别资金成本
长期借款	≤10 万元	6%
占总资金比重 20%	>10 万元	8%
长期债券	≤60 万元	11%
占总资金比重 30%	>60 万元	13%
普通股	≤80 万元	15%
占总资金比重 50%	>80 万元	16%

（3）测算筹资总额分界点。所谓筹资总额分界点是指各种资金的个别资金成本发生跳跃的分界点所对应的筹资总额的分界点。其测算公式为：

$$BP_{ji} = \frac{TF_{ji}}{W_j} \qquad (5-14)$$

其中，BP_{ji} 为第 j 种资金的第 i 个分界点对应的筹资总额分界点；TF_{ji} 为第 j 种资金的第 i 个资金成本分界点；W_j 为第 j 种资金的目标比例。

此例中，各个筹资总额分界点计算如下：

（1）长期借款的个别资金成本分界点 30 万元和 90 万元对应的筹资总额界点分别为：

$$10 \div 20\% = 50 （万元）$$

（2）长期债券的个别资金成本分界点 100 万元和 200 万元对应的筹资总额界点分别为：

$$60 \div 30\% = 200 （万元）$$

（3）普通股的个别资金成本分界点 300 万元和 600 万元对应的筹资总额界点分别为：

$$80 \div 50\% = 160 （万元）$$

以上三个筹资总额分界点将追加筹资的范围分为四段：50 万元及以内；50 万~160 万元；160 万~200 万元；200 万元以上。

（4）测算各个筹资范围内的边际资金成本。在各个筹资范围内，根据各种资金对应的个别资金成本和资金比例计算加权平均资金成本，即得到该范围内的边际资金成本。测算过程如表 5－3 所示。

表 5－3　HY 公司各个筹资范围内的边际资金成本

筹资总额范围	资金种类	资金比例	个别资金成本	边际资金成本
50 万元及以内	长期借款	20%	6%	20%×6%＋30%×11%＋50%×15%＝12%
	长期债券	30%	11%	
	普通股	50%	15%	
50 万～160 万元	长期借款	20%	8%	20%×8%＋30%×11%＋50%×15%＝12.4%
	长期债券	30%	11%	
	普通股	50%	15%	
160 万～200 万元	长期借款	20%	8%	20%×8%＋30%×11%＋50%×16%＝12.9%
	长期债券	30%	11%	
	普通股	50%	16%	
200 万元以上	长期借款	20%	8%	20%×8%＋30%×13%＋50%×16%＝13.5%
	长期债券	30%	13%	
	普通股	50%	16%	

由表 5－3 可见，公司的边际资金成本随着追加筹资金额的增加逐渐上升。一般而言，边际投资报酬率会随着投资规模的上升而逐渐下降。只有当边际资金成本低于边际投资报酬率时，筹资才是合理的，投资也才是有利的。因此，公司可以将不同筹资范围内的边际资金成本与不同投资规模内的边际投资报酬率相比较，以选择有利的投资机会和合理的筹资金额。

5.2　资本结构确定

5.2.1　资本结构概述

资本结构是指企业各种资金的构成及其比例关系，它有广义和狭义之分，广义的资本结构是包括企业长短期全部资金的构成及其比例关系。狭义的资本结构仅指企业长期资金的构成及其比例关系。通常资本结构的概念是指狭义的资本结构，尤其是债权性资金和股权性资金的关系。

企业的资本结构问题，主要是确定债权性资金的比例安排问题。在企业的资本结构决策中，合理地利用债权筹资，科学地安排债权性资金的比例，是企业筹资管理的一个核心问题。它对企业具有重要的意义。

（1）合理安排债权性资金比例可以降低企业的综合资金成本。由于负债利率通常低于股票股利率，而且负债利息在税前利润中扣除，企业可享有递减所得税收益，从而债权性资金成本明显低于股权性资金成本。因此，在一定的限度内合理地提高债权性资金的比例，可以降低企业的综合资金成本。

（2）合理安排债权性资金比例可以获得财务杠杆利益。由于负债利息通常是固定不变的，当息税前利润增大时，每1元利润所负担的固定利息会相应降低，从而可分配给权益所有者的税后利润会相应增加。因此，在一定的限度内合理地利用债权性资金，可以发挥财务杠杆的作用，给企业所有者带来财务杠杆利益。

（3）合理安排债权性资金比例可以增加公司的价值。一般而言，一个公司的现实价值等于其债权性资金的市场价值（B）与股权性资金的市场价值（S）之和，则公司总价值 $V = B + S$。

该式清楚地表达了按市场价值计量反映的资金权属结构与公司总价值的内在关系。公司的价值与公司的资本结构是紧密联系的，资本结构对公司的债权性资金市场价值和股权性资金市场价值，进而对公司总的市场价值都具有重要的影响。因此，合理安排资本结构有利于增加公司的市场价值。

5.2.2 资本结构理论

资本结构理论是公司财务理论的核心内容之一，也是资本结构决策的重要理论基础。它是关于公司资本结构（公司债权性资金的比例）、公司综合资金成本与公司价值三者之间关系的理论。资本结构理论主要包括 MM 理论和在此基础上发展形成新的资本结构理论。在现实中，资本结构是否影响企业价值这一问题一直存有争议，故称为"资本结构之谜"。

5.2.2.1 MM 理论

MM 理论是莫迪利亚尼（Modigliani）和米勒（Miller）两位财务学者所开创的资本结构理论的简称。1958 年，美国的莫迪利亚尼和米勒两位教授合作发表"资金成本、公司价值与投资理论"一文。该文深入探讨了公司资本结构与公司价值的关系，创立了 MM 理论，并开创了现代资本结构理论的研究，这两位作者也因此荣获诺贝尔经济学奖。自 MM 理论创立以来，迄今为止，几乎所有的资本结构理论研究都是围绕它来进行的。

MM 理论的基本结论可以简要地归纳为：在符合该理论的假设之下，公司的价值与其资本结构无关。公司的价值取决于其实际资产，而非各类债券和股权性资金的市场价值。

MM 理论的假设主要有如下九项：公司在无税收的环境中经营；公司营业风险的高低由息税前利润标准差来衡量，公司营业风险决定其风险等级；投资者对所有公司未来盈利及风险的预期相同；投资者不支付证券交易成本，所有负债利率相同；公司为零增长公司，即年平均盈利额不变；个人和公司均可发行无风险债券，并有无风险利率；公司无破产成本；公司的股利政策与公司价值无关，公司发行新债时不会影响已有负债的市场价值；存在高度完善和均衡的资本市场。这意味着资本可以自由流通，充分竞争，预期报酬率相同的证券价格相同，有充分信息，利率一致。

MM 理论在上述假定之下得出两个重要命题：

命题Ⅰ：无论公司有无债权性资金，其价值（普通股股权性资金与长期债权性资金的市场价值之和）等于公司总资产的预期收益额按适合该公司风险等级的必要报酬率予以折现。其中，公司资产的预期收益额相当于公司扣除利息、税收之前的预期盈利，即息税前利润，与公司风险等级相适应的必要报酬率相当于公司的综合资金成本。因此，命题Ⅰ的基本含义是：第一，公司的价值不会受资本结构的影响；第二，有债务公司的综合资金成本等同于与它风险等级相同但无债务公司的股权资金成本；第三，公司的股权资金成本或综合资金成本视公司的营业风险而定。

命题Ⅱ：利用财务杠杆的公司，其股权性资金成本随筹资额的增加而提高。因此，公司的市场价值不会随债权性资金比例的上升而增加，因为便宜的负债给公司带来的财务杠杆利益会被股权性资金成本的上升而抵消，最后使有债务公司的综合资金成本等于无债务公司的综合资金成本，所以公司的价值与其资本结构无关。

因此在上述 MM 基本理论的假设前提下得出在无企业所得税环境中公司价值与资本结构无关，如图 5—1 所示。

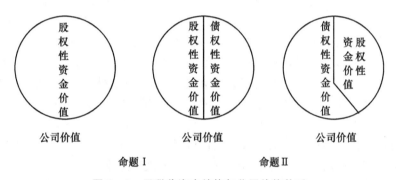

图 5—1　无税收资本结构与公司价值关系

1963 年，莫迪利亚尼和米勒合作发表了另一篇题为"公司所得税与资金成本：一项修正"的论文。该文取消了公司无所得税的假设，认为若考虑公司所得税的因素，公司的价值会随财务杠杆系数的提高而增加，从而得出公司资本结构与公司价值相关的结论。修正的 MM 理论同样提出两个命题。

命题Ⅰ：举债公司的价值等于有相同风险但无举债公司的价值加上负债利息的抵税收益。根据该命题，当公司举债后，负债利息计入财务费用，形成节税收益，由此可以增加公司的净收益，从而提高公司的价值。随着公司负债比例的提高，公司的价值也会提高。

有债务公司的权益资金成本率等于无债务公司的权益资金成本率加上风险报酬率，风险报酬率的高低则视公司负债的比例和所得税税率而定。随着公司负债比例的提高，公司的综合资金成本率会降低，公司的价值也会越高。

按照修正的 MM 资本结构理论，公司的资本结构与公司的价值不是无关，而是大大相关，并且公司负债比例与公司价值呈正相关关系。这个结论与早期资本结构理论的净收益观点是一致的。因此，在考虑企业所得税时举债经营可以产生节税收益，如果此时不考虑财务危机成本，债权性资金会增加公司价值，如图5－2所示。

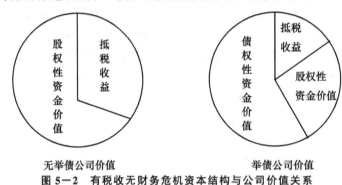

无举债公司价值　　　　举债公司价值

图5－2　有税收无财务危机资本结构与公司价值关系

命题Ⅱ：MM理论的权衡理论观点认为，随着公司负债比例的提高，公司的风险也会上升，因而公司陷入财务危机甚至破产的可能性也越大，由此会增加公司的额外成本，降低公司的价值。因此，公司最佳的资本结构应当是节税利益和债权性资金比例上升而带来的财务危机成本与破产成本之间的平衡点。

财务危机是指公司对债权人的承诺不能兑现，或兑现有困难。财务危机在某些情况下会导致公司破产，因此公司的价值应当扣除财务危机成本的现值。财务危机成本取决于公司危机发生的概率和危机的严重程度。根据公司破产发生的可能性，财务危机成本可分为有破产成本的财务危机成本和无破产成本的财务危机成本。

当公司负债的面值总额大于其市场价值时，公司面临破产。这时，公司的财务危机成本是有破产成本的财务危机成本。公司的破产成本又有直接破产成本和间接破产成本两种。直接破产成本包括支付律师、注册会计师和资产评估师等的费用。这些费用实际上是由债务人所承担的，即从债务人的利息收入中扣除。因此，债务人必然要求与公司破产风险相应的较高报酬率，公司的债务价值和公司的总价值也因而降低。公司的间接破产成本包括公司破产清算损失以及公司破产后重组而增加的管理成本。公司的破产成本增加了公司的额外成本，从而会降低公司的价值。

当公司发生财务危机但还不至于破产时，也同样存在着财务危机成本并影响公司的价值。这时的财务危机成本是无破产成本的财务危机成本。这种财务危机成本对公司价值的影响是通过股东为保护其利益，在投资决策时以股票价值最大化代替公司价值最大化的目标而形成的。而当公司的经营者按此做出决策并予以执行时，会使公司的节税利益下降并降低公司价值。因此，由于负债带来的公司财务危机成本抑制了公司通过无限举债而增加公司价值的冲动，使公司的负债比例保持在适度的区间内。

5.2.2.2　新的资本结构理论观点

20世纪七八十年代后又出现了一些新的资本结构理论，主要有代理成本理论、信号传递理论和优选顺序理论等。

（1）代理成本理论。代理成本理论是通过研究代理成本与资本结构的关系而形成的。这种理论观点指出，公司负债的违约风险是财务杠杆系数的增函数；随着公司债务资本的增加，债务人的监督成本随之提升，债务人会要求更高的利率。这种代理成本最终要由股东承担，公司资本结构中债务比率过高会导致股东价值的降低。根据代理成本理论，债务资本适度的资本结构会增加股东的价值。

上述资本结构的代理成本理论仅限于债务的代理成本。除此之外，还有一些代理成本涉及公司的雇员、消费者和社会等，在资本结构的决策中也应予以考虑。

（2）信号传递理论。信号传递理论认为，公司可以通过调整资本结构来传递有关获利能力和风险方面的信息，以及公司如何看待股票市价的信息。按照资本结构的信号传递理论，公司价值被低估时会增加债务资本；反之，公司价值被高估时会增加权益资本。当然，公司的筹资选择并非完全如此。例如，公司有时可能并不希望通过筹资行为告知公众公司的价值被高估的信息，而是模仿被低估价值的公司去增加债务资本。

（3）优序理论。资本结构的优选顺序理论认为，公司倾向于首先采用内部筹资，比如保留盈余，因之不会传导任何可能对股价不利的信息；如果需要外部筹资，公司将先选择债务筹资，再选择其他外部股权筹资，这种筹资顺序的选择也不会传递对公司股价产生不利影响的信息。按照优选顺序理论，不存在明显的目标资本结构，因为虽然保留盈余和增发新股均属股权筹资，但前者最先选用，后者最后选用；获利能力较强的公司之所以安排较低的债务比率，并不是由于已确立较低的目标债务比率，而是由于不需要外部筹资；获利能力较差的公司选用债务筹资是由于没有足够的保留盈余，而且在外部筹资选择中债务筹资为首选。

综上所述，在仅仅考虑企业所得税单个因素，以及考虑税收、破产成本、代理成本等综合因素，债务资本在资本结构比例对公司资金成本的影响如图5-3所示。

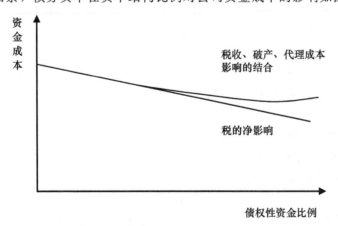

图5-3　债权性资金对资金成本的影响

5.2.3 最佳资本结构决策

最佳资本结构是使综合资金成本最低、企业价值最大的资本结构。最佳资本结构决策是筹资管理中至关重要的问题。各种长期资金尤其是债权性资金的比例安排恰当，有利于企业获得财务杠杆利益、降低综合资金成本并增加企业价值。常见的决策方法有资金成本比较法、企业价值比较法和每股利润或每股盈余无差别点法。

5.2.3.1 资金成本比较法

资金成本比较法是指在适度财务风险的条件下，测算可供选择的不同资本结构或筹资组合方案的综合资金成本，并以此为标准相互比较确定最佳资本结构的方法。

企业筹资分为创立初期筹资和存续过程中的追加筹资。相应地，企业的资本结构决策也可分为初始筹资的资本结构决策和追加筹资的资本结构决策。

（1）初始筹资的资本结构决策。企业初始筹资时，对拟定的筹资总额可以采用多种筹资方式来筹集，每种筹资方式的筹资额也可有不同的安排，由此形成若干预选资本结构或筹资组合方案。在适度风险的前提下，我们可以通过比较综合资金成本来作出选择。

[例 5−14] HY 公司初始时需筹集资金 4000 万元，有以下三种筹资组合方案可供选择，相关资料如表 5−4 所示。计算各筹资方案下的综合资金成本。

表 5−4　HY 公司筹资组合方案

单位：万元

筹资方式	筹资方案 A 筹资额	筹资方案 A 资金成本	筹资方案 B 筹资额	筹资方案 B 资金成本	筹资方案 C 筹资额	筹资方案 C 资金成本
长期借款	400	5%	600	5.5%	800	6%
长期债券	600	6%	1400	8%	700	6%
普通股	3000	12%	2000	12%	2500	12%
合计	4000	—	4000	—	4000	—

方案 A 的综合资金成本为：

$5\% \times 400 \div 4000 + 6\% \times 600 \div 4000 + 12\% \times 3000 \div 4000 = 10.40\%$

方案 B 的综合资金成本为：

$5.5\% \times 600 \div 4000 + 8\% \times 1400 \div 4000 + 12\% \times 2000 \div 4000 = 9.63\%$

方案 C 的综合资金成本为：

$6\% \times 800 \div 4000 + 6.5\% \times 700 \div 4000 + 12\% \times 2500 \div 4000 = 9.84\%$

由于筹资方案 B 的综合资金成本最低，因此，在财务风险适度的情况下应选择筹资方案 B。

（2）追加筹资的资本结构决策。企业存续期间追加筹资时，可能有多个备选的追加筹资方案。在适度风险的前提下，企业可以通过两种思路来选择最佳追加筹资方案：一是直接计算追加筹资的各备选方案的综合资金成本，选择资金成本低的追加筹资方案；二是将各备选方案与原有资本结构汇总得到各个汇总资本结构，然后计算各个汇总资本结构下的综合资金成本，选择使汇总资本结构下综合资金成本最低的追加筹资方案。

［例5-15］HY公司原有资本结构如［例3-14］中的方案B所示。公司打算追加筹资1000万元，相关资料如表5-5所示。

表5-5　HY公司原有资本结构

单位：万元

筹资方式	筹资方案Ⅰ 筹资额	筹资方案Ⅰ 资金成本	筹资方案Ⅱ 筹资额	筹资方案Ⅱ 资金成本
长期借款	500	7%	300	6.5%
优先股	200	11%	300	11%
普通股	300	13%	400	13%
合计	1000	—	1000	—

1）用追加筹资方案的综合资金成本比较来选择筹资方案。计算两个方案的综合资金成本。

方案Ⅰ：$7\% \times 500 \div 1000 + 11\% \times 200 \div 1000 + 13\% \times 300 \div 1000 = 9.60\%$

方案Ⅱ：$6.5\% \times 300 \div 1000 + 11\% \times 300 \div 1000 + 13\% \times 400 \div 1000 = 10.45\%$

由于方案Ⅰ的综合资金成本低于方案Ⅱ，因此，在财务风险适当的情况下，应选择方案Ⅰ作为追加筹资方案。

2）用汇总资本结构的综合资金成本比较法来选择筹资方案，按方案Ⅰ和方案Ⅱ追加筹资后的汇总资本结构分别为汇总资本结构Ⅰ和汇总资本结构Ⅱ，如表5-6所示。计算两种资本结构下的综合资金成本。

表5-6　HY公司追加投资后的汇总资本结构

单位：万元

筹资方式	汇总资本结构Ⅰ 筹资额	汇总资本结构Ⅰ 资金成本	汇总资本结构Ⅱ 筹资额	汇总资本结构Ⅱ 资金成本
长期借款	600	5.5%	600	5.5%
长期借款	500	7%	300	6.5%
长期债券	1400	8%	1400	8%
优先股	200	11%	300	11%
普通股	2300	13%	2400	13%
合计	5000	—	5000	—

汇总资本结构Ⅰ的综合资金成本＝5.5％×600÷5000＋7％×500÷5000＋8％×1400÷5000＋11％×200÷5000＋13％×2300÷5000＝10.02％

汇总资本结构Ⅱ的综合资金成本＝5.5％×600÷5000＋6.5％×300÷5000＋8％×1400÷5000＋11％×300÷5000＋13％×2400÷5000＝10.19％

在上面的计算中，需要注意的是，根据股票的同股同利原则，所有的股票应按照新发行股票的资金成本计算。

由于汇总资本结构Ⅰ的综合资金成本低于汇总资本结构Ⅱ的综合资金成本，因此，在财务风险适当的情况下，应选择追加筹资方案Ⅰ。两种方法得到的决策结果相同。

5.2.3.2 企业价值比较法

企业价值比较法是通过对不同资本结构下的企业价值和综合资金成本进行比较分析，从而选择最佳资本结构的方法。这种方法的基本步骤是：

（1）测算不同资本结构下的企业价值。企业价值等于长期借款和长期债券价值与股票价值之和，即 $V=B+S$。

为简便起见，设长期债券价值等于其面值，长期借款价值等于本金，而股票价值等于未来净利润的贴现值，且不考虑优先股的问题。假设未来企业每年净利润相等，且企业将持续经营下去，借用永续年金的概念，得到：

$$S=(EBIT-I)(1-T)/K_s \qquad (5-15)$$

其中，K_s 为普通股资金成本。EBIT 为息税前利润，I 为借款利息，T 为企业所得税税率。

（2）测算不同资本结构下的综合资金成本。企业的综合资金成本等于长期债券和借款及股票的加权平均资金成本，即：

$$K_w=K_b\times(1-T)\times(B/V)+K_s(S/B) \qquad (5-16)$$

其中，K_b 为长期债券和借款利率；K_w 为综合资金成本。

（3）确定最佳资本结构。使企业价值最大、综合资金成本最低的资本结构就是企业的最佳资本结构。

［例5-16］HY公司现有长期资金均为普通股，账面价值1000万元。公司认为这种资本结构不合理，没能发挥财务杠杆的作用，准备筹集长期债权性资金，购回部分普通股予以调整。公司预计每年息税前利润为300万元，公司所得税税率40％。市场平均风险报酬率 $K_M=10\%$，无风险报酬率 $R_F=6\%$。经测算，在不同长期债权性资金规模下，债权资金成本和普通股资金成本如表5-7所示。

表 5－7　HY 公司不同举债规模下债券利率和普通股资金成本

债券价值 B（万元）	债券利率 K_b	普通股 β 系数	普通股资金成本 K_s $K_s=R_F+\beta（K_M-R_F）$
0	—	1.10	10.4%
200	7%	1.25	11.0%
400	7%	1.35	11.4%
600	8%	1.60	12.4%
800	9%	1.90	13.6%
1000	11%	2.25	15.0%

根据上述资料预算不同债权资金筹资规模下的企业价值和综合资金成本。预算结果如表 5－8 所示。

表 5－8　HY 公司不同的举债规模下企业价值和综合资金成本

债券价值 B	普通股价值 S＝ （EBIT－I） （1－T）/K_s	企业价值 V＝B＋S	债券利率 K_b	普通股资金 成本 K_s	综合资金成本 $K_w=K_b（B/V）+K_s（S/V）$
0	1731	1731	—	10.4%	10.40%
200	1560	1760	7%	11.0%	10.23%
400	1432	1832	7%	11.4%	9.83%
600	1219	1819	8%	12.4%	9.89%
800	1006	1806	9%	13.6%	9.97%
1000	760	1760	11%	15.0%	10.23%

由表 5－8 可见，HY 公司在没有长期债券资金的情况下，企业价值等于普通股价值 1731 万元，综合资金成本等于普通股资金成本（10.40%）。当公司利用长期债券部分替换普通股时，企业价值开始上升，同时综合资金成本开始下降。当长期债权达到 400 万元时，企业的价值达到最大（1832 万元），同时综合资金成本达到最低（9.83%）。当长期债券继续上升时，企业价值又逐渐下降，综合资金成本逐渐上升。因此，当长期债券为 400 万元时的资本结构为 HY 公司的最佳资本结构。此时，公司的长期资金总额为 1832 万元，其中普通股 1432 万元，占所有长期资金的比例为 78%；长期债券 400 万元，占所有长期资金的比例为 22%。

5.2.3.3　每股利润无差别点法

每股利润无差别点法又称每股盈余无差别点法，该方法是通过对不同资本结构下的每股利润或每股盈余进行比较分析，从而选择最佳资本结构的方法。

［例 5－17］HY 公司现有资本结构（采用市场价值基础）为：长期负债 1500 万元，利率 6%；普通股 4500 股。公司准备追加筹资 1500 万元，有三种筹资方案：第一种方案是发行债券，利率 8%；第二种方案是发行优先股，第三种方案是

发行普通股。相关资料如表 5－9 所示。

表 5－9　HY 公司现有资本及追加投资后的结构

单位：万元

项目	筹资前		方案 I 发行债券		方案 II 发行优先股后		方案 III 增发普通股后	
资本结构	金额	比重	金额	比重	金额	比重	金额	比重
长期债券	1500	25％	3000	40％	1500	20％	1500	20％
优先股	—				1500	20％		
普通股	4500	75％	4500	60％	4500	60％	6000	80％
债务年利息	90		210		90		90	
优先股股利	—		—		150		—	
普通股股数（万股）	900		900		900		1200	

公司所得税税率为 40％，预计息税前利润为 800 万元。下面分别测算采用三个筹资方案追加筹资后的普通股每股利润，如表 5－10 所示。

表 5－10　HY 公司采用三种筹资方案追加筹资后的普通股每股利润

单位：万元

项目	方案 I 发行债券后	方案 II 发行优先股后	方案 III 增发股票后
息税前利润 EBIT	800	800	800
减：负债利息 I	210	90	90
税前利润	590	710	710
减：企业所得税	230	284	284
税后净利润 EAT	354	426	426
减：优先股股利	0	150	0
普通股利润	354	276	426
除：普通股股数（万股）	900	900	1200
每股利润 EPS	0.39	0.31	0.36

由表 5－10 可见，在息税前利润为 800 万元的情况下，三种筹资方案中，如果采用方案 I 发行债券，普通股每股利润最高，为每股 0.39 元；采用方案 II 即发行优先股，每股利润最低，为每股 0.31 元；采用方案 III 即发行普通股，每股利润居中，为每股 0.36 元。因此，这种情况下的最佳筹资方案为方案 I，即发行 1500 万元债券，最佳资本结构为长期负债 3000 万元，占所有长期资金的 40％，普通股 4500 万元，占所有长期资金的 60％。

上面的方法只有在息税前利润确定的情况下才能采用。如果未来的息税前利润不确定，则需要计算每股利润无差别点，以帮助判别不同资本结构的优劣。所谓每股利润无差别点是指使不同资本结构下的每股利润相等的息税前利润点，又叫息税前利润平衡点或筹资无差别点。每股利润无差别点的计算公式为：

$$\frac{(\overline{EBIT}-I_1)(1-T)-D_{p_1}}{N_1}=\frac{(\overline{EBIT}-I_2)(1-T)-D_{p_2}}{N_2} \qquad (5-17)$$

其中，$\overline{EBIT}$ 为两种资本结构的每股利润无差别点；I 为两种资本结构下的负债年利息；D_{p_1}、D_{p_2} 为两种资本结构下的优先股年股利；N 为两种资本结构下的普通股股数。

计算发行债券与增发普通股后的每股利润无差别点。

$$\frac{(\overline{EBIT}-210)(1-40\%)}{900}=\frac{(\overline{EBIT}-90)(1-40\%)}{1200}$$

$$\overline{EBIT}=570（万元）$$

$$\frac{(\overline{EBIT}-90)(1-40\%)-150}{900}=\frac{(\overline{EBIT}-90)(1-40\%)}{1200}$$

$$\overline{EBIT}=1090（万元）$$

结果表明，当息税前利润为 570 万元时，发行债券和增发普通股后的每股利润相等；当息税前利润为 1090 万元时，发行优先股和增发普通股后的每股利润相等。表 5-11 验证了上述结果。

表 5-11　HY 公司发行债券和增发普通股后的每股利润

单位：万元

项目	发行债券后	增发股票后	发行优先股后	增发股票后
息税前利润 EBIT	570	570	1090	1090
减：负债利息 I	210	90	90	90
税前利润	360	480	1000	1000
减：企业所得税	144	192	400	400
税后净利润 EAT	216	288	600	600
减：优先股股利	—	—	150	—
普通股利润	216	288	450	600
除：普通股股数（万股）	900	1200	900	1200
每股利润 EPS	0.24	0.24	0.5	0.5

上述每股利润无差别点分析的结果可用图 5-4 表示。

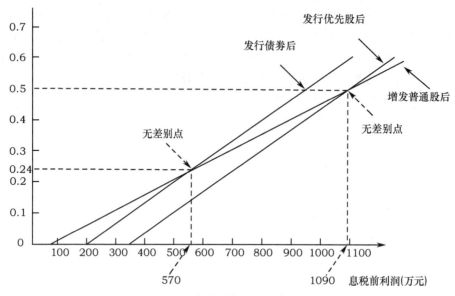

图 5-4　每股利润无差别点分析

对图 5-4 的分析如下：

（1）发行债券和增发普通股后的每股利润线相交于息税前利润 570 万元这一点上，这一点就是二者的每股利润无差别点。当息税前利润等于 570 万元时，二者的每股利润相等，增发普通股和发行债券两种筹资方案没有差别；当息税前利润低于 570 万元时，增发普通股后的每股利润高于发行债券后的每股利润，增发普通股的筹资方案更优；当息税前利润高于 570 万元时，发行债券后的每股利润高于增发普通股后的每股利润，发行债券的筹资方案更优。

（2）发行优先股和增发普通股后的每股利润线相交于息税前利润 1090 万元这一点上，这一点就是二者的每股利润无差别点。当息税前利润等于 1090 万元时，二者的每股利润相等，增发普通股和发行优先股两种筹资方案没有差别；当息税前利润低于 1090 万元时，增发普通股后的每股利润高于发行优先股后的每股利润，增发普通股的筹资方案更优；当息税前利润高于 1090 万元时，发行优先股后的每股利润高于增发普通股后的每股利润，发行优先股的筹资方案更优。

（3）发行债券和发行优先股后的每股利润线平行，没有交点，说明二者没有每股利润无差别点。发行债券后的每股利润线始终在发行优先股后的每股利润线之上，说明发行债券的筹资方案优于发行优先股。

表 5-11 列示了当息税前利润为 800 万元时，三种筹资方案下的每股利润。由于 800 万元高于 570 万元，因此发行债券后的每股利润 0.39 元高于增发普通股后的每股利润 0.36 元。而 800 万元低于 1090 万元，因此增发普通股后的每股利润 0.36 元高于发行优先股后的每股利润 0.31 元。

下面再看看当息税前利润低于 570 万元和高于 1090 万元的例子。分别假设

HY 公司息税前利润为 400 万元和 1200 万元时，对图 5—4 进行分析，当息税前利润为 400 万元时，增发普通股后的每股利润最高，发行债券后的每股利润次之，发行优先股后的每股利润最低。当息税前利润为 1200 万元时，发行债券后的每股利润最高，发行优先股后的每股利润次之，增发普通股后的每股利润最低。

每股利润无差别点法以普通股的每股利润为决策标准，反映了不同资本结构下的普通股股东利益，但是未考虑各种资本结构下的财务风险，因而不能全面反映不同资本结构对企业价值的影响。

5.3 财务杠杆效应

5.3.1 成本习性

成本习性也称为成本性态，指成本的变动与业务量之间的依存关系。这里的业务量可以是生产或销售的产品数量，也可以是反映生产工作量的直接人工小时数或机器工作小时数。

成本按习性可划分为固定成本、变动成本和混合成本三类。有助于进一步加强成本管理，挖掘内部潜力，并能促使企业搞好经营预测和决策，争取实现最大的经济效益。

5.3.1.1 固定成本

固定成本是指其总额在一定时期和一定业务量范围内不随业务量发生任何变动的那部分成本。属于固定成本的主要有按直线法计提的折旧费、保险费、管理人员工资、办公费、优先股股利、负债利息等。单位固定成本将随业务量的增加而逐渐变小。固定成本还可进一步区分为约束性固定成本和酌量性固定成本两类：

（1）约束性固定成本，属于企业"经营能力"成本，是企业为维持一定的业务量所必须负担的最低成本，如厂房、机器设备折旧费，长期租赁费等。企业的经营能力一经形成，在短期内很难有重大改变，因而这部分成本具有很大的约束性。

（2）酌量性固定成本，属于企业"经营方针"成本，是企业根据经营方针确定的一定时期（通常为一年）的成本，如广告费、开发费、职工培训费等。

应当指出的是，固定成本总额只是在一定时期和业务量的一定范围（通常称为相关范围）内保持不变。

5.3.1.2 变动成本

变动成本是指其总额随着业务量成正比例变动的成本。直接材料、直接人工等都属于变动成本，但产品单位成本中的直接材料、直接人工等单位变动成本将保持不变，不会随产品生产数量的增加而增加。与固定成本相同，变动成本也存在相关范围。

5.3.1.3 混合成本

有些成本虽然也随业务量的变动而变动，但不成同比例变动，这类成本称为混合成本。混合成本按其与业务量的关系又可分为半变动成本和半固定成本。

（1）半变动成本。它通常有一个初始量，类似于固定成本，在这个初始量的基础上随产量的增长而增长，又类似于变动成本。

（2）半固定成本。这类成本随产量的变化而呈阶梯性增长，产量在一定限度内，这种成本不变，当产量增长到一定限度后，这种成本就跳跃到一个新水平。

5.3.1.4 成本习性模型

成本习性模型的数学表达式为：$y = F + vx$ （5－18）

其中，y 为总成本，F 为固定成本，v 为单位变动成本，x 为业务量。

5.3.2 财务杠杆基本概念

由于固定财务成本（如固定利息和优先股股利）的存在，使普通股每股盈余的变动幅度大于息税前利润的变动幅度的现象叫财务杠杆。图5－5形象地描述了财务杠杆，普通股每股盈余变动率为60%，大于息税前利润20%。

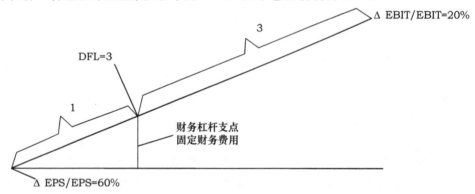

图5－5 财务杠杆的示意图

5.3.3 财务杠杆的度量

用什么公式度量财务杠杆？当然第一个公式是根据定义来的。普通股每股盈余远远大于息税前利润变动率，这种现象叫财务杠杆，所以我们用普通股每股盈余变动率比息税前利润变动率可以得到度量财务杠杆的第一个表达式：

$$DFL = \frac{\Delta EPS/EPS}{\Delta EBIT/EBIT}$$ （5－19）

其中，DFL 表示财务杠杆系数，EPS 表示基期普通股每股盈余，EBIT 表示基期息税前利润，ΔEBIT 表示息税前利润变动额，ΔEPS 表示普通股每股盈余变动额。

但仅有式（5—19）还不够，因为公式中看不到固定财务成本，定义中还指出由于固定财务成本（如固定利息和优先股股利）存在，所以要对式（5—19）进行推导：

设 I 为利息费用，D 为优先股股利，T 为企业所得税税率，N 为发行普通股股数，则：

$$EPS=[(EBIT-I)\times(1-T)-D]/N$$

由于利息费用和优先股股利固定不变，不会随销售量而变化，所以：

$$\Delta EPS=\Delta EBIT(1-T)/N$$

则：
$$DFL=\frac{\Delta EPS/EPS}{\Delta EBIT/EBIT}$$

$$=\frac{\Delta EBIT\ (1-T)}{(EBIT-1)\ (1-T)\ -D}\times\frac{EBIT}{\Delta EBIT}$$

$$=\frac{EBIT}{EBIT-I-\frac{D}{(1-T)}}$$

故得到度量财务杠杆的第二个公式：

$$财务杠杆系数=\frac{息税前利润}{息税前利润-利息-\frac{优先股股利}{1-所得税税率}} \tag{5—20}$$

从式（5—20）可以看出，固定财务成本（如固定利息和优先股股利）在财务杠杆中的作用，当固定财务成本等于 0 时财务杠杆系数 DFL 就等于 1，此时没有财务杠杆。只要 I 和 D 不等于 0 就有财务杠杆，利息 I 和优先股股利 D 相对息税前利润 EBIT 而言越大，则杠杆作用越大。

*启示：财务杠杆系数小于 1 说明因为追求杠杆效应举债经营使 EBIT 小于 I，说明 EBIT 增加导致 EPS 减少，从而导致财务风险。

5.3.4 财务风险与财务收益

财务风险是指企业为取得财务杠杆利益而利用负债资金时，增加了破产机会或普通股盈余大幅度变动的机会所带来的风险。企业为取得财务杠杆利益，就要增加负债，一旦企业息税前利润下降，不足以补偿固定利息支出，企业的每股利润下降得更快，甚至会引起企业破产。财务杠杆系数越高，财务风险越大。相反，一旦企业息税前利润上升，足以补偿固定利息支出，企业的每股利润上升得更快，财务杠杆系数越高，财务收益越大。

[例 5—18] 某房地产开发公司注册资本 100 万元，由甲、乙、丙、丁四位股东各出资 25 万元。在公司经营中，甲主管销售，乙主管财务，丙主管生产和技术，

丁主管人事和日常事务。经过 3 年的经营，到 2007 年末，公司留存收益为 60 万元，权益金额增加为 160 万元。随着建筑行业市场前景看好，公司决定扩大经营规模。扩大经营规模需要投入资金，于是四人召开会议，讨论增加资金事宜。甲首先汇报了销售预测情况。如果扩大经营规模，来年销售的收入将达到 50 万元，以后每年还将以 10％的速度增长。丙提出，扩大经营规模需要增加一条生产线。增加生产线后，变动经营成本占销售收入的比率不变，仍然为 50％，每年的固定经营成本将由 7 万元增加到 10 万元。丁提出，增加生产线后，需要增加生产和销售人员。四人根据上述情况，进行了简单的资金测算，测算出公司大约需要增加资金 40 万元。

甲建议四人各增资 10 万元，出资比例保持不变。丙和丁提出出资有困难建议吸纳新股东，新股东出资 40 万元，权益总额变为 200 万元，五人各占 1/5 的权益份额。乙提出可以考虑向银行借款，他曾与开户行协商过，借款利率大约为 6％。甲和丙认为借款有风险，而且需要向银行支付利息，从而会损失一部分收益。

分析问题：假设你是乙，你决定通过财务杠杆原理和每股利润无差别点法说服甲、丙和丁通过向银行借款来增加资金。

（1）假设公司所得税税率为 40％，试利用 2008 年和 2009 年的预测数据测算 2009 年的财务杠杆系数，来说明长期借款的财务杠杆带来的财务收益。

（2）根据对公司扩大经营规模后，2008 年相关数据的预测，测算吸收新股东和向银行借款两种筹资方式下，平均每个股东所能获得的净利润，以此判断长期借款筹资方式更优（假设将每个股东的出资视为 1 股）。

解答：

（1）财务杠杆系数计算。

发行普通股 2009 年财务杠杆系数等于 1，无财务杠杆，借款和发行优先股都存在财务杠杆，且财务杠杆系数大于 1。

长期借款 2009 年财务杠杆系数计算：

$EBIT_{2008}=50\times(1-50\%)-10=15$（万元）

$EBIT_{2009}=50\times(1+10\%)\times(1-50\%)-10=17.5$（万元）

因为无优先股发行和普通股发行，因此 EPS 等于 EAT（税后净利润）。

$EAT_{2008}=(15-2.4)\times(1-40\%)=7.56$（万元）

$EAT_{2009}=(17.5-2.4)\times(1-40\%)=9.06$（万元）

利息 $I_{2008}=40\times6\%=2.4$（万元）

$DFL_{2009}=(\Delta EAT/EAT_{2008})/(\Delta EBIT/EBIT_{2008})$
$=EBIT_{2008}/(EBIT_{2008}-I_{2008})=1.19>1$

借款财务杠杆系数大于 1，说明 EBIT 增加使得 EAT 增加更大因此带来财务杠杆的收益效应，故应选长期借款筹资，普通股筹资不存在财务杠杆，因此没有财务杠杆的收益。

（2）每股利润无差别点法：

根据以下恒等式得：

$(\overline{EBIT}-2.4)/4=\overline{EBIT}/5$

计算得到每股利润无差别点 $\overline{EBIT}=12$（万元）

因此预计息税前利润低于 12 万元，则选择吸收新股东，如果预计息税前利润高于 12 万元，则选择向银行借款。由于预计 2008 年息税前利润为 15 万元，以后每年还会按 10％增长，因此应当选择向银行借款。

综合财务杠杆和每股利润无差别点法得出同样结论，追加 40 万元选择长期借款最优。

工程营运资产管理 6

学习目标
1. 掌握工程营运资产概念及其投融资的三种策略。
2. 掌握现金最优持有量、存货最优订货量以及应收账款管理政策。
3. 掌握固定资产、无形资产等非流动资产管理。

6.1 工程营运资产管理概述

6.1.1 工程营运资产的概念和特点

6.1.1.1 工程营运资产的概念

工程营运资产是指工程建设生产经营活动中投入在流动资产和非流动资产上的现金。流动资产是指可以在一年或超过一年的一个营业周期内变现或运用的资产，包括现金、短期投资、应收及预付款、存货等，是从购买原材料开始直至收回货款这一工程建设生产经营过程所必需的资产，具有占用时间短、周转快、易变现等特点。在一般情况下，流动资产所占用的资金一部分来源于长期负债和股东权益，但更多地来源于流动负债，包括短期借款、应付及预收款等，具有成本低、偿还期短等特点。非流动资产是指可以在超过一年以上变现或运用的资产，包括固定资产、无形资产、其他资产等，其资金主要来源于长期负债和股东权益，但少部分来源于流动负债。

6.1.1.2 工程营运资产的特点

（1）周转期短。工程建设生产经营周期都在一年以内，营运资金从现金开始到收回现金经历了采购、生产、销售的全过程，但这个过程的时间较短。如果营运资金周转循环的时间很长，则工程建设日常经营很可能出现了问题。

（2）形式多样性。营运资产投入生产经营，在现金、固定资产、无形资产、原材料、在产品、半成品、产成品、应收账款和现金等流动资产之间顺序转化，其形式不断发生变化。

（3）数量具有波动性。营运资产的数量通常会随着企业内、外部条件的变化而变化，时高时低，波动很大，季节性、非季节性企业均如此。而流动负债的数量则随着流动资产的变动而相应发生变动。倘若不能很好地预测和控制这种波动，就会影响正常的工程建设生产经营活动。

（4）营运资产的来源灵活多样。营运资产需求不仅可以通过短期筹资满足，而且可以通过长期筹资满足。而在短期筹资中，又有应付账款和应付票据、预收款和预提费用等自然性流动负债以及银行借款等多种筹资方式。

6.1.2 工程营运资产管理的特点和要求

6.1.2.1 工程营运资产管理的特点

工程营运资产管理是对工程建设生产经营中运用的流动资产和固定资产的管理。营运资产管理主要包括两个方面：一是确定流动资产的最佳水平，包括流动资产中现金、应收账款、存货等的最佳持有量；二是决定维持最佳流动资产和固定资产水平而进行的短期筹资和长期筹资的组合。与长期投筹资决策相比，营运资产管理具有如下特点：

（1）营运资产管理决策强调短期决策。由于营运资产具有短期性特征，而营运资产决策所涉及的对象又都是流动资产和固定资产项目，因此，通常只需要根据近期的工程建设生产经营状况作出决定，决策的影响也是短期的。

（2）营运资产管理决策是一种经常性决策。这是由流动资产的短期性、多样性和波动性特征所决定的。这种短期的经常性的营运资产决策往往要耗费财务经理大量的时间和精力。首先，流动资产在企业的总资产中占据较大的比重，对典型的制造业而言，流动资产所占的比重达一半以上；对销售业而言，这一比例更高。过高的流动资产水平降低了企业的投资回报率，但流动资产太少，又会给公司的稳定经营造成困难，进行营运资产决策需要在报酬和风险之间进行权衡。其次，随着工程建设经营内外部条件的变化，企业的流动资产和流动负债也要相应调整。调整时不仅要考虑流动资产和流动负债在数量上的匹配、长期负债筹资与长期非流动自资产投资匹配，还要考虑它们在期限上的匹配。这些都需要管理人员付出很大的努力。

（3）营运资产管理决策一旦失误会很快影响到企业的现金周转，而长期投融资决策对企业现金运用的影响通常会有一个滞后期。营运资产的特点是周转快、变现快，但很容易沉淀和流失。所谓沉淀，是指营运资产停滞在周转的某个阶段不再循环周转。如原材料、产成品等存货积压，应收账款长期收不回来，这些都会使本应该不断循环流动资产停滞不动。营运资产在周转过程中也容易流失。例如，由于管理不善造成现金被贪污，存货被盗窃、损毁；由于对客户缺乏了解，交易上当受骗，应收账款变成坏账损失，预付货款付出后却收不到货物；企业内部缺乏科学的财务管理制度和严密的财务控制体系造成资金的浪费和流失等。因此，营运资产相当于企业的血液，从货币资金形态开始到货币形态结束，处于不断的循环周转过程中，在这个过程中，如果管理不善而使现金周转不灵，则会立即影响企业的支付能力和债务的偿还，固定资产等长期非流动资产变现周期长也会影响支付能力，损害公司的信誉，使公司陷入财务困境，严重时可能导致公司破产清算。

6.1.2.2 营运资产管理决策的要求

基于上述特点，营运资产决策应满足下述要求：

（1）合理确定营运资产的需要量，节约资金占用。由于营运资产与公司的生产经营状况密切相关，因此，要根据生产经营状况的变动合理预测营运资产的需要量，在各项流动资产上合理配置资金数额，节约资金占用，提高投资报酬率。

（2）加速资金周转，提高营运资产的经营效率。在其他条件不变的前提下，加速了营运资产的周转，也就相应地提高了营运资产的利用效果。加速营运资产的周转可以通过加速存货的周转、缩短应收款的收款期和延长应付款的周转期实现。也可以通过制定营运资金决策的规范以提高决策的质量和效率。例如，在决定是否向客户提供商业信用方面可以制定一些商业信用标准，在决定现金规模和存货规模方面可以提供一些简便合适的模型等，作为决策的依据，并将这些有了依据的决策下放到更接近生产经营活动一线的管理层，这样既可以降低管理费用，又可以提高决策的时效性。需要注意的是，这些规则需要根据环境的变化及时调整和修改。

（3）合理安排资产与负债的比例关系，保证足够的偿债能力。流动资产与流动负债的比例关系不仅直接影响公司的短期偿债能力，而且直接影响公司的资金成本，进而影响公司的盈利能力。因此，不仅需要考虑合理的营运资产来源的构成，而且还要考虑利用廉价的短期筹资（如应付账款等自然性短期负债）和偿债风险之间的平衡，以最大限度地减少破产清算的风险。因此，在营运资产决策中应注意安排好流动资产与流动负债之间的平衡与合理搭配。资产总额和负债总额的匹配，营运资产决策直接关系到企业的偿债能力和信誉，特别需要强调安全性。

（4）防止过度增长与营运资产短缺。企业经营规模的扩大往往伴随着营运资产需求的增长，虽然由于规模经济效应的存在，经营规模的扩大并非与营运资产的需求增加同比例地增长，但在大规模扩张的情况下，必然导致营运资产需求的大幅度增长。问题在于，人们总是忽视大规模扩张下对营运资产的需求，从而导致工程项目建成后，营运资产无法满足工程建设生产经营的需求。这样的增长是难以维持的，可称之为过度增长。错误地认为规模扩大所产生的新增利润会成为新增的营运资产，是资本预算中忽视营运资金需求，从而导致过度增长的原因之一。事实上，新项目要产生预期的现金流量需要先垫付营运资产。过度增长的后果无疑是严重的，轻者导致投资前功尽弃，重者可能引起公司陷入财务危机，需要引起高度的重视。

6.1.3 营运资产投筹资策略

在筹集营运资产的资金时，需要考虑如何配置短期的流动资产与长期的非流动资产的比例以及如何根据长、短期资产的比例配置长、短期资金的比例。营运资产投筹资政策就是企业在营运资产的筹集和运用时所采取的策略。

6.1.3.1 营运资产筹资策略

营运资产筹资策略所要解决的最主要问题就是如何合理地配置长短期资产与长短期负债。根据公司负债结构与公司资产的寿命之间的配置情况，公司营运资金融资政策可以分为匹配型、激进型和稳健型三种。

（1）匹配型。如果按持续的工程建设生产经营过程中，流动资产占用资金的时间长短对流动资产进行重新分类的话，可以分为临时性的流动资产和永久性的流动资产。临时性的流动资产是指受季节性或周期性以及一些临时性因素影响而变动的流动资产，如季节性的存货、销售淡季和旺季的应收账款等。永久性的流动资产是指保证公司正常稳定经营最低需求的流动资产数量，如即使在销售淡季也会存在的应收账款规模和存货量等，虽然这些存货或应收账款在形式上不断变换着，但它们所占用的资金却是长期的。永久性的流动资产在两个重要方面与固定资产相似：一是尽管从资产的变现时间看被称为流动资产，但对投入资金的占用是长期性的；二是处于成长过程中的公司所需要的永久性资产会随着时间的推移而增长。

匹配营运资产的筹资策略用长期资金满足固定资产和永久性流动资产对资金的需求，用短期资金满足临时性流动资产对资金的需求，从而使负债的期限结构与资产寿命相匹配。在这种策略下，淡季时，公司的流动资产水平相当于公司永久性的流动资产，除了自然性的流动负债外，公司没有其他的流动负债；旺季时，公司才筹集短期负债满足临时性的流动资产需求。图6-1描述了匹配型营运资产的筹资策略。此外，公司的销售额既有长期增长趋势又有季节性或周期性波动，那么其营运资产需求也会表现出同样的变动趋势。若严格按照匹配的策略，则其营运资产需求中长期增长部分应由长期资金支持，而季节性或周期性波动部分应由短期资金支持。

采取匹配的营运资产筹资政策，使短期负债的借入、偿还与扣除自然负债后的流动资产的波动一致，减少了资产与负债之间不协调的风险，并能够较好地平衡收益和风险。例如，长期负债的利息率通常高于短期债务。若长期负债被用于满足季节性营运资产需求，那么，在淡季时公司不再需要这部分资金，却因仍持有这部分负债而继续支付较高的利息，从而增加了公司的资金成本。如果采取匹配的策略，公司在出现季节性需求时借入短期负债，并随着季节性的周期变动，用临时性资产的减少释放出来的现金来偿还这些债务，就能够降低成本、提高收益。反之，若短期负债被用于满足永久性营运资产需求，由于在短期内不能产生足够的还本付息的现金流量，公司就要承担再融资的风险，包括续借的风险和利率变动的风险。

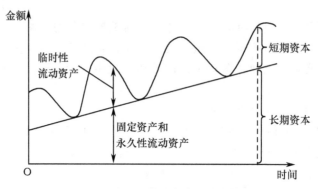

图 6-1　匹配型营运资产的筹资策略

（2）激进型。激进型营运资产的筹资策略是指短期筹资不仅需要支持临时性流动资产，而且需要支持部分甚至全部永久性的流动资产，如图 6-2 所示。采用这种策略将承担较大的再筹资风险，但其资金成本较低，收益率较高。

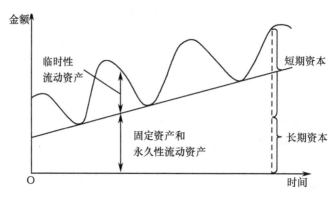

图 6-2　激进型营运资产的筹资策略

（3）稳健型。采取稳健型营运资产筹资策略的公司不仅用长期资金支持永久性的流动资产，而且用长期资金支持部分或全部临时性的流动资产，如图 6-3 所示。例如，公司借入长期负债满足高峰期营运资产的季节性需求，这使得偿债能力强，风险小；但在流动资产波动的低谷期，长期资金过剩，却仍需支付利息，加大了公司的资金成本，降低了收益。

6.1.3.2　营运资产投资策略

营运资产投资策略所要解决的主要问题是如何合理地确定流动资产在总资产中的比例。影响流动资产比例的因素很多，包括公司的获利能力和风险、经营规模、公司所处的行业等。在其他因素既定的前提下，由于不同的流动资产比例体现了不

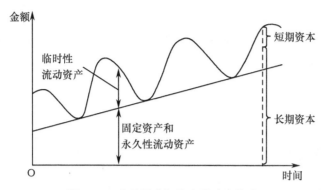

图 6-3 稳健型营运资金的融资策略

一样的风险与报酬关系，因此，公司在决定营运资产投资政策时，主要是在报酬和风险之间进行权衡。例如，某企业根据其固定资产规模，每年最多可建设生产 10 亿元的工程，所需投入的流动资产数量是与特定的产出量相关的，不过对应每一种产量，企业仍可以选择许多种不同的流动资产水平。产出与流动资产水平的关系是产量越大，为支持这一产量所需投入的流动资产也越多，但由于规模经济效应的存在，产出与流动资产投入量之间并非线性关系。而对应于同一产量可以有不同的流动资产水平。显然，在同一产出水平下，流动资产越多，单位产品的成本越高，报酬就越低。同时，资产的流动性越强，风险就越小。与营运资产筹资策略一样，营运资产投资策略根据其所反映的报酬与风险的关系，也可以分为匹配型、激进型和稳健型三种类型。

（1）匹配型。匹配型的营运资产投资策略在安排流动资产时，根据一定的产出水平或销售规模安排适中的流动资产，既不过高，也不过低。也就是说，在生产和销售计划确定的情况下，尽量将流动资产和流动负债在期限上衔接起来，保证流入的现金刚好满足支付的需要，存货也恰好满足生产和销售所用，使流动资产保持最佳数量。

（2）激进型。激进型的营运资产投资策略在安排流动资产时，根据产出水平或销售规模安排尽可能少的流动资产，这样可降低流动资产对资金的占用，降低成本，增加收益。但同时也加大了公司由于现金不足而拖欠货款，或不能及时采购供货以及不能按期偿还负债的风险。相对于匹配型和稳健型而言，激进型的营运资产投资策略的特点是回报高、风险大。

（3）稳健型。稳健型的营运资产投资策略在安排流动资产时，根据产出水平或销售规模安排较多的流动资产。例如，在正常生产经营需要量和正常保险储备量的基础上，再加上一部分额外的储备量，以便降低风险。与激进型和匹配型相比，在同样的销售规模下，采取稳健型的营运资金投资政策使公司拥有较多的现金、有价证券和存货，而宽松的信用政策使应收账款增多，同时也促进了销售增长，从而能够较自如地支付到期债务，提供生产和销售所需的货物。但较高的流动资产比重会降低运营效率，加大成本，降低回报。所以，该政策的特点是报酬低、风险小。

　　＊启示：营运资产投筹资策略中激进型投筹资策略风险和报酬相对较高，稳健型投筹资策略风险与报酬相对较低。

6.2　流动资产管理

6.2.1　现金管理

　　现金是比较特殊的一项资产。一方面其流动性最强，代表直接的支付能力和变现能力；另一方面其收益性最强，现金管理的过程就是管理人员在现金的流动性与收益性之间进行权衡选择的过程，既要维护适度的流动性，又要尽可能地提高其收益。

6.2.1.1　持有现金的动机

　　现金是指企业用在各种货币形态上的资产、包括库存现金、银行存款及其他货币。现金管理的目标在于如何在现金的流动性和收益性之间进行合理选择，即在保证正常业务经营需要的同时，尽可能地降低现金的占用量，并从暂时闲置的现金中获得最大的投资报酬。持有现金往往出于以下考虑：

　　（1）交易动机。在企业的日常经营中，为了保证正常的生产经营周转，必须保持一定的现金金额。销售产品的收入往往不能马上收到现金，而采购原材料、支付工资等则需要现金支持，所以基于企业生产、销售行为需要的现金，就是交易动机要求的现金持有量。

　　（2）补偿动机。银行为企业提供服务时，往往需要企业在银行中保留存款余额来补偿服务费用。同时，银行贷给企业的款项也需要企业在银行中有存款以保证银行的资金安全。这种出于银行要求而在企业银行账户中的存款就是补偿动机要求的现金持有量。

　　（3）谨慎动机。现金的流入和流出经常是不确定的，这种不确定性取决于企业所处的外部环境和自身经营条件的好坏。为了应付一些突发事件和偶然情况，企业必须持有一定的现金余额来保证生产经营的安全顺利进行，这就是谨慎动机要求的现金持有量。

　　（4）投资动机。企业在保证生产经营正常进行的基础上，还希望有一些可用现金以抓住回报率较高的投资机会，这就是投资动机对现金的需求。

6.2.1.2　现金成本

现金成本包括持有成本、转换成本和短缺成本。

（1）持有成本。现金的持有成本是指企业因保留一定的现金余额而增加的管理费用及丧失的投资报酬。这种投资报酬是企业用该现金进行其他投资所获得的收益，实质上是一种机会成本，属于变动成本，它与现金持有量成正比。

（2）转换成本。转换成本是指企业用现金购入有价证券等，以及转让有价证券换取现金时付出的交易费用，即现金同有价证券之间相互转换的成本。转换成本中既有依据成交额计算的费用，也有基于证券转换次数计算的费用。

（3）短缺成本。短缺成本是指现金持有量不足且又无法及时将其他资产变现而给企业造成的损失，包括直接损失和间接损失，现金的短缺成本与现金持有量成反比。

6.2.1.3 现金预算管理

现金预算管理是现金管理的核心环节和方法。

（1）现金预算的概念。现金预算就是企业在长期发展战略的基础上，以现金管理目标为指导，充分调查和分析各种现金收支影响因素，使用一定的方法估测企业未来一定时期的现金收支状况，并对预期差异采取相应对策的活动。

（2）现金预算的指定步骤。现金预算的指定大体分四个步骤：第一步销售预测；第二步估计现金流入量；第三步估计现金流出量；第四步估计月末现金和贷款余额。由于现金流入量与流出量的估计都以销售预测为依据，因此现金预算的准确性在很大程度上依赖于销售预测的准确程度。而管理和市场变化等原因，常常使销售预测出现某种偏差，所以应该以企业经营目标为指导，根据环境变化随时对销售预测进行必要的修正。

现金预算可按月、周或日为基础进行编制，也可覆盖几个月甚至一年。这主要根据企业的生产经营特点与管理要求而定。

（3）现金预算的编制方法。现金预算的编制方法主要有两种：收支预算法和调整净收益法。

1）收支预算法。收支预算法就是将预算期内可能发生的一切现金收支项目分类列入现金预算表内，以确定收支差异，采取适当财务对策的方法。是目前最流行也是应用最广泛的一种编制现金预算的方法。它具有直观、简便、便于控制等特点。

在收支预算法下，现金预算主要包括预算期内现金收入、预算期内现金支出、对现金不足或多余的确定、现金融通四部分内容。

通过对企业的现金收入及现金支出总额的预测，推算出预算期末现金结余情况，若现金不足，则提前安排筹资（如向银行借款等）；若现金多余，则归还贷款或进行有价证券的投资，以增加收益。

2）调整净收益法。调整净收益法是指运用一定的方式，将企业按权责发生制计算的净收益调整为按收付实现制计算的净收益，在此基础上加减有关现金收支项目，使净收益与现金流量相互关联，从而确定预算期现金余缺，并做出财务安排的方法。

采用此方法编制现金预算时，首先应编制预计利润表，求出预算期的净收益，然后逐笔处理影响损益及现金收支的各会计事项，最后计算出预算期现金余额。这个计算过程类似于从净利润入手编制现金流量表。

调整净收益法将权责发生制基础上计算的净收益与收付实现制基础上计算的净收益统一起来，克服了收益额与现金流量不平衡的缺点，但是现金余额增加额不能直观、详细地反映出生产过程，这在一定程度上影响了对现金预算执行情况的分析和控制。

6.2.1.4 最佳现金持有量的确定

确定最佳现金持有量是现金管理的主要事宜，在现金预算的编制中也是一个重要的环节。企业出于各种动机的要求而持有一定的货币，但出于成本和收益关系的考虑，必须确定最佳现金持有量。

确定成本最佳现金持有量的模型主要有以下几种：

（1）成本分析模型。成本分析模型是根据现金的有关成本，分析预测其总成本最低时现金持有量的一种方法。运用成本分析模型确定最佳现金持有量时，只考虑因持有一定量的现金而产生的机会成本及短缺成本，而不考虑管理费用和转换成本。

机会成本是因持有现金而丧失的再投资收益，与现金持有量成正比：

$$机会成本＝现金持有量×有价证券利率 \qquad (6-1)$$

短缺成本与现金持有量成反比。

因此，成本分析模型中的最佳现金持有量可以解释为机会成本和短缺成本为最小值时的现金持有量。

成本分析模型的计算步骤是：

1）根据不同现金持有量测算各备选方案的有关成本数值。

2）按照不同现金持有量及有关部门成本资料计算各方案的机会成本和短缺成本之和，即总成本，并编制最佳现金持有量测算表。

3）在测算表中找出相关总成本最低时的现金持有量，即最佳现金持有量。

［例6-1］HY公司现有A、B、C、D四种现金持有方案，有关成本资料如表6-1所示。

表6-1 HY公司的备选现金持有方案

单位：万元

项目	A	B	C	D
现金持有量	100	200	300	400
机会成本率	15%	15%	15%	15%
短缺成本	50	30	10	0

根据表 6-1 计算的最佳现金持有量测算如表 6-2 所示。

表 6-2 HY 公司最佳现金持有量测算

单位：万元

方案	现金持有量	机会成本	短缺成本	相关总成本
A	100	100×15％=15	50	15+50=65
B	200	200×15％=30	30	30+30=60
C	300	300×15％=45	10	45+10=55
D	400	400×15％=60	0	60+0=60

根据分析，应该选择成本最低的 C 方案。

（2）存货模型。存货模型是将存货经济订货批量（Economic Order Quantity）模型原理用于确定目标现金持有量，其着眼点也是现金相关总成本最低。这一模型最早由美国学者鲍莫尔（W. J. Baumol）于 1952 年提出，故又称 Baumol 模型。在此模型下，只考虑持有现金的机会成本与固定性转换成本，由于二者与现金持有量的关系不同，因此存在一个最佳现金持有量，使得二者之和最低。其计算公式为：

$$TC = \frac{Q}{2} \times K + \frac{T}{Q} \times F \qquad (6-2)$$

其中，TC 为现金管理相关总成本；Q 为最佳现金持有量（理想的现金转换数量）；F 为每次现金转换的固定成本；T 为一个周期内现金总需求量；K 为单位现金持有的机会成本（等于放弃的有价证券的收益率或从银行借款的利率）。

根据这一公式可以得到最佳现金持有量的计算公式如下：

$$Q = \sqrt{\frac{2TF}{K}} \qquad (6-3)$$

其中，各符号含义同式（6-2）。

最低现金管理相关总成本的计算公式如下：

$$TC = \sqrt{2TFK} \qquad (6-4)$$

[例 6-2] HY 公司现金收支状况比较稳定，预计全年（按 360 天计算）需要现金 100 万元，现金与有价证券的转换成本为每次 3000 元，有价证券的年利率为 15％，则该公司的最佳现金持有量是多少？最低现金管理相关总成本是多少？

解答：

（1）该公司的最大现金持有量计算如下：

$$Q = \sqrt{\frac{2TF}{K}} = \sqrt{\frac{2 \times 1000000 \times 3000}{15\%}} = 200000 \text{（元）}$$

（2）该公司的最低现金管理相关总成本计算如下：

$$TC = \sqrt{2TFK} = \sqrt{2 \times 1000000 \times 3000 \times 15\%} = 30000 \text{（元）}$$

（3）米勒—欧尔（Miller-Orr）现金管理模型。此模型是在假定企业无法确切地预知每日的现金实际收支状况，现金流量由外界决定，且现金与证券之间互换方便的前提下，决定最佳现金持有量的一种方法。模型中只是规定出现金余额的上下限，并据此判定企业在现金和投资之间转换的时间和数量。这一模型假定每日现金流量为正态分布，由此确定了现金余额的均衡点 Z^* 为：

$$Z^* = L + \left(\frac{0.75b\sigma^2}{r}\right)^{\frac{1}{3}} \qquad (6-5)$$

其中，L 为现金下限；b 为证券交易的成本；σ 为现金余额每日标准差；r 为投资日收益率。

下限的确定要受企业每日的最低现金需要，管理人员的风险承受倾向等因素影响，最低可确定为零；而上限 U^* 为：

$$U^* = L + 3 \times \left(\frac{0.75b\sigma^2}{r}\right)^{\frac{1}{2}} \qquad (6-6)$$

这个模型根据每日现金收支变化幅度的大小、投资收益率的高低和投资额与现金相互转换的交易成本的大小来确定现金余额的均衡值和上下限的范围。

［例 6－3］HY 公司的日现金余额标准差为 150 元，每次证券交易的成本为 100 元，现金的日收益率为 0.05％，公司每日最低现金需要为零，则该公司的最佳现金持有量和现金持有量的最高上限各是多少？

解答：

（1）该公司的最佳现金持有量为：

$$Z^* = L + \left(\frac{0.75b\sigma^2}{r}\right)^{\frac{1}{3}} = 0 + \left(\frac{0.75 \times 100 \times 150^2}{0.0005}\right)^{\frac{1}{3}} = 1500 \text{（元）}$$

（2）该公司的现金持有量最高上限为：

$$U^* = L + 3 \times \left(\frac{0.75b\sigma^2}{r}\right)^{\frac{1}{3}} = 0 + 3 \times 1500 = 4500 \text{（元）}$$

6.2.2　短期投资管理

短期投资管理与现金管理是密不可分的，短期投资因具有易变现的特征而成为现金的替代品。

6.2.2.1　持有短期投资的理由

短期投资是指能够随时变现并且持有时间不准备超过一年（含一年）的投资，包括股票、债券、基金等，主要有两个理由：

（1）以短期投资作为现金的替代品。短期投资虽然不能直接使用，但是与其他流动资产相比，也具有较高的流动性和较强的变现能力，用不同形式的短期投资代替现金，可以丰富企业的现金持有形式。

（2）以短期投资取得一定的收益。单纯的现金（现钞和银行存款）项目没有收益或者收益很低，将一部分现金投资于短期证券，可以在保持较高流动性的同时得到比现金高的收益，所以将持有的部分现金用作短期投资是很多企业的做法。

6.2.2.2 短期投资管理的原则

短期投资管理是流动资产管理的一个重要方面，进行短期投资管理的时候应遵循的原则有：

（1）安全性、流动性与营利性均衡。短期投资的主要目的是使企业的现金持有形式多样化，在安全、流动的基础上争取相当多的盈利，三个方面需要综合考虑，做到平衡处理，达到一个最佳平衡点。

（2）分散投资。短期投资虽然持有的期限短，而且比较容易变现，但是为了充分减少风险，还是应该遵循多样化的分散投资原则，把风险控制在可接受范围内。

6.2.2.3 短期投资工具

短期投资工具主要包括银行提供的短期投资工具和其他企业提供的短期投资工具。

（1）银行提供的短期投资工具。银行提供的短期投资工具主要是大额可转让定期存单（Certificate of Deposit，CD）。大额可转让定期存单产生于 1961 年的城市银行［Citybank，即后来的花旗银行（Citibank）］，它是一种固定面额、固定期限、可以转让的大额存款凭证。这种存单一般都对提前支取规定了收费措施，通常是收取 3 个月的利息作为企业提前支取资金的代价。大额可转让定期存单的发行对象既可以是个人，也可以是企事业单位。大额可转让定期存单无论单位或个人购买均使用相同式样的存单，分为记名和不记名两种。两类存单的面额分为 100 元、500 元、1000 元、5000 元、10000 元、50000 元、100000 元、500000 元八种版面。存单期限共分为 3 个月、6 个月、9 个月、12 个月四种期限。

另外，浮动利率大额可转让存单（Floating Rate Certificate of Deposit，FRCD）和证券化资产（Cecuritized Assets）越来越受到企业的青睐。浮动利率大额可转让存单是大额可转让定期存单的一种变化形式。其特征是票面利率经常性地重新确定。证券化资产与资产证券化是同一事物的两面。资产证券化的具体流程是，首先由发起人把若干资产汇集形成一个资产池，然后把资产池内的资产出售给一个特设的信托机构（Special Purpose Vehicle，SPV），由信托机构以资产支持证券的等级，SPV 还将聘请证券评级机构对资产支持证券进行信用增级，最后再由证券承销商把有资产支持的证券销售给投资者。

（2）其他企业提供的短期投资工具。其他企业提供的短期投资工具是企业短期投资的重要选择之一。主要有以下几种工具：

1）商业票据（Commercial Paper）。商业票据是一种较为常见的企业短期融资形式，是大型工商企业或金融企业为筹措短期资金而发行的无担保短期本票。这种融资从另一个角度来看就是其他企业的投资。也就是说，商业票据既是一种融资工具又是一种投资工具。

2）可调整收益率的优先股（Adjustable－Rate Preferred Stock，ARPS）。可调整收益率的优先股的收益率每个季度都将在某一固定范围内进行调整，不同的可调整收益率的优先股的调整范围各异。穆迪投资公司（Moddy）和标准普尔公司（Standard & Pool）等机构提供了可调整收益率的优先股的资信等级分类。因此，企业的短期投资管理者在比较这种投资工具是否比其他投资工具具有更高的信用度时就有了一个判断依据。

3）竞标收益率的优先股（Auction－Rate Preferred Stock）。竞标收益率的优先股与可调整收益率的优先股的相似之处在于，两者都具有浮动的股利率，并且都可以让投资企业享受到股利收入的税收减免待遇。两者的区别主要在于股利率的决定方式不同。竞标收益率的优先股的股利率不是由发行者决定的，而是通过一种"拍卖"的过程由市场决定的。每一个投标者（即已持有股份并愿意继续持有股份者或新购股份者）向拍卖代理人报出要求的股份数及股利率水平，投标者报出的最低股利率即售出的可发行股份的股利率。

6.2.3 存货管理

6.2.3.1 存货的概念和成本

存货是指企业在日常生产经营过程中持有以备出售，或仍然处在生产过程，或在生产或提供劳务过程中将消耗的材料或物料等，包括各类材料、商品、在产品、半成品、产成品等，可以分为三大类：原材料存货、在产品存货和产成品存货。

存货管理的方法就是对存货投资进行管理与控制的方法。围绕存货管理的目标，各种有效的管理制度和方法得以建立和应用，如归口分级管理、经济订货批量、ABC控制、定额管理等都是我国传统财务管理中富有成效的内容。在市场经济条件下，企业应当根据变化了的经营环境和条件重新组合以上方法，以发挥其作用。

要想持有一定数量的存货，必然会有一定的成本支出。存货的成本主要有储存成本、订货成本和缺货成本。

（1）储存成本。储存成本指企业为持有存货而发生的全部成本，包括仓储费、搬运费、保险费和占用资金支付的利息等。它一般会随着平均存货量的增加而上升。

（2）订货成本。订货成本指企业为订购材料、商品而发生的成本，包括采购人员的差旅费、手续费、运输费等。订货成本一般与订货的数量无关，而与次数有关。

（3）缺货成本。缺货成本指企业在存货短缺的时候引起的生产中断、销售不畅等间接成本。

6.2.3.2 经济订货批量

（1）基本模型。经济订货批量是指在不考虑缺货成本的情况下，能够使一定时期存货的总成本达到最低点的进货数量，如图6－4中点A的订货批量，存货经济批量控制是一种理想的模型，在实际应用中受到一定的限制。

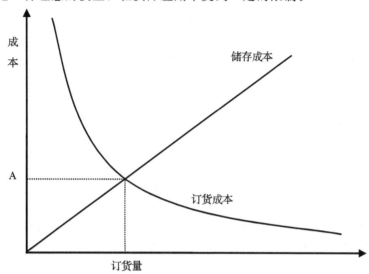

图6－4　经济订货批量下的存货总成本

根据图6－4可知：

存货总成本（TIC）＝储存成本（TCC）＋订货成本（TOC）

$$TIC=H \cdot \frac{Q}{2}+\frac{FS}{Q} \tag{6-7}$$

$$Q=\sqrt{\frac{2FS}{H}} \tag{6-8}$$

其中，Q为经济订货批量；F为每次订货的固定成本；S为年需要量；H为单位存货的年保管费用。

［例6－4］HY公司每年需要某种原材料50万千克，每次订货的固定成本为2000元，每千克材料年储存保管费用为5元，计算经济订货批量。

解答：

$$Q=\sqrt{\frac{2FS}{H}}=\sqrt{\frac{2\times2000\times500000}{5}}=20000（千克）$$

也就是说，HY公司每次订货20000千克能使成本最低。

（2）再订货点。明确了经济订货批量以后，还需要知道什么时候发出订货指令，也就是确定再订货点。

1）原料使用率。原料使用率是指每天消耗的原料数量，等于年需要量与生产周期的比值，公式为：

$$R=S/T \qquad\qquad (6-9)$$

其中，R为原料使用率；S为年需要量；T为生产周期。

［例6-5］HY公司生产周期为一年，计算该公司的原料使用率。

解答：

$$R=S/T=500000\div360=1389（千克）$$

2）再订货点的计算。发出订货指令时尚存的原料数量叫再订货点，再订货点的计算公式如下：

$$RP=R\times DT \qquad\qquad (6-10)$$

其中，RP为再订货点；R为原料使用率；DT为原料的在途时间。

［例6-6］HY公司订购原料的在途时间一般为两天，计算该公司的再订货点。

解答：

$$RP=R\times DT=1389\times2=2778（千克）$$

从图6-5可以看出，当原料库存降低到2778千克时，发出订货指令；当库存降低到0时，所订原料到达，刚好形成一个完整的生产过程。

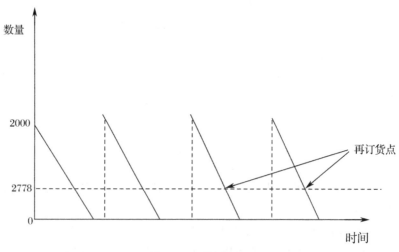

图6-5 再订货点

（3）安全储备。企业在实际生产经营中要面对很多不确定的情况，也就很难做到图4-6中均匀的原料使用和各订货批次之间的完美衔接。为了保证企业正常的生产经营，一般企业都不会允许库存原料降低为0，而会保留一定的库存储备，这个库存就叫安全储备。图6-6说明了安全储备的重要作用。

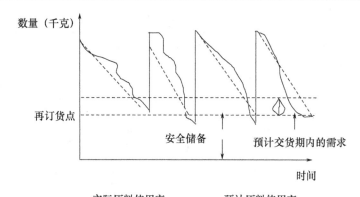

图6—6 考虑安全储备的再订货点

图6—6显示了一段时期内，在安全储备和其他更为现实的条件下企业的存货水平。企业在再订货点发出订货指令，但交货期内的实际原料使用率有可能大于预计原料使用率，而且实际交货期也可能长于预计交货期，这时如果没有安全储备，企业将不得不终止生产，由此造成的损失通常称为缺货成本。企业面临的不确定性越大，需要的安全储备量就越多。但是，从另一个方面看，安全储备虽然保证了企业在不确定条件下的正常生产，但安全储备的存在需要企业支付更多的储存成本。所以，管理人员必须在缺货成本和保持安全储备的成本之间做出权衡。

（4）考虑不确定性的存货成本。由于不确定性的存在，企业的年度存货成本除订货成本和储存成本外，还包括缺货成本，企业的年度存货成本可表示为三种成本之和，即：

$$年存货成本＝订货成本＋储存成本＋缺货成本 \qquad (6-11)$$

缺货成本可以根据存货中断的概率和相应的存货中断造成的损失进行计算，安全储备的存在虽然可以减少缺货成本，但却增加了储存成本，最优的存货政策就是要在这些成本之间权衡，选择使总成本最低的再订货点和安全储备量。

［例6—7］沿用［例6—4］，HY公司存货需求50万千克，每次订货的固定成本为2000元，每千克原材料储存保管费5元，已经计算得到经济订货批量为20000千克。另外，已知交货期内的平均需求量是2000千克，也就是说，再订货点等于安全储备加上2000千克。

解答：根据这些资料，HY公司每年需要订货25次（500000÷20000），每年的订货成本为5万元（2000×25）。

HY公司正在考虑0～3000千克的安全储备水平，表6—3给出了不同安全储备下公司预计的缺货成本。

表6-3　HY公司的最优安全储备量和再订货点分析

再订货点 （千克）	安全储备 （千克）	平均存货水平 （千克）	缺货成本 （元）	储存成本 （元）	订货成本 （元）	总成本 （元）
2000	0	10000	20000	50000	50000	120000
2500	500	10500	10000	52500	50000	112500
3000	1000	11000	5000	55000	50000	110000
3500	1500	11500	2000	57500	50000	109500
4000	2000	12000	800	60000	50000	110800
4500	2500	12500	100	62500	50000	112600
5000	3000	13000	80	65000	50000	115080

（1）再订货点：再订货点＝交货期的需求＋安全储备。

（2）安全储备：设定的不同档次，需要在其中选择最佳安全储备。

（3）平均存货水平：平均存货水平＝经济订货批量÷2＋安全储备。

（4）缺货成本：根据各方面条件预计得出。

（5）储存成本：储存成本＝平均存货成本×单位储存保管费率。

（6）订货成本：订货成本＝单位订货成本×订货次数。

（7）总成本：总成本＝缺货成本＋储存成本＋订货成本。

从表6-3可以看出，当安全储备为零时，预计缺货成本很高，但随着安全储备的增加预计缺货成本迅速变小，当增加安全储备减少的缺货成本大于增加的储存成本时，加大安全储备是有利的，可以降低总成本。但超过一定限度后，安全储备的增加所带来的储存成本增加要大于缺货成本的减少，此时会对总成本产生不利影响。HY公司的最小总成本为109500元，最佳再订货点为3500千克，对应的安全储备为1500千克。

6.2.3.3　存货控制

存货控制是指在日常生产经营过程中，按照存货计划的要求，对存货的使用和周转情况进行的组织、调节和监督。

（1）存货的归口分级控制。存货的归口分级控制是加强存货日常管理的一种重要方法。这一管理方法包括以下三项内容：

1）在企业管理层领导下，财务部门对存货资金实行统一管理。企业必须加强对存货资金的集中、统一管理，促进供、产、销互相协调，实现资金使用的综合平衡，加速资金周转。

2）实行资金的归口管理。根据使用资金和管理资金相结合，物资管理和资金管理相结合的原则，每项资金由哪个部门使用，就归哪个部门管理。

3）实行资金的分级管理。各归口的管理部门要根据具体情况将资金计划指标进行分解，分配给所属单位或个人，层层落实，实行分级管理。

（2）ABC分类管理。存货ABC分类管理是意大利经济学家巴雷特于19世纪首创的，是一种实践中应用较多的方法。经过不断发展和完善，ABC法已经广泛应用于存货管理、成本管理和生产管理。

所谓ABC分类管理，就是按照一定的标准，按照重要性程度将企业存货划分为A、B、C三类，分别实行按品种重点管理、按类别一般控制和按总额灵活掌握的存货管理方法。进行存货分类的标准主要有两个：金额标准和品种数量标准，其中，金额标准是基本标准，品种数量标准仅供参考。划分时按照企业确定的标准通过列表、计算、排序等具体步骤确定各种物品所属类别。这样，通过对存货进行分类，可以使企业分清主次，采取相应的对策进行经济有效的管理、控制。

运用ABC管理方法一般有以下几个步骤：

1）计算每一种存货在一定时间内（一般为一年）的资金占用额。

2）计算每一种存货资金占用额占全部资金占用额的百分比，并按大小顺序排列，编成表格。

3）根据事先测定好的标准，把最重要的存货划为A类，把一般存货划为B类，把不重要的存货划为C类，并画图表示出来。

4）对A类存货进行重点规划和控制，对B类存货进行次重点管理，对C类存货进行一般管理。

（3）存货质量控制。存货质量是指存货的流动性和收益性，亦称存货的适销状况。按存货的适销状况及盘存记录可以分为畅销、平销和有问题三类。存货质量分析可以查明存货质量水平、了解存货的适销情况，找出问题，以便改善购销工作，优化库存结构，加速资金周转，提高企业经济效益。

存货质量控制主要有以下几项措施：

1）权衡利弊，灵活进行削价处理。存货虽然是企业的资产，但如果出现了滞销、变质等问题，这项资产的价值就受到了毁损。所以，当存货出现非正常状态时，管理人员就要做出决策，采取适当的削价处理措施，最大限度地减少企业的损失。

2）建立存货减值准备制度。很多存货的状态易变，如食品等，企业需要对类似的存货建立减值准备制度，以避免意外损失带来的重大影响。

3）完善责任控制措施。企业的存货有自然损毁，但更多的可能是人为造成的损失，对这种损失必须建立责任控制程序，利用奖励和惩罚结合的措施鼓励和约束存货管理人员以及其他相关人员树立责任心，尽量避免不必要的损失。

（4）适时制（JIT）管理。适时制起源于20世纪20年代美国底特律福特汽车公司所推行的集成化生产装配线。后来适时制在日本制造业得到有效的应用，随后又重新在美国推广开来。

适时制的基本原理强调，只有在使用之前才要求供应商送货，从而将存货数量减到最少；企业的物资供应、生产和销售形成连续的同步运动过程；消除企业内部存在的所有浪费；不间断地提高产品质量和生产效率等。

适时制原本是为了提高生产质量而逐步形成的，旨在将原材料的库存量减少到一个生产班次恰好需要的数量。在适时制下，库存是没有替代品的，其所生产的每一个零部件都必须是合格品。适时制在按订单生产的制造业中应用最为广泛。不过，它在零售业中也开始显露出优越性，对零售业者预测消费需求和提高营运效益有一定的作用。

6.2.4　应收账款管理

应收账款是企业流动资产的一个重要组成部分，随着市场经济的发展、商业信用的扩展，应收账款数额明显增多，在流动资产中所占的比例也越来越大。

6.2.4.1　信用政策

信用政策即应收账款的管理政策，是指企业为对应收账款进行规划与控制而确立的基本原则与行为规范，包括信用标准、信用条件和收账政策三部分内容。信用政策会受到利润潜力、信用政策工具等因素的影响。

（1）信用标准。信用标准是客户获得商业信用所应具备的最低条件，通常以预期坏账损失率来表示。信用标准的确定受多种因素影响，如信用品质、偿付能力、资本、抵押品和经济状况等。在充分考虑这些因素的情况下，可通过定性分析、定量分析或两者结合的方法来确定信用标准。如果企业的信用标准较严，只对信誉良好、坏账损失率很低的顾客赊销，则会减少坏账损失和应收账款的机会成本，但可能不利于扩大销售量，甚至会使销售量降低；反之，如果信用标准较宽松，虽然会增加销售，但会相应增加坏账损失和应收账款的机会成本。企业应根据具体情况进行权衡。

（2）信用条件。信用条件是指企业接受客户信用订单时在对客户等级进行评价的基础上所提出的付款要求，主要包括信用期限、折扣期限及现金折扣。信用期限是企业为客户规定的最长付款时间，折扣期限是为客户规定的可享受的现金折扣的付款时间，现金折扣是在顾客提前付款时给予的优惠。例如，账单上的"2/10，n/30"就是一项信用条件，即在10天之内付款可享受2%的折扣，而在10天之后、30天之内付款则没有折扣。提供比较优惠的信用条件能增加销售量，但也会带来额外的负担，如增加应收账款机会成本、现金折扣成本等。

（3）收账政策。收账政策亦称收账方针，是指客户违反信用条件，拖欠甚至拒付账款时企业所采取的收账策略与措施。企业如果采用较积极的收账政策，则可能会减少应收账款投资，减少坏账损失，但会增加收账成本；如果采用较为消极的收账政策，则可能会增加应收账款投资，增加坏账损失，但会减少收账费用。在实际工作中，可参照测算信用标准、信用条件的方法来制定收账政策。

一般而言，收账费用支出越多，坏账损失越少，但这两者并不一定存在线性关系。通常的情况是：开始时支出一些收账费用，应收账款和坏账损失有小部分降低；随着收账费用增加，应收账款和坏账损失明显减少；收账费用达到某一限度以后，应收账款和坏账损失的减少就不再明显了，这个限度称为饱和点，如图 6－7中的点 F 所示。在制定信用政策时，应权衡增加收账费用与减少应收账款机会成本和坏账损失之间的得失。

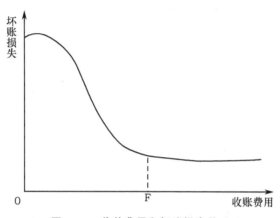

图 6－7　收款费用和坏账损失关系

6.2.4.2　应收账款管理

（1）调查企业信用。应收账款管理的首要依据是对客户的信用状况进行调查，包括客户的付款历史、产品的生产状况、企业的经营情况、财务实力的估算数据、企业主要所有者及管理者的背景等。

信用调查的方法大体上可以分为以下两类：

1）直接调查。直接调查是指调查人员直接与被调查单位解除，通过当面采访、询问、观看、记录等方式获取信用资料的一种方法。直接调查能保证收集资料的准确性和及时性，但若不能得到被调查单位的合作则会使调查资料不完整。

2）间接调查，间接调查是指以被调查单位以及其他单位保存的有关原始记录和核算资料为基础，通过加工整理获得被调查单位信用资料的一种方法。这些资料主要来自财务报表、信用评估机构、银行和其他部门。

（2）评估企业信用。收集好信用资料后，要对这些资料进行分析，并对顾客信用状况进行评估。信用评估的方法有很多，这里介绍两种常见的方法：5C 评估法和信用评分法。

1）5C 评估法。所谓 5C 评估法，是指重点分析影响信用的五个方面的一种方法。这五个方面是品德（Character）、能力（Capacity）、资本（Capital）、抵押品（Collateral）和情况（Condition），以其为核心确定出客户的信用等级，以供企业制定信用标准时作为主要参考依据。品德是指顾客愿意履行其付款义务的可能性；能力是指顾客偿还贷款的能力；资本是指一个企业的财务状况；抵押品是指顾客能否为获取商业信用提供担保资产；情况是指一般的经济情况对企业的影响，或某一地区的一些特殊情况对顾客偿还能力的影响。

2）信用评分法。信用评分法是指对一系列财务比率和信用情况指标进行评分，然后进行加权平均，得出顾客综合的信用分数，并据此进行信用评分的一种方法。

进行信用评分的基本公式如下：

$$Y = \beta_1 X_1 + \beta_2 X_2 + \cdots + \beta_n X_n \qquad (6-12)$$

其中，Y 为某企业的信用评分，β_i 为事先拟定的对第 i 种财务比率和信用品质进行加权的权数；X_i 为第 i 种财务比率和信用品质的评分。

企业可以根据自身所处的行业环境、经营情况等因素确定不同的财务比率和信用品质的重要程度，选择需要纳入公式的财务比率和信用品质。然后，根据历史经验和未来发展预计对各财务比率和信用品质赋予相应的权数。将客户企业的具体资料代入公式后，最终计算得出客户企业的信用评分。

6.2.4.3 监控应收账款

在任何情况下，有关应收账款恶化的提早警告都可以促使企业采取行动阻止其进一步恶化。相反，有关应收账款质量提高的提早暗示，则可能激励企业在应收账款政策上更富有进取性。因此，对应收账款的密切监控是十分重要的。

企业监控应收账款主要通过账龄分析、观察应收账款平均账龄来实现。

（1）账龄分析表。账龄分析表是在把所有的应收账款按账龄分类后，列示每一类的总额和所占比例的表格。它描述了没有收回的应收账款的质量，可以使企业了解应收账款的回收情况，及时采取相应措施。这种表格通常将按账龄分为 0～30 天、30～60 天、60～90 天和 90 天以上的应收账款（见表 6-4）。

表 6-4　HY 公司的账龄分析

账龄	金额（元）	百分比（%）
0～30 天	50000	62.5
30～60 天	20000	25
60～90 天	10000	12.5
90 天以上	0	0
合计	80000	100

（2）应收账款平均账龄。除了账龄分析表，企业还经常计算应收账款平均账龄，对应账款平均账龄的计算普遍采用两种方法：一种方法是计算所有个别的没有清偿的账款的加权平均账龄，使用的权数是这些账款各自应收账款总额的比例；另一种简化的方法是利用账龄分析表。这里，账龄在 0～30 天的所有应收账款其账龄被

假设为 15 天（0 天和 30 天的中点），账龄为 30～60 天的应收账款其账龄被假定为 45 天，账龄为 60～90 天的应收账款其账龄被假定为 75 天。于是，通过采用 15 天、45 天和 75 天的加权平均数，平均账龄就被计算出来。权数是账龄为 0～30 天、30～60 天、60～90 天的应收账款各自所占的比例。

（3）催收拖欠款项。企业对不同过期账款的收款方式，包括准备为此付出的代价，构成其收账政策，这是信用管理的一个重要方面。一般的方式是对过期较短的客户，不予过多打扰，以免以后失去市场；对过期稍长的客户，可写信催款；对过期很长的顾客，应频繁催款且措辞严厉。

由于收取账款的各个步骤都要发生费用，因而收账政策还要在收账费用和所减少的坏账损失之间做出权衡，这一点在很大程度上依靠企业管理人员的经验，也可根据应收账款总成本最小化的原理，通过各收账方案成本大小的比较，确定收账方式。

企业在收账过程中所遵循的一系列特定步骤，取决于账款过期多久、负债的大小和其他因素。典型的收款过程包括以下步骤：信件、电话、个人拜访、求助于收款机构，乃至进入诉讼程序。

6.3　非流动资产管理

6.3.1　固定资产管理

6.3.1.1　固定资产概述

（1）固定资产概念和种类。

1）固定资产概念。固定资产是指企业使用年限超过 1 年的房屋、建筑物、机械、机器、运输工具以及其他与生产、经营有关的设备、器具、工具等。不属于生产经营主要设备的物品，单位价值 2000 元以上，且使用年限超过 2 年，也应当作为固定资产。固定资产在一定程度上反映企业在一定时期生产经营规模的大小和生产经营技术水平的高低，对企业的生产能力和获利能力起着重要的作用。加强固定资产管理，有助于提高固定资产的使用效率，提高固定资产的收益水平，从而提高整个项目建设的经济效益，对项目建设来说具有非常重要的意义。

2）固定资产种类。固定资产种类复杂，数量繁多，在企业生产经营中所起到的作用也不一样。为了加强对固定资产的管理，应对其进行适当的分类。

①按经济用途可分为生产和非生产用固定资产。

生产用固定资产是指直接服务于项目建设、经营过程的各种固定资产。如生产经营用的房屋、建筑物、机器、设备、器具、工具等。

非生产用固定资产是指不参与项目建设管理过程的各种固定资产，如职工宿舍、医院、学校、幼儿园、托儿所、俱乐部、食堂和浴室等单位所使用的房屋、设备等。

②按使用情况分为使用中的固定资产和非使用的固定资产、不需用的固定资产、租出的固定资产、封存的固定资产。使用中的固定资产是指正在使用或由于季节性和大修理等原因暂时停用的固定资产，以及存放在生产部门、销售部门、科研开发部门等备用的机器设备。

使用中的固定资产是指正在使用或由于季节性和大修理等原因暂时停用的固定资产，以及存放在生产部门、销售部门、科研开发部门等备用的机器设备。

未使用的固定资产是指已完工或已购建的尚未正式使用的新增固定资产以及因进行改建、扩建等原因暂停使用的固定资产。如公司购建的尚未正式使用的固定资产、经营任务变更停止使用的固定资产以及主要的备用设备等。

不需用的固定资产是指本公司多余或不适用的各种固定资产。

租出固定资产是指企业以收取租金的形式，租给外单位在一定时期内使用的固定资产。

封存的固定资产是指按照规定经企业主管部门和同级财政部门批准封存不用的设备。

③固定资产按所属关系可分为自有固定资产和租入的固定资产。

自有固定资产是指由企业自行购置或改造，产权归企业自己所有的固定资产。

租入的固定资产是指企业采用租赁方式从其他单位租入的固定资产。企业对租入固定资产依照租赁合同拥有使用权，同时负有支付租金的义务，但资产的所有权属于出租单位。租入固定资产可分为经营性租入和融资性租入固定资产。

（2）固定资产投资的特点。

固定资产投资一般具有如下特点：

1）固定资产投资的数额大，回收时间长。固定资产投资的决策一经作出，便会长时间影响企业，其投资的数额需要数年甚至数十年才能全部收回。这就要求企业在固定资产投资前必须经过谨慎的考虑，方可进行投资。

2）固定资产投资变现能力差。固定资产的实物形态主要是厂房和机器设备，这些资产很难改变其使用用途，出售困难，变现能力差。若要改变其使用用途，代价又太高。因而，固定资产投资具有一定的不可逆转性。

3）固定资产投资的次数较少。相对流动资产投资，由于固定资产投资数额较大，一般几年甚至十几年才发生一次，因而固定资产投资必须经过专门的研究和评价，以保证投资决策的正确性。

4）固定资产投资的实物更新与价值补偿相分离。固定资产的价值补偿是随着固定资产的使用，以折旧的形式逐步进行并从销售收入中得到补偿的。而固定资产的实物更新是在原有固定资产到达有效使用年限时，才利用平时积累的货币准备金去实现的，因而固定资产的价值补偿和实物更新在时间上是分离的。

5）固定资产占用的资金量相对稳定。固定资产投资完成后，资金占用数量便相对稳定。这是因为在一定的业务量范围内，通过提高固定资产的使用效率等手段便可以增加业务量而不需要增加固定资产。反之，业务量减少，企业为维持一定的生产能力也不必出售固定资产。

6.3.1.2   固定资产折旧

（1）固定资产折旧的概念和范围。

1）概念。固定资产折旧是指在固定资产使用寿命内按照确定的方法对应计折旧额进行的系统分摊。其中，应计折旧额指应当计提折旧的固定资产原价扣除其预计净残值后的余额，如果已对固定资产计提减值准备，还应当扣除已计提的固定资产减值准备累计余额。

固定资产折旧计入生产成本的过程，是随着固定资产价值的转移，以折旧的形式在产品销售收入中得到补偿，并转化为货币资金的过程。

2）折旧范围。并不是所有固定资产应计提折旧，可折旧固定资产应具备的条件是：使用年限有限而且要合理估计，也就是说，固定资产在使用过程中会被逐渐损耗直到没有使用价值，土地就是典型的不可折旧固定资产。我国新财务制度对计提折旧的固定资产范围作了规定，以施工、房地产企业为例，可计提折旧的固定资产包括房屋及建筑物，在用施工机械、运输设备、生产设备、仪器及试验设备、其他固定资产，季节性停用、修理停用的固定资产，融资租赁方式租入和经营租赁方式租出的固定资产。

不计提折旧的固定资产，包括除房屋及建筑物以外的未使用、不需用固定资产，经营租赁方式租入的固定资产，已提足折旧继续使用的固定资产，破产、关停企业的固定资产，提前报废的固定资产等。具体包括：①房屋、建筑物以外的未使用、不需用固定资产；②以经营租赁方式租入的固定资产；③在建工程项目交付使用以前的固定资产；④已提足折旧继续使用的固定资产；⑤国家规定不计提折旧的固定资产，如土地等。已全额计提减值准备的固定资产，按规定不再计提折旧。企业一般应按月提取折旧。当月增加的固定资产，当月不计提折旧，从下月起计提折旧；当月减少的固定资产，当月照提折旧，从下月起不提折旧。

（2）固定资产折旧的影响因素。在计算固定资产折旧时应当考虑三个因素：固定资产原值、残值和使用寿命。

1）固定资产原值。这里指固定资产的账面成本，用基本建设拨款或基本建设贷款购建的固定资产，以建设单位交付使用的财产明细表中确定的固定资产价值为原值。

用专项拨款、专用基金和专项贷款购建的固定资产，以实际购建成本为原值。

有偿调入的固定资产，以调拨价格或双方协议价格，加上包装费、运杂费和安装费后的价值为原值。

无偿调入的固定资产，按调出单位的账面原价减去原来的安装成本，加上调入单位安装成本后的价值为原值。

2）残值。对固定资产进行处置时估计渴望收回的市场价值净额，如果在固定资产处置时会发生清理费用，则应从处置收入扣除，其差额作为残值。如果未来的残值不确定或很小，可估计为零。如果固定资产处置时的清理费用高于清理收入，估计的残值为负数。固定资产原值与残值的差额称为折旧基础。

3）使用寿命。固定资产在其报废处置之前所提供的服务的单位数量，服务单位既可用固定资产的服役时间表示（如年、月），也可用固定资产的业务量或产出量表示（如机器小时、钢铁的吨数、汽车行驶的公里数），最常见的表示方式为固定资产的服役时间。固定资产使用寿命的上限是物质寿命。

影响固定资产使用寿命的因素主要是物质损耗和功能损耗，物质损耗是固定资产在使用过程中产生的物质磨损，或因自然环境所造成的物质上的侵蚀，使用越频繁、自然条件越恶劣，固定资产使用寿命越短。功能损耗是因固定资产过时或不适应技术进步要求而造成的，如固定资产功能落后、新型同类固定资产因技术进步而降低生产成本等。

（3）固定资产折旧方法。企业应当根据固定资产所含经济利益预期实现方式选择折旧方法，可选择的折旧方法包括直线法、工作量法、年数总和法以及加速折旧法。折旧方法一经确定，不得随意变更。如需变更，应当在会计报表附注中予以说明。

1）直线法。直线法又称平均年限法。是将固定资产的折旧均衡地分摊到各期的一种方法。采用这种方法计算的每期折旧额均是相等的。计算公式如下：

年折旧额＝（固定资产原价－残值）/使用寿命

采用直线法计算固定资产折旧虽然比较简便，但也存在一些明显的局限性。首先，固定资产在不同使用年限提供的经济效益是不同的。一般来讲，固定资产在使用前期工作效率相对较高，所带来的经济利益也就越多；而在使用后期，工作效率一般呈下降趋势，因而，所带来的经济利益也就逐渐减少。直线法不考虑这一事实，明显是不合理的。其次，固定资产在不同的使用年限发生的维修费用也不一样。固定资产的维修费用将随着其使用时间的延长而不断增大，而年限平均法也没有考虑这一因素。

当固定资产各期的负荷程度相同，各期应分摊相同的折旧费，这时采用直线法计算折旧是合理的。但是，若固定资产各期负荷程度不同，采用直线法计算折旧则不能反映固定资产的实际使用情况，提取的折旧与固定资产的损耗程度也不相符。

2）工作量法。工作量法是根据实际工作量集体折旧额的一种方法。这种方法弥补了直线法只考虑使用时间、不考虑使用强度的缺点，其计算公式为：

单位折旧额＝（固定资产原价－残值）/工作总量

3）加速折旧法。加速折旧法也称递减折旧法，其特点是在固定资产有效使用年限的前期多提折旧，后期少提折旧，从而相对加快折旧的速度，以使固定资产成本在有效使用年限中加快得到补偿。常用的加速折旧的计提方法有以下两种。

①双倍余额递减法。双倍余额递减法是在不考虑固定资产残值的情况下，根据每期期初固定资产账面余额和双倍的直线法折旧率计算固定资产折旧的一种方法。计算公式为：

$$年折旧率＝2/使用寿命$$

由于双倍余额递减法不考虑固定资产的残值收入，因此，在应用这种方法时必须注意不能使固定资产的账面折余价值降低到它的预计残值收入以下，即实行双倍余额递减法计提折旧的固定资产，应当在其固定资产折旧年限到期以前两年内，将固定资产净值扣除预计净残值后的余额平均摊销。

②年数总和法。年数总和法又称合计年限法，是将固定资产的原值减去净残值后的净额乘以一个逐年递减的分数计算每年的折旧额，这个分数的分子代表固定资产尚可使用的年数，分母代表使用年数的逐年数字总和。计算公式如下：

$$年折旧额＝（固定资产原价－残值）×（尚可使用年限/总使用寿命的逐年数字总和）$$

采用加速折旧法后，在固定资产使用的早期多提折旧，后期少提折旧，其递减的速度逐年加快。加快折旧速度的目的是使固定资产成本在估计耐用年限内加快得到补偿。

折旧仅是成本分析，不是对资产进行计价，其本身既不是资金来源，也不是资金运用，因此，固定资产折旧并不承担固定资产的更新。但是，由于折旧方法会影响企业的所得税，从而也会对现金流量产生一定影响。各种折旧方法的具体应用在会计学中已详细讲述，本书不再重述。

6.3.1.3 固定资产的日常管理

固定资产是企业在项目建设、经营过程中重要的生产资料，因此必须加强固定资产的管理。固定资产的日常管理可以分为以下几个部分：

（1）固定资产取得时的管理。企业可以以不同的方式取得固定资产，固定资产在取得时，应按取得的成本入账。取得时的成本包括买价、进口关税、运输和保险等相关费用，以及为使固定资产达到预定使用状态所必需的支出。对于公司新取得的固定资产，管理部门应协同有关部门深入现场，根据有关凭证认真办理验收手续、清点数量、检查质量、核实造价和买价，以便发现问题时及时采取措施解决。

1）企业购入的不需改造即可使用的固定资产，按实际支付的买价、包装费、运输费、安装成本、缴纳的税金等作为入账价值。外商投资企业因采购国产设备而受到的税务机关退还的增值税款，应冲减固定资产入账价值。

2）自行建造的固定资产，按建造该项资产达到预定可使用状态前所发生的全部支出作为入账价值。

3）投资者投入的固定资产，按投资各方确认的价值作为入账价值。

4）融资租入的固定资产，按租赁开始日租赁资产的原账面价值与最低租赁付款额的现值两者之中较低者作为入账价值。

5）接受捐赠的固定资产，若捐赠方提供了有关凭据的，按凭据标明的金额加上应支付的相关税费作为入账价值。若捐赠方没有提供凭据的，如果存在固定资产活跃市场的，按同类资产的市场价格估计的金额，加上应支付的相关税费作为入账价值；如果不存在同类活跃市场的，按接受捐赠的固定资产预计未来现金流量的现值作为入账价值。

（2）固定资产使用中的管理。

1）制定固定资产目录、分类方法。制定固定资产目录是为了明确固定资产管理和核算的范围。企业应根据国家有关财务制度的规定和企业固定资产的实际管理状况，把固定资产的目录、分类方法等编制成册，并按照管理权限，经股东大会或董事会、经理会议或类似机构的批准，按照法律、行政法规的规定报送有关部门备案。固定资产的使用部门或保管单位编制固定资产目录，以便于企业了解固定资产的分布状况。

2）建立固定资产账目、卡片。为了详细、准确、及时地反映企业固定资产的增减变化和使用、转移等情况，公司财务部门和各使用单位都应建立各自相应的账目并经常核对。固定资产卡片是按每项固定资产单独设立的，详细登记固定资产的类别、编号、名称、规格、预计使用年限和原值以及发生固定资产的修理、内部转移、停止使用等情况。调出或报废固定资产时，应根据有关凭证注销卡片，并另行归档保管。固定资产卡片一式多份，由财务部门、财产管理部门、使用部门和各有关部门分别持有、保存。建立固定资产卡片有利于固定资产管理做到有物有卡，促进使用单位管理好固定资产。

3）实行固定资产的归口分级管理制度。该制度要求公司在取得固定资产以后，对公司的固定资产建立相应的归口分级制度。

把固定资产的管理权限和责任具体落实到有关部门和使用单位，建立实物的管理责任制，使固定资产的安全保管和有效使用得到保证。确保固定资产作用的正常发挥。

4）定期检查盘点固定资产。企业应定期组织固定资产的检查和盘点工作。对盘盈、盘亏、毁损的固定资产，应当查明原因，写出书面报告，并根据企业的管理权限，经股东大会或董事会，或经理会议或类似机构批准后，在期末结账前处理完毕。

5）实行固定资产更新年限的经济性原则。由于固定资产在更新时需要投入一笔较大的资金，而且存在更新时的经济寿命和技术寿命的问题，所以在固定资产更新时需要进行相应的决策分析，根据经济、合理的原则确定何时进行更新。

6）确保固定资产的充分使用和固定资产生产最大可能性原则，固定资产在一定程度上的闲置和浪费会使企业造成不必要的支出，因而要将企业的固定资产全部投入使用，尽量不出现闲置的情况。对于未使用的固定资产应将其尽快投产；对于不需用的固定资产，若有一定经济价值，应将其出租或者进行其他企业的产品加工，否则就将其出售或处理以收回资金，使生产经营和服务领域固定资产所占的比重最大。非生产经营领域的固定资产应适当占有一定的比例，要体现出非生产经营性固定资产对企业生产的积极作用。

7）计提减值准备。公司的固定资产应当在期末时按照账面价值与可收回金额孰低计量，对可收回金额低于账面价值差额的，应当计提固定资产减值准备。

（3）固定资产处置时的管理。

1）固定资产调出及报废的管理。企业应设立固定资产登记簿，将固定资产增减变动及内部转移情况及时登记在登记簿上，并相应建立固定资产增减变动、转移交接和报废情况等制度。企业调出固定资产时，要核实有关调拨手续、查对实物、按质计价，并办好报批手续。固定资产报废时，也要按规定办理报废手续，经批准报废清理的固定资产，财务部门要会同其他有关部门到现场参加鉴定，核实实物，做好残料入库及变价收入入账等工作。

2）固定资产出售的管理。公司应将不需用的固定资产进行及时处理，如进行出售。出售固定资产时应对固定资产的价值进行考察，并办理相关的会计手续，在明细账中进行相应核算。

6.3.2　无形资产管理

6.3.2.1　概念和特点

无形资产是指为企业生产商品或者提供劳务、出租给他人，或为管理目的而持有的没有实物形态的非货币性长期资产。随着科学技术的发展和市场竞争的加剧，无形资产对企业越来越重要，因此对无形资产的管理尤为重要。

无形资产是一种特殊的资产，其特点如下：

（1）无形资产没有物质实体。无形资产不像有形资产那样有具体的物质形态，它通常表现为企业所拥有的具有一定价值的特殊权力。

（2）无形资产可在较长期限内发挥作用。无形资产一经取得或形成就可为企业长期拥有，并在较长期限内使用，为企业带来收益。

（3）能够给企业提供未来经济效益的大小具有较大的不确定性。无形资产的经济价值在很大程度上受企业外部因素的影响，其预期的获利能力不能准确地加以确定。无形资产的取得成本不能代表其经济价值，一项取得成本较高的无形资产可能为企业带来较少的经济效益，而取得成本较低的无形资产也可能为企业带来较大的效益。

（4）无形资产的取得具有排他性。无形资产在取得后，所有权和使用权为所有者独占，表现为具有一定的排他性，其他的企业未经允许不可以使用和拥有。

6.3.2.2 无形资产的内容

(1) 专利权。专利权是国家授予发明人在一定的有效期限内对其发明创造的使用和转让的权利。专利权可以由创造发明人申请获得或者向他人购买。企业取得专利权后，可以拥有一定的独占权，通过使用专利权，企业可以降低成本或者生产出价廉物美的物品，确定企业的竞争优势。在一定的期限内，企业还可以对专利权进行转让，获得转让收入。

(2) 专有技术。专有技术是指由企业研制和发明的生产、制造工艺过程的秘密和各种诀窍。这种专有技术不公开申请专利，而由发明者秘密保存。

专有技术不同于专利技术。专利技术受法律的保护，并且有一定的法律期限，期满专利权终止，失去法律的保护后，任何人都可以使用。专有技术没有法律的保护，只有靠拥有专有技术的企业和个人来维护其利益，在向他人进行转让时，要用合同对对方予以约束专有技术没有规定的期限，可以长期保密，一旦泄露，专有技术将不复存在。

(3) 专营权。专营权是指政府或其他企业授予的经营某项业务的独占特权。专营权根据授权人的不同可分为两种：一种是由政府机构授权，准许企业使用共有财产或在一定地区享有某种业务的独占权，如公共交通、电力、电话、自来水、燃气等；另一种是一个企业根据合同授予另一个企业使用其商标、商号、专利权、专有技术的权利。

(4) 土地使用权。土地使用权是指根据我国有关法规和合同所获得的使用一定土地的权利。在我国，土地归国家所有，出资方不能使用土地进行投资，只能使用土地使用权进行投资。

企业通过行政划分方式取得的土地使用权，不能作为无形资产进行管理。

(5) 商标权。商标权是专门在某类商品或产品上使用特定的名称或某种图案的权利。企业拥有的商标权受法律保护，若是知名商标权，可以为企业带来较多的收益。商标权可依法进行转让。

(6) 商誉。商誉是指一个企业由于种种原因所形成的资产报酬率超过同行业正常报酬的能力。包括企业所处的地理位置优越、拥有先进技术或生产诀窍、企业信誉好、管理水平先进、经验丰富、历史悠久等。

6.3.2.3 无形资产的分类

(1) 无形资产按是否可以辨认，分为可辨认无形资产和不可辨认无形资产。可辨认无形资产是指这类无形资产能够单独辨认，如专利权、专营权、租赁权等都属于这类资产。这类资产既可以单独取得，也可以与其他资产一起获得。不可辨认无形资产是指这类无形资产不能单独辨认，也不能单独获得，如企业的商誉。

(2) 无形资产按有无有效期限，分为有限期无形资产和无限期无形资产。有限期无形资产是指无形资产的有效期是由法律规定的，如专利权、商标权、著作权等都规定有效期。无限期无形资产是指有效期在法律上没有具体规定的无形资产，一般可以长期使用如商誉、非专利技术等都没有规定有效期限。

（3）无形资产按是否受法律保护，分为权利无形资产和非权利无形资产。凡受到法律保护的无形资产均属于权利资产，如专利权、商标权等。凡不受法律保护的无形资产均属于非权利资产，如非专利技术等。

6.3.2.4　无形资产日常管理

（1）无形资产取得的管理。企业在取得无形资产时，应对无形资产投资做可行性研究。因为无形资产投资不同于固定资产，它所带来的收益具有不确定性，不仅指无形资产投资期和投资的超额收益难以确定，而且也指获得超额收益的时间很难预测。

（2）无形资产使用和摊销的管理。

1）无形资产使用管理。企业要充分了解无形资产的技术指标或使用性能，尽可能地挖掘无形资产的使用潜力，提高无形资产的利用率，发挥无形资产的最大经济效益。

实行无形资产的归口分级管理原则。无形资产在日常的使用过程中，要实施无形资产的归口分级管理制度。各个部门按照经济责任制的要求，实行分级分部门管理，加强有关部门及有关责任人的经济责任，提高无形资产的使用能力及获利能力。

2）无形资产摊销管理。企业要按照现行财务制度的有关规定，在有效期限内合理地对无形资产成本进行摊销。无形资产的摊销一般采用直线法，直线法摊销无形资产的关键在于无形资产摊销期的确定。摊销期按下列原则进行确定：

①合同规定受益年限但法律没有规定有效年限的，摊销年限不应超过合同规定的受益年限。

②合同没有规定受益年限但法律规定有效年限的，摊销年限不应超过法律规定的有效年限。

③合同规定了受益年限，法律也规定了有效年限的，摊销年限不应超过受益年限和法律规定的有效年限两者之中较短者。

④如果合同没有规定受益年限，法律也没有规定有效年限的，摊销年限不应超过10年。企业购入或以支付土地出让金方式取得的土地使用权，在尚未开发或建造自用项目以前，作为无形资产核算，并按财务制度规定的期限分期摊销。房地产开发企业开发商品房时，应将土地使用权的账面价值全部转入开发成本；企业因利用土地建造自用项目时，将土地使用权的账面价值全部转入在建工程成本。

企业的无形资产在使用过程中，若成本发生改变，则应按照财务制度的有关规定对其摊销额及成本进行适当的调整。若无形资产预期不能为企业带来经济利益时，企业应将该无形资产的账面价值予以转销。

（3）无形资产出租与出售的管理。企业可将无形资产的使用权依法出租。企业出租无形资产的使用权时，仍然保留对无形资产的所有权；承租方在接受出租方出租的无形资产时，必须根据法律法规和合同的规定，按指定用途使用。企业出租的无形资产，应当按照财务制度的收入确认原则确认所取得的租金收入；同时，确认出租无形资产的相关费用。企业出租无形资产所取得的租金收入，计入其他业务收入；其发生的成本计入其他业务支出。

企业亦可以出售无形资产的所有权，此时的购买方对无形资产就具有占有、使用、受益和处理的权利。企业出售无形资产，应将所得价款与该项无形资产的账面价值之间的差额，计入当期损益。企业出售无形资产的收益，作为营业外收入处理；若发生损失，则作为营业外支出处理。

6.3.3　其他非流动资产管理

其他非流动资产是指企业除流动资产、长期投资、固定资产和无形资产以外的资产，主要包括长期性质的待摊费用和其他长期资产。施工企业的其他资产包括临时设施、特准储备物资、银行冻结存款、冻结物资、涉及诉讼中的财产等。其中，比重较大、普遍存在的是临时设施。特准储备物资是指具有专门用途，但不参加生产经营的经国家批准储备的特种物资。

工程成本、收入和分配管理 **7**

学习目标

(1) 掌握工程成本管理的内容、程序和方法。

(2) 掌握工程收入的确定。

(3) 掌握利润构成与分配顺序。

(4) 掌握股利分配理论、政策和方式。

7.1 工程成本管理

工程成本费用是工程建设生产和销售活动中，以一定种类与数量产品为对象，发生的各种资源耗费的经营活动。为完成这一活动，企业必须力求以较少的耗费来寻求补偿，并获取最大限度的利润。因此，实施这一管理行为就是工程成本管理。

7.1.1 工程成本管理概述

7.1.1.1 工程成本的概念

工程成本是伴随工程项目建设活动发生的，具有发生活动过程一次性、对象单一性、成本管理内容的系统性、管理方法科学性和涉及关系复杂性等特点，是在项目建设过程中所耗费的生产资料转移价值和劳动者必要劳动所创造的价值的货币表现。具体包括：建设过程中消耗的主要材料、辅助材料及其他材料等劳动对象的价值，以耗用材料的价格计入施工项目成本；建设过程中所耗用的施工机械、运输设备等劳动资料的价值，以折旧费的形式计入施工项目成本；施工生产人员必要劳动所创造的价值，以工资及福利费的形式支付并计入施工项目成本等。即企业用于工程项目和管理的一切费用的总和，综合反映工程中的劳动消耗和物资消耗状况，属于反映工程项目经营管理成果的一个综合性指标。

7.1.1.2 工程成本的构成

工程成本亦称项目成本，可分为直接和间接成本两方面。直接成本包括人工费、材料费、机械使用费和其他直接费。

（1）人工费指列入预算定额中从事工程施工的人员的工资、奖金、工资附加费以及工资性质的津贴、劳动保护费等。

（2）材料费指列入预算定额中构成工程实体的原材料、构配件和半成品、辅助材料以及周转材料的摊销及租赁费用。

（3）机械使用费指列入预算定额内容，在施工过程中使用自有施工机械所发生的机械使用费和租用外单位施工机械的租赁费及安装、拆卸及进出场费。

间接成本是指直接从事施工的单位为组织管理，在项目施工过程中所发生的各项支出。包括施工单位管理人员的工资、奖金、津贴、职工福利费、行政管理费、固定资产折旧及修理费、物资消耗、低值易耗品摊销、管理用的水电费、办公费、差旅费、检验费、工程保修费、劳动保护费及其他费用。

7.1.1.3　工程成本的分类

根据工程项目生产经营以及工程产品的特点和成本管理的要求，工程成本按不同标准进行如下分类：

（1）按成本计价的定额标准分为工程预算成本、计划成本和实际成本。

1）预算成本是指按建筑安装工程项目实物量和国家或地区或企业制定的预算定额即取费标准计算的社会平均成本或企业平均成本，是以施工图预算为基础进行分析、预测、归集和计算确定的。预算成本包括直接成本和间接成本，是控制成本支出、衡量和考核施工项目实际成本节约或超支的重要尺度。

2）计划成本是指在预算成本的基础上，根据企业自身的要求如内部承包合同的规定、结合施工项目的技术特征、自然地理特征、劳动力素质、设备情况等确定的标准成本，亦称目标成本。计划成本是控制施工项目成本支出的标准，亦是成本管理的目标。

3）实际成本是工程项目在施工过程中实际发生的可以列入工程成本支出的各项费用的总和，是工程项目施工活动过程中劳动耗费的综合反映。

预算成本、计划成本、实际成本之间既有区别也有联系。预算成本是反映施工项目的预计支出，实际成本是反映施工项目的实际支出。实际成本与预算成本相比，可以反映社会平均成本或企业平均成本的超支或节约，综合体现施工项目的经济效益；实际成本与计划成本的差额即是施工项目成本的实际降低额，实际成本降低额与计划成本的比值称为实际成本降低率。预算成本与计划成本的差额是项目的计划成本降低额，计划成本降低额与预算成本的比值是计划成本降低率。通过几种成本的相互比较，可以分析和考核成本计划的执行情况。

（2）按计算项目成本对象的范围分为建设项目工程成本、单项工程成本、单位工程成本、分部工程成本和分项工程成本。

1）建设项目工程成本是指在一个总体设计方案或初步设计范围下，由一个或几个单项工程组成，经济上独立核算、行政上实行统一管理的建设单位，建成后可以独立发挥生产能力或经济效益的各项工程所发生的全部施工生产费用的总和。如某个机械制造厂的工程成本等。

2）单项工程成本是指具有独立的设计文件，在建成后可以独立发挥生产能力或经济效益的各项工程所发生的全部施工生产费用的总和。如某个机械制造厂内的某个分厂、某幢办公楼、某幢职工宿舍的工程成本等。

3）单位工程成本是指单项工程内具有独立的施工图和独立施工条件的工程项目所发生的全部施工生产费用。如某机械制造厂的某车间厂房建设工程的建筑工程成本、设备安装工程成本等。

4）分部工程成本是指单项工程内按工程结构部位或主要工种部分进行施工所发生的全部施工生产费用。如某机械制造厂的某车间工程的基础工程成本、钢筋混凝土框架主体工程成本、屋面工程成本等。

5）分项工程成本是指分部工程中划分最小施工过程施工时所发生的全部施工生产费用，如基础开挖、砌砖、绑扎钢筋等的工程成本，是组成建设项目成本的最小成本单元。

（3）按工程项目的完工时间程度分为本期施工成本、本期已完工工程成本、未完施工成本、竣工工程成本。

1）本期施工成本是指施工工程项目在成本计算期进行施工生产所发生的全部施工生产费用，包括本期完工工程成本和本期期末未完施工的工程成本。

2）本期已完工工程成本是指施工工程在项目成本计算期内已完工的实际成本。

3）未完施工成本是指施工工程在项目成本计算期内尚未完工的实际成本。

4）竣工工程成本是指施工工程达到工程施工图规定完成任务，可以进行验收时全部工程完工成本。

（4）按施工生产费用与工程量的关系（按成本习性）可分为固定成本与变动成本，其成本特征可参见本书第五章第三部分财务杠杆。将施工成本费用区分为固定成本与变动成本，对建筑施工企业加强成本管理、优化成本决策具有十分重要的作用，也是企业成本控制和考核的前提条件。由于固定成本费用是维持建筑企业生产经营能力所必需的费用，往往需要通过提高劳动生产率、增加企业总工程量来降低单位工程量固定成本和降低固定成本的绝对数。降低变动成本主要在于如何节约和降低单位工程的各项消耗数量。

（5）按成本的可控性划分为可控成本与不可控成本。

施工项目所发生的施工生产成本与特定的施工生产部门和施工生产环节相联系，所发生的成本费用是否为该部门的可控成本，取决于施工生产各环节、各部门是否有能力对这些成本费用实施有效的控制。能够为特定部门的职能权限所控制的成本费用为该部门的可控成本。如对于施工生产过程中发生的材料成本，施工生产部门所能控制的是材料的消耗量，材料的价格则属于不可控部分；而对于材料物资采购部门而言材料的价格却是可以控制的。由此可见，可控与不可控，具有明显的相对性。划分可控成本与不可控成本有助于明确成本费用责任，便于进行成本分析与考核。

7.1.1.4 管理工程成本的影响因素

工程成本发生与工程建设项目活动一致，因而工程成本影响因素包括与成本构成的项目组织模式、工程技术、工程时间、工程质量、工程安全、工程信息等管理与控制紧密相关。

（1）工程项目组织。项目组织依据不同项目类型，存在不同的成本组织模式。基本的组织模式是建立工程项目部，实行项目经理负责制。项目成本管理贯穿工程项目管理的始末，必须要有组织保证。施工项目经理部是以项目经理为核心的相对独立的经济实体，施工企业成本管理的主体是施工项目经理部，项目经理部成本管理的主体是项目全体管理人员及施工作业队全体施工人员，项目经理是项目成本管理的核心领导，这样形成了一个以项目经理为核心的成本管理体系。对成本管理体系中的每个部门、每个人的工作职责和范围要进行明确的界定，赋予相应的权利，以充分有效地履行职责，保证层层落实，便于形成责权利相结合的成本管理体制。此外，大中型建设项目可根据企业组织模式或成本管理模式，选择不同的成本管理组织形式，如成本管理中心模式、预算成本模式、作业成本管理模式和其他独特的成本管理组织模式等，不同的管理组织模式影响成本管理效率。

另外，工程项目组织合理，特别是工程现场文明施工，不仅能减少安全事故，同时还会提高现场组织效率，这样会降低组织成本，也就降低了工程成本；反之，会提高工程成本。

（2）工程质量。质量就是产品的适用性，即产品在使用时能够满足客户需要的程度。工程质量取决于工程项目所在的国家、地区对工程项目要求的技术规范、环境规范，用户对产品的要求和使用目的与标准，甚至还受项目投资资金的影响。因此，质量与成本是项目成本管理中的一对矛盾，要求质量高，其投资金额也必须大。其不同的质量要求，影响到成本管理的形成内容和成本与效益比较。

（3）工程进度。工程进度是工程建设项目的全部过程中的时间效率安排，一般又称为工期，是指从开工之日起到全部建成为止所需要的时间。工程进度通常体现了工程完成时间的安排；工程进度体现了项目各项资源耗费时间表；工程进度包含了企业效益实现目标。但由于工程项目建设过程的复杂性，影响工程工期的因素很多，会出现实际进度与计划不一致的情况，便产生超前或错后的偏差。应分析偏差的原因并采取相应的措施，调整原来计划，使两者在新的起点上重合，继续按其进行施工活动，并且尽量发挥组织管理的作用，使实际工作按计划进行。因此，进度提前与错后，必然对工程成本带来影响，如进度提前，成本应得到节约；反之，就一定会加大。工程项目成本（如索赔结果）受工程进度的影响，对项目承包商而言，最佳进度必然产生最优的成本管理。

（4）工程风险。工程项目建设中会有一些没有考虑到的因素发生，这不仅影响工程建设，同时也会影响工程成本。包括政策风险、经营管理风险、市场采购风险、工程事故风险、财务风险、汇率风险、投资风险、自然灾害风险、对公司关键人员依赖的风险等，如果风险产生，必然会提高工程成本，从而影响企业的总体经营目标。

7.1.2 工程成本管理原则与特征

7.1.2.1 管理原则

工程成本管理原则是实施工程成本管理的依据和基础。在进行工程成本管理时，必须遵循以下原则：

（1）成本最低化原则。工程成本管理的目的是通过成本管理的各种手段来降低项目施工成本，达到实现最低目标成本的要求。目标成本或标准成本的确定，是项目成本管理体系中的先导环节，不仅提供了实际成本的评价依据，也是项目效益的最低容忍值。否则将会发生亏损。但在实行成本最低化原则时，应注意降低成本的可能性和合理性，绝不能因追求低成本而降低施工现场的设施标准和工程质量标准。

（2）全面成本控制原则。全面成本管理是运用现代成本管理的思想与方法体系，依据现代企业成本运动规律，以优化成本投入、改善成本结构、规避成本风险为主要目的，对工程项目建设管理活动实行全过程、广义性、动态性、多维性成本控制的理论、管理制度、实施机制和行为方式。其核心思想就是对项目实施价值链管理模式，通过对项目建设的直接影响或间接影响因素的分析，构建统一的管理体系，并在这一系统内各项活动之间建立相互联系，即某项活动进行的方式影响其他活动的成本与效率，从而比竞争对手更好地控制成本动因，保证项目质量，创造出一种竞争优势，进而达到加强企业核心能力的目的。

（3）动态控制原则。工程项目的一次性，要求成本控制时不仅应事先制定成本控制目标，更应强调在项目发生的中间环节实施过程控制；不仅是在既定条件下对成本进行控制，而且是在环境条件变动的情况下完成控制（如利率、汇率、材料价格等）。甚至在资源变动的情况下也能实施控制（如人力资源、组织资源等）。将变动对项目产生损失的影响减少到最小，实现管理最优目标。

（4）目标成本管理原则。目标管理原则就是在将项目资源的消耗编制成预算的基础上，根据企业的经营总目标，进行预算目标成本的分解、控制、分析、考核、评价的一系列成本管理工作。它以明确标准为核心，以落实指标为手段，以提高效益为目的，以激发团队或人的创造性为出发点，形成一个全企业、全过程、全员的多层次、全方位的成本管理，以达到少投入、多产出、获得最佳经济效益的目的。目标既是计划工作的主要内容，也是制订计划的基本依据。科学的计划工作主要是正确地预测未来的发展，选择好目标方向，有效地利用现有的人力、财力、物力资源，获得更好的项目经济与社会效益。其内容应包括目标的设定和分解、目标的责任到位和执行、检查目标的执行结果、评价目标和修正目标。以此形成目标管理的计划、实施、检查、处理。

（5）成本管理责任制原则。为了实行全面成本管理，必须对施工项目成本进行层层分解，以分级、分工、分人的成本责任制作保证。施工项目经理部应对企业下达的成本指标负责，班组和个人对项目经理部的成本目标负责，以做到层层保证，定期考核评定。成本责任制的关键是划清责任，并要与绩效制度挂钩。这一原则不仅实现了责任分工，同时也具备激励机制的效用。

7.1.2.2　管理特征

工程成本管理应重视与其他成本管理的区别，主要体现在以下几方面：

（1）与一般项目成本管理不同，没有明确解释项目是什么，属于什么标的物，如是"希望工程项目"，还是"软件工程项目""土木工程项目"等，由于不同性质的项目，管理对象不同，其发生的活动特点也就不一样，因而其内在的成本构成是不一样的，其发生的活动的资源消耗成本也不同，当然管理目标也就不同。

（2）与企业成本管理不同。工程成本管理通常以工程项目为标的物，而企业成本管理则是以全企业的资源耗费为目标，其成本开支的范围是不同的。由于目标的不同，因而其成本管理内容、任务、方式、程序也就不同，同时最根本的是管理理念上的差异。工程成本管理是以土木工程建设为载体的项目，它以建筑物或构筑物为目标产出物，根据企业的总体目标和工程项目的具体要求，针对其管理活动一次性、对象单一性、内容系统性、管理方法科学性以及涉及关系复杂性等特点，在工程项目实施过程中，对项目成本实施成本预测、计划、成本控制、成本分析与考核等管理活动。其目的是强化经营管理目标，提升企业的竞争水平，降低工程资源消耗，实现目标利润，创造良好的经济效益，由此提出了工程成本管理内容是项目建设活动发生的资源消耗；展示了工程项目成本管理的五个特点；给出了工程项目成本管理的五环节；强调了最终工程项目成本管理的基本目标。

第一，工程成本管理的对象是单个工程项目，有的工程项目可能由多个单位工程组成，但仍是单个去管理。虽然企业成本管理方法可以通用，但具体实施时却有不同选择，不能完全照搬或套用，只能因项目而异。这是区别于一般工业产品成本管理的重要特征。第二，一个工程项目从基础施工、主体封顶、装修直至竣工验收，循序渐进不能重复，这要求项目成本管理工作与项目建设活动程序要同步进行，特别是周期长、投入耗资大的工程项目，如"三峡水利工程项目"，如果没有严密的成本管理，其损失将无可挽回。第三，工程成本管理包括预测、计划、控制、分析和考核五大环节。第四，工程项目成本管理是在施工现场进行的，与施工过程的组织、质量、工期、安全、环境、沟通等影响因素紧密相关，各项管理活动同步进行，因而成本管理只有紧紧依靠各部门通力配合与协调、沟通与协作，如财务部门与工程部门、合约部门、供应采购部门等合作，才能取得良好的管理效果和效益。第五，工程成本管理以预算设定的目标成本及相应措施实施全过程监督、控制、调整和修正。工程项目的资源耗费情况易受主客观条件变化的影响，产生较大的波动，尤其在市场经济条件下，建材价格、设计变更、工程延期、资金的到位情况等不确定性因素，都会直接影响到施工项目的实际成本。因此，为了将实际发生成本控制在目标成本范围内，就必然随时分析、反馈成本信息，发现偏差及时采取有效措施，以达到控制成本的目的。

7.1.3 工程成本管理程序

工程成本管理过程包括成本预测、计划、预算、控制、核算和分析考核六个环节。对于工程成本管理而言，有的过程存在先后次序，有的过程存在交叉，成本预测与计划编制过程需要合并；如成本核算由专门人员完成，这一过程与管理过程成本控制与分析、考核属于同一过程。有些中小工程项目过程还可以简化，或同步进行，或注重控制过程。如图7－1所示。

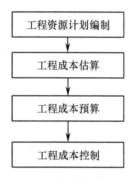

图7－1 工程成本管理程序

7.1.3.1 工程成本资源计划编制

工程成本是因项目而发生的各种资源耗费的货币体现，包括项目各建设阶段的资源耗费，其基本要素有直接费用和间接费用，影响这些费用项目的因素有工程项目组织范围、工期、质量、资源数量及价格和成本管理水平等。工程成本管理的目的是确保工程项目实际发生成本不超过工程预算成本，保证项目在批准的预算成本内按时、按质、经济高效地完成既定工程目标。因此，实施工程项目成本管理必须将工程项目耗费资源计划列为首要过程。

（1）工程项目资源计划的概念。工程项目资源计划是指要确定完成项目建设活动所需资源种类、数量和价格，包括资金、材料、人工及设备机械等，还包括无形资源，如企业品牌、专利技术、管理方法、土地使用权等。项目消耗的资源质量、数量、种类及均衡状态，对工程项目的工期、成本具有重要的影响。在资源充分保障的前提下，可以以最短工期、最优质量完成工程任务，实现最佳的效益；反之，必然造成工程项目工期拖延，实际成本超过预算成本。因此，编制工程项目成本资源计划，是工程项目成本估算、预算的基础。

（2）工程项目资源计划的依据。

1）工程项目任务分解。工程项目任务分解既是确定工程项目建设的范围，也是工程项目部为完成工程项目目标所要进行的活动和资源计划编制的主要依据。项目任务结构分解是自上而下逐层进行分解，如图7－2所示，而各类资源的需要量则是自下而上逐级累积。即把项目目标、任务、工程范围、合同要求等按照系统原理和工程规范分解成相互独立、相互影响、相互联系的项目单元，将它们作为项目计划、实施、控制和信息传递等系列项目工作的对象，通过项目管理将所有的单元合并成一个整体工程项目，达到综合计划和控制的目的。通常以工程实施过程中主要工作进行分解，通常可以分为分项工程、单位工程、分部分项工程；也可以分为主体工程、项目工程、子项目工程。还能按项目交付物划分，通过划分工作任务，进一步区分各自所需消耗的资源结构，如图7－3所示。

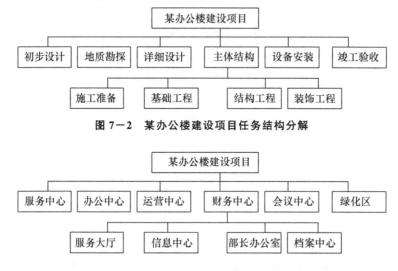

图7－2　某办公楼建设项目任务结构分解

图7－3　某办公楼建设项目任务交付物结构分解

2）项目进度计划。项目进度计划是项目各项计划中最重要的，是其他各项计划（如资金需求计划、原材料使用计划、偿还贷款计划等）的基础。所需资源计划必须围绕进度组织。

3）历史资料。依据过去完成的项目资料，特别是相似工程项目的历史资料（如原材料资源消耗计划、人工费用消耗计划等），对新项目的计划编制起借鉴作用。

4）项目说明书。包括项目施工范围说明书和项目资源说明书。第一个说明了项目目标、项目基本情况、交付成果等；第二个说明了项目所需资源内容、种类、类型、数量、价格及质量等。

5）项目组织管理政策和有关原则。体现了项目管理层对具体项目建设的总体指导思想、合同原则、分配原则、人员需求原则等政策性意见。

（3）工程资源计划的编制步骤。工程项目资源计划编制步骤主要包括资源需求分析、资源供给分析、资源成本比较与资源组合、资源分配与计划等项目。

1) 资源需求分析。通过分析确定工程项目任务分解结构中每一项任务所需资源的数量、质量及种类，通过确定的种类，根据历史数据中消耗定额或经验数据，确定资源需求量。具体是：①工程量计算；②确定实施方案；③估计资金需求量；④估计人员需求量；⑤估计原材料需求量；⑥估计设备需求量；⑦确定资源需求时间。

2) 资源供给分析。工程项目资源供给方式是多样的，有内部供给和外部供给，均要分析供给的可能性，可获得性，其渠道、方式及可能存在的情况等。

3) 资源成本比较与组合方式。主要根据实际情况考虑资源的成本与组合方式，因为不同的成本方式与资源的来源及组合方式紧密相关，这是项目成本中占重要地位的内容。可根据项目具体规模考虑，从而实现采购成本的降低。

4) 资源分配与计划编制。资源分配的目的是保证资源的平衡，因而可以反映资源消耗时工程项目进度与成本的一致性，资源消耗得以充分使用，才能编制资源计划。

（4）工程资源编制方法与提交结果。资源计划编制方法主要包括专家判断法、资料统计法和资源平衡法。

1) 专家判断法。主要是指通过本项目公司的成本管理专家以经验进行判断，最终确定和编制项目资源计划的方法。优点是：具有权威性、不需历史资料，适合新建设项目；缺点是：由于专家对项目的理解程度不同，可能存在不准确性与主观性。

2) 资料统计法。是指参考过去相似工程项目的历史数据和相关资料，计算和确定新项目资源计划的方法。该方法得出的结论较准确、合理和可行；缺点是：历史资料的局限性与是否具有可比性。

3) 资源平衡法。通过项目所需资源的确切投入时间，尽可能均衡使用各种资源的一种方法，具体做法是依据某项目工作时间及费用表，计算该项目各任务每周需费用以及在不同时间所需要的费用和累计费用，最终绘制该项目的费用负荷曲线及累计费用负荷曲线，如图7—4和图7—5所示。

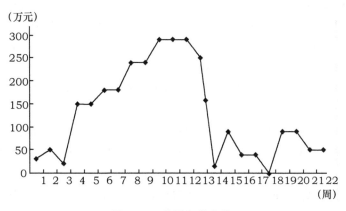

图7—4　费用负荷曲线

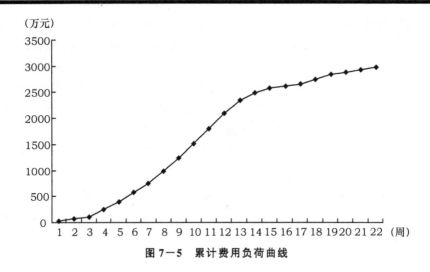

图7-5 累计费用负荷曲线

工程成本资源计划输出的结果是各项资源计划说明书，包括材料费、人工费、机械使用费、其他直接费和间接费用、资金需要等，它将对项目所需资源的需求情况和使用计划进行详细描述。

7.1.3.2 工程成本估算

（1）工程成本估算定义。工程成本估算是指对完成项目各项任务所需资源的近似计算。与工程成本预算相比，其意义是不同的：第一，应用范围不同，一般项目成本估算主要用于投资项目或小项目，如房地产开发项目的可行性研究报告，或项目设计初步时需要对项目投入资金进行估算，小项目由于规模小，资源相对较少，因而通过估算就能完成；第二，项目成本估算属于近似值，预算是精准值；第三，项目成本估算通常不需要专业财务人员完成，通过工程技术人员或营销人员、咨询人员就能完成。成本估算应用于房地产项目投资、小项目成本。

（2）工程成本估算依据。

1）项目范围说明书。主要明确估算项目的基本情况，包括任务名称、工程量、技术资料、投资资料、借款偿还政策等。

2）项目任务分解结构，主要用来确定估算项目成本活动。

3）项目资源需求计划。主要确定项目所需资源的数量、价格，是成本估算的主要依据。

4）资源市场单位价格。①相似项目的历史信息。相似项目的历史资料具有重要的借鉴价值。②财务会计资料。目的是使项目成本估算与实际发生成本信息指标统一和信息一致。

（3）工程成本估算的技术路线。项目成本估算的技术路线主要分为三种：自上而下的估算、自下而上的估算和参数模型法。

1) 自上而下的估算。自上而下的估算又称类比估算，该方法的过程是由上而下层层地进行，通常在项目初期或信息不足时进行，由于此时只确定了初步的任务分解，分解层次少，很难将项目基本单元分解出来，因此成本分解的对象可能是整个项目或其中的某一子项目。主要以专家经验为主，又称专家评价法。

2) 自下而上的估算。也称工料清单估算法，它是在划分详细、完整的项目任务单元的情况下进行的估算。其基本过程是先估算各个任务或分部分项工程成本，然后将各个任务或分项分部工程从下而上汇总，从而估算出整个项目总成本。与上相比，项目成本范围完整、数据清楚、计算精确、参与人多。

3) 参数模型法。这是一种比较科学的、传统的估算方法，它是将项目的一些特征作为参数，通过建立数学模型来估算的方法。比较适用于大中型工程建设项目。

以上方法也非严格分开，可根据实际情况结合使用，取长补短。

(4) 工程成本估算结果。项目成本估算后主要提交的成果有成本估算文件、成本估算依据和成本管理计划。

1) 成本估算文件。主要包括项目任务或活动所需人力、财力、物力，并考虑经济变动因素、意外事故等影响因素及成本估算的定量数据表，这是估算的重要资料。

2) 成本估算依据。提供项目成本工作范围说明、成本估算基础资料、成本估算公司或市场依据资料及历史资料等。

3) 成本管理计划。主要是整个资料的辅助部分，说明了如何管理实际成本与估算成本发生的差异，差异程度不同则管理执行力度不同。

7.1.3.3　工程成本预算

工程成本预算又称工程项目成本预算，是成本管理的重要环节，它是对整个工程项目建设进行计划、控制、分析和考核的标准，是工程项目成功的关键。工程项目没有工程项目成本预算，整个建设投资无论是业主方还是承包方，都会遭受损失。

(1) 工程成本预算的内容。工程成本预算是进行项目成本控制的基础，是项目成功建设的关键因素，它是在成本概算或估算、或项目中标造价的基础上，对项目成本更准确、更详细、更系统地全面计算项目总成本，并将尽可能对各种偶然事件、造成工程项目损失的风险因素进行充分估计，提出应对措施。同时，提供各项目活动的资源需要量。具体来说，就是将项目成本预算的结果在具体的工程实施环节上进行有序的分配，其目的是确定各工程项目活动的成本定额标准，为项目实际绩效提供标准和依据。

(2) 工程成本预算的特点。

1) 工程项目成本预算是实际成本实施的标准。它与制造业工业项目成本预算不同，它并不是未来发生的成本，因为工程项目具有一次性特征且投资巨大，不允许它建造后重来，因此，必须精心组织、准确预算。

2）工程项目成本预算与成本估算严格区别。除了前面所说预算成本目的不同、范围不同以外，建筑工程项目成本预算还是工程项目实施的成本计划，是企业竞争的核心要素，它不仅考虑了工程本身的技术因素，还综合了企业的综合管理因素，如企业创新能力、企业管理效率和企业文化等，可以说是项目盈利的保证。

3）工程项目成本预算与招投标工程造价不能等同。工程造价是项目市场的项目价格，作为工程项目交易的标的，项目公司经过中标后，可以将中标价组成的各项目价值，与企业各项管理要求相结合，制定出企业建造项目的成本预算。因此，项目成本预算较项目价格更能体现内部成本管理的水平，更能够均衡项目资源消耗和体现企业获利能力。

4）工程项目成本预算具有计划性、约束性和控制性。计划性是指工程项目按工程管理过程被分解为规范的工程活动，形成一个系统结构，并将消耗资源准确分配到工作任务中去完成；约束性体现企业对项目管理的目的或要求，项目施工中要求实际施工按照预先制定好的程序进行，从而约束各个阶段的工程建造行为；控制性体现了项目成本预算本身就是一个管理机制，其目的不仅要求按质按量完工，而且必须提高管理效率和保障获利能力，并且给予实施者激励。因此，这"三性"是项目成本预算的重要特点。

总之，工程项目成本预算与以上三个概念也存在密切的联系：它与实际成本的关系是考核标准；成本估算与它的联系是提供数据基础；与工程造价的联系是编制依据之一和发现偏差的对象。

（3）工程成本预算的依据和方法。工程项目成本预算的依据包括以下几个方面：

1）项目估算文件。项目成本估算文件是确定项目预算的主要依据之一，已在上面介绍，不作进一步讨论。

2）任务分解结构。工程项目成本预算将成本按财务要求分配到工程各个实施的活动中，而工作任务分解结构确认了需要分配成本的所有活动。

3）项目影响因素。为了将成本分解到任务中或子项目中，必须考虑工程进度计划、工程质量计划、安全计划、环境计划，以及分配政策、管理政策等。

项目成本预算方法与工程项目成本估算方法基本相同，在前面已作介绍，在此也不作进一步讨论。

（4）工程成本预算的编制。

1）编制步骤。

①将工程项目总额预算成本分摊到项目各个任务活动中，根据成本估算或造价，将预算成本按照项目分解结构和活动范围，以一定比例分摊到项目财务栏目为每一个单位工程或分部分项工程建立总成本。

②将活动总预算成本分摊到任务包，确定出每建造项活动中，并按规则结构，确定出各任务包和所消耗资源数量，进行成本预算分解，如人工费、材料费、机械使用费、其他直接费用和间接费用，另外还包括可能出现的事件费用、企业管理费等。

③整个工程项目在实施期间，对每个工作任务进行预算分配后，确定各项成本预算支出的时间以及每个时点所发生的累计成本支出金额，从而制定出项目成本预算，并根据实际情况进行调整。

2）编制原则。

①与项目管理目标一致原则。这里要求预算目标与工程项目管理的总目标及各项目标（如质量目标、进度目标、组织目标、安全目标及环境保护目标等）相联系，基础是进度目标、质量目标和组织目标。质量要求越高，成本越高；进度要求越快，成本越高。因此，需要保持成本目标与各要素目标的均衡。

②成本预算以项目需求为基础。成本目标与项目各资源需求直接相关，项目范围提供了成本预算的需求信息，因此必须建立确定的工程活动分解结构。

③成本预算必须切实可行。这就要求企业的综合素质指标符合项目实际情况，预算目标制定太高，反而不能实现，造成管理成本上升，同时失去控制意义；预算目标制定过低，会造成项目资源大量浪费，降低管理效益。因此，制定成本预算时应综合考虑。

④成本预算具有弹性。由于工程项目周期长，不可预见因素复杂，存在着影响风险，因而成本预算必须充分考虑不可预见费，从而保证成本预算的弹性。

3）工程成本预算的提交结果。

①成本基准预算。成本基准预算是在成本估算的基础上，进一步细化、精准计算的结果，是按进度时间分段的成本费用显示，是项目成本计划的重要部分。对于大中型项目通常存在多个费用基准或资源消耗基准曲线图，作为成本预算的文件。其形式有两种：预算成本曲线和实际成本累计曲线，如图7－4和图7－5所示。

②成本预算表。成本预算是通过各种费用成本预算表完成的，预算表包括劳动力、原材料、机械设备、其他规费等总表及明细表，表7－1所示。考虑规范要求、财经法规、企业优势与劣势，制定出切实可行的成本预算。

表7－1　工程成本预算各项费用

序号	项目	说明及计算式	费率	金额	备注
1	定额直接费用（即定额基价）	指概预算定额的基价			
2	直接费用（即工、料、机）	按编制年所在地的预算价格计算			

序号	项目	说明及计算式	费率	金额	备注
3	其他直接费用	(1)×其他直接费用综合费率			
	冬季施工增加费				
	雨季施工增加费				
	夜间施工增加费				
	高原地区施工增加费				
	沿海地区工程施工增加费				
	行车干扰工程施工增加费				
	施工辅助费				
	临时设施费				
4	现场经费	(2)×现场经费综合费率			一类地区
	现场管理费				
	现场管理其他单项费用				
	a. 主副食运费补贴费				综合里程按市区××千米计算
	b. 职工探亲路费				一般省区
	c. 职工取暖补贴费				准二类地区
	d. 工地转移费				按中标单位距离取定
5	定额直接工程费用	(1)+(2)+(3)			
6	直接工程费用	(2)+(3)+(4)			
7	间接费用	(5)×间接费用综合费率			
	企业管理费				
	财务费				
8	施工技术装备费	(5+7)×施工技术装备费率			
9	计划利润	(5+7)×计划利润费率			
10	孤岛施工各项费率增加系数				
11	税金	(6+7+9+10)×综合税率			

续表

序号	项目	说明及计算式	费率	金额	备注
12	建筑安装工程费	(6+7+8+9+10+11)			
	其中:项目部现场经费				
	税金				
	上缴管理费				
	上缴利润				

4）工程成本预算编制案例。

[例7－1] HY企业建造一厂房,估算的投资成本是120万元,要求编制工程成本预算。

项目成本预算首先要在成本估算的基础上,进一步细分并按项目结构分解项目各组织部分到具体活动分部分项工程上,以最终确定预算成本;其次还要将预算成本按项目进度计划分解到项目的各个阶段,建立每一阶段的项目预算成本,以便在项目建设时期进行实际的控制。因此,成本预算编制包括两个步骤:一是确定并分摊预算总成本;二是制定累计预算成本。具体进程如下:

（1）分摊预算总成本。分摊预算总成本就是将预算总成本分摊到各个成本要素中去,并为每一个阶段建立预算总成本。方法有两种:一种是从上而下,另一种是从下而上。两种方法无论哪种都是分解结构过程,如图7－6所示。

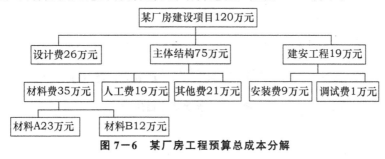

图7－6　某厂房工程预算总成本分解

将预算总成本分解到设计、主体工程、建安工程三个分项工程中。

（2）编制累计预算成本。在已建立每项活动的预算总成本后,将各个预算成本分解到各自阶段的进度中,每个阶段的成本预算成本确定后,就能进行成本控制了。根据项目的工程进度表,编制预算成本表,如表7－2所示。

表7－2　某厂房工程按进度成本预算

单位:万元

序号	项目名称	预算总成本	进度期（周）											
			1	2	3	4	5	6	7	8	9	10	11	12
1	设计	26	5	5	8	8								

序号	项目名称	预算总成本	进度期（周）											
			1	2	3	4	5	6	7	8	9	10	11	12
2	建造	75					9	9	15	15	14	13		
	主体结构													
2.1	材料费 B													
2.2	材料费 A													
3	建安工程费	19											10	9
3.1	安装费													
3.2	调试费													
合计		120	5	5	8	8	9	9	15	15	14	13	10	9
累计			5	10	18	26	35	44	59	74	88	102	111	120

通过表 7—2 就可以编制预算成本曲线和预算成本累计曲线，如图 7—7 和图 7—8 所示，并通过预算成本曲线对实际成本曲线进行对比、分析及控制。

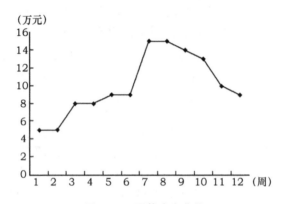

图 7—7　预算成本曲线

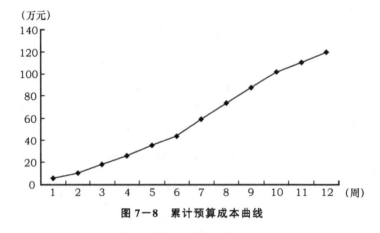

图 7—8　累计预算成本曲线

通过编制好的预算成本曲线和累计曲线，可以对实际发生成本进行比较，如果实际成本低于预算成本，则实现了控制目标；同时，表7-2中不能对材料、人工、安装费用、调试费用等其他发生的费用编制预算成本表（或图）进行准确控制。

7.1.3.4 工程成本控制

工程成本控制是以工程项目为对象，以工程项目预算成本为标准，在项目实施建设活动过程中，通过实施组织措施、技术措施、成本控制措施等，对已发生的实际成本进行的发现问题、分析问题、解决问题等动态、科学、有效的管理行为。

（1）工程成本控制的特点。

1）成本控制是科学的管理行为。实现这一行为必须通过建立科学的指导思想，落实全员成本管理的理念，从组织到人员建立科学的成本管理体系，这样才能保证成本控制的有效性；否则，成本控制仅是纸上谈兵。

2）成本控制是工程项目管理的核心。工程管理是科学化、系统化的实施过程，在这一过程中涉及的诸方面都是非常重要的，但是其他方面的货币或价值本质必须体现在工程项目发生的各项消耗资源上，这就是成本。因此，从某种意义上说，工程项目管理应该最终归结到实施成本控制上，只有保证实时地对成本进行比较，才能确保项目最终实现最佳的盈利目标。

成本控制是培育企业核心竞争力的关键。市场经济是竞争经济，而竞争主要体现在企业竞争的产品质量和管理行为，能实施有效的管理行为是实现产品质量的最佳选择。因此，成本控制本质上能实现以最佳的消耗，实现最大的利益价值，同时也培育了企业最优的管理模式、人才和产品，从而实现了企业的核心竞争力。

（2）工程成本控制分类。从成本控制系统上划分为事前成本控制、事中成本控制和事后成本控制。

1）事前成本控制。事前成本控制是指在工程项目成本发生之前，对影响工程项目成本的因素进行规划，对未来的成本水平进行预测，对将来的行动方案作出安排和选择的过程。事前成本控制包括成本预测、成本决策、成本计划等工作环节，在内容上包括降低成本的专项措施的选择、成本管理责任制以及相关制度的建立和完善等内容。事前成本控制对强化工程项目成本管理极为重要，未来成本的水平及其发展趋势主要由事前成本控制决定，这在前面的内容中已有介绍。

2）事中成本控制。事中成本控制是在工程项目成本发生过程中，按照设定的成本目标，通过各种方法措施提高劳动生产率、降低消耗的过程。事中成本控制针对成本发生过程而言。所采用的方法主要有标准成本法、责任成本管理、班组成本核算、合理利用材料、工程的合理组织与安排、生产能力的合理利用以及工程现场管理等。

3）事后成本控制。事后成本控制是在工程项目成本发生之后对成本进行核算、分析、考核等工作。严格来讲，事后成本控制不改变已经发生的工程成本。但是，事后成本控制体系的建立，对事前、事中的成本控制起到促进作用。另外，通过事后成本控制的分析考核工作，可以总结经验教训，以改进下一个同类工程项目的管理行为。

（3）工程成本控制的原则和措施。在实施工程项目成本控制时，必须坚持动态控制原则和主动控制原则。动态控制是指在工程项目实施过程的各个阶段，必须实时地去发现问题、分析问题和解决问题，而不能等到工程完工后才进行管理行为，如工程基础进行中对投入的材料、机械、人工而发生的费用及时地进行预算成本与实际成本比较；对成本涉及的工程进度、质量、环境以及工程变更等其他影响因素，应及时地与相关部门协调，纳入控制范围，这样才能确保成本控制的有效性。

工程成本控制措施主要包括实施组织措施、技术措施和成本控制措施。

1）组织措施。建立有效的成本控制组织体系，即项目经理部和成本控制中心形成有效的组织控制模式。以项目经理为项目成本管理组织的第一责任人，全面组织项目部的成本管理工作，及时掌握和分析盈亏状况，并迅速采取有效措施；成本控制中心是以成本管理工程师实施有效成本管理过程，完成工程成本价值链控制的组织形式，可以由项目副经理或项目总工程师担任成本控制中心实施负责人，也可以由财务管理的成本工程师担任，并协调项目部内外的各部门管理关系和行为。

2）技术措施。各部门应制定可行、经济、科学的施工方案，以达到缩短工期、提高质量、降低成本的目的。

3）成本措施。项目成本具体控制环节包括工程材料控制、机械费用控制、人工费控制、间接费及其他直接费控制。针对工程项目消耗资源正确选择成本控制方法、程序，实施有效的成本管理行为，实现项目预算成本与实际成本进行比较分析，并控制在预算成本之内。

（4）工程成本控制的依据。

1）工程成本预算方案，主要是各种资源消耗的费用预算报表。

2）工程执行报告，主要提供项目进行过程中进度、质量、费用等信息。

3）工程变更资料，主要是工程变更的申请、合同等执行资料。

4）工程成本计划，主要确定实际成本与预算成本（计划成本或标准成本）发生时如何进行管理，主要措施和政策等。

（5）工程成本控制的方法。

实施工程项目建设过程中采用的成本控制方法主要有三种：工程成本报表法、工程成本偏差分析法和挣值法。

1）工程成本报表法。该方法是指运用工程项目施工过程中形成的各种项目费用的周、旬、月、季或年报表进行分析和成本控制的方法。应用成本报表进行成本对比分析、计算分析，发现工程实施过程中出现的问题，从而采取针对措施，确保将成本控制在预算范围。该方法属于财务分析方法，能实现对工程综合成本和具体各项成本结构分析。

2）工程成本偏差分析法。该方法又称累计曲线分析法，主要指运用各项成本费用的预算形成时间—成本累计曲线或表格数据，对实际成本进行比较，它们形成的偏差属于正常偏差还是非正常偏差，从而发现问题，得出解决问题的方法。由于成本曲线构成了类似香蕉的形状，因此也可以称为"香蕉曲线"或"香蕉图形法"，如图 7—9 所示。

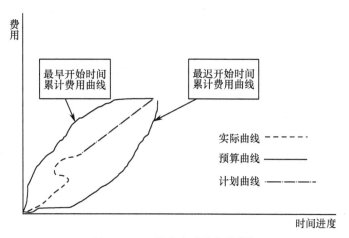

图 7—9 工程成本"香蕉曲线"

"香蕉曲线"表明了成本变化的安全区间，实际发生成本如果不超出两条安全区预算曲线的范围，就属于正常变化范围，可以通过最早开始时间和最迟结束时间使成本控制在计划成本的范围；反之，如果实际成本超出预算成本范围，就必须查明出现问题的原因，并采取措施解决问题。

3）挣值法。运用工程项目范围、进度、计划、资源和项目绩效测量的综合成本控制方法，它通过成本计划与实际成本完成的工作，对实际取得的收益与实际发生的成本进行比较，以确定成本与进度完成量是否在预算规定的范围内。挣值法的指标有：

1）工程预算成本 BCWS。这项指标与工程的总进度计划相关，是指工程完成时工程总的预算成本，还包括工程不同时期的分配情况。

2）挣值 BCWP。已完成工程的预算成本，是指一项活动或一组活动的已经完成工作的预算成本，也称挣得的价值，相当于销售收入。

3）工程实际成本 ACWP。它是指在给定时间范围内，完成任务所引起的全部实际发生成本。

4）工程成本差异 CV。是指工程实际成本与已完成工程的预算成本之间的差额，即 CV＝BCWP－BCWS。

5）工程进度差异 SV。是指已完成工程的预算成本与工程进度成本预算之间的差异，即 CV＝ACWP－BCWS。

6）工程预算总成本 BAC。指某一项或某一组工程的总的预算成本。

7）完工尚需估算 ETC。是指完成工程预计还需要的成本。预测的大多数技术是根据工程迄今为止的实际绩效对原始估算进行一些调整，ETC＝（BAC－BCWP）/CPI。

8）完工成本估算 EAC，是指当规定的工作范围完成时，工程的预计总成本。

9）成本绩效指数 CPI。它等于已完成工程的预算成本与实际真实成本的比，它衡量的是正在进行的工程的成本效率，即 CPI＝BCWP/ACWP。

10）工期绩效指数 SPI。等于已完成工程的预算成本与预算成本的比，它衡量的是正在进行的工程的完工程度，即 SPI＝BCWP/BCWS。

11）完工预算成本 BAC。工程项目在期末时总的成本是多少，即完成时候的预算成本。

12）预计完工成本 EAC。等于工程实际成本 ACWP 加完工尚需估算 ETC。

13）预计完工工期 EDC。其中 DD 为计划完工工期，ATE 是实际扩展期，其计算式如下：

$$EDC=\frac{ATE+DD-ATE\times SPI}{SPI}$$

当 BCWP 大于 ACWP 时，项目成本差异是正的，这意味着工程或工作是处于预算水平之下的。换句话说，实际的成本在给定的期限内是低于已完成的预算成本。相反，负 CVAR 意味着真实成本超过了预算控制。

对 CV 和 SV 而言，正值是好的，负值是不好的。但都仅仅表示好与不好，而不能表示好或不好的程度。此时，我们采用和来表示。这两个指标既可以表示好坏，也可以表示程度。当 CPI＝1 时，表示工程完全按预算进行；CPI＞1 时，表示成本低于预算值；当 CPI＜1 时，表示工程成本高于预算值。

同理，SPI＝1，表明工程的进度与预计是一致的，当 SPI＞1 时，表明工程的进度超前于预计；当 SPI＜1 时，说明工程的进度落后于预计，如图 7－10 所示是挣值方法原理和图 7－11 的挣值方法分析。

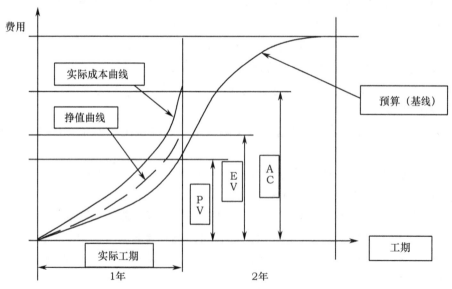

图 7－10　工程项目挣值原理分析

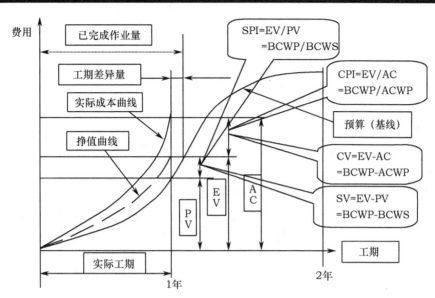

图 7—11　工程项目成本挣值方法分析

＊启示：工程成本管理中工程成本预算和成本控制是关键。

（6）工程成本控制结果。

1）成本估算修正。成本估算修正是为了管理项目需要而修改成本信息，成本计划的更新可以不必调整整个成本计划方向，更新后的成本计划是用于项目管理的费用控制，并通知相关利害关系者。

2）成本预算的修改。成本预算的修改是对原有的成本预算计划和成本基准计划进行很必要的更改和调整，此时的修改是非常有必要的。预算的更新是对批准的费用基准所做的变更，这项工作一般在工程项目范畴变动的情况下才进行。

3）纠正措施。纠正措施是为了未来的预期绩效与项目成本管理一致所采取的行动，指为实现原有计划而作出的努力，以便把项目未来活动所消耗资源的实际成本控制在预算成本以内。

4）完成项目成本所需成本预测。完成项目所需成本预测，就是继续运用挣值法对调整后成本进行预测，常见的方法是：

1）完成项目成本预测 EAC＝实际发生成本＋对剩余项目预算的成本，该方法用于项目现在的偏差可视为将来的偏差情况。

2）完成项目成本预测 EAC＝实际发生成本＋对剩余项目成本新估计值，该方法用于过去的执行情况时表明原来成本假设有根本缺陷或不再适用新情况。

3）完成项目成本预测 EAC＝实际发生成本＋对剩余原预算，该方法适用于现有偏差被认为是不正常的，并类似偏差不再发生。

4）经验教训。应记录下产生偏差的原因、采取纠正措施的理由和对其他成本控制方面的教训，它将成为以后改进方法、提高管理效率的历史数据。

7.2 工程收入和利润管理

7.2.1 工程收入管理

7.2.1.1 工程收入定义

工程收入是指工程施工企业的工程合同收入，根据会计准则的规定，包括工程合同初始收入、工程变更收入、工程索赔收入、奖励收入以及向发包单位收取的临时设施基金、劳动保险基金、施工机构调遣费等。

（1）工程合同中规定的工程初始收入。即工程施工企业（乙方）与发包单位（甲方）双方在签订工程承包合同中规定的合同金额，它构成工程价款收入的基本部分。

（2）因合同变更、索赔、奖励等形成的收入。这部分收入是在执行合同过程中由于原有合同中工程内容或施工条件变更、索赔、奖励等原因形成的追加收入。工程承包商只有在经过发包单位签证同意后，才能将其计入工程项目合同收入。

合同变更是指业主为改变合同规定的作业内容而提出的调整。因合同变更而增加的收入，应在同时具备下列条件时予以确认：①业主能够认可因变更而增加的收入；②收入能够可靠地计量。

索赔款是指因业主或第三方的原因造成的、由施工企业向业主或第三方收取的、用于补偿不包括在合同造价中的成本的款项。因索赔款而形成的收入，应在同时具备下列条件时予以确认：

1）根据谈判情况，预计对方能够同意这项索赔。

对方同意接受的金额能够可靠地计量。奖励款是指工程达到或超过规定的标准时，经业主同意支付给建造承包商的额外款项。因奖励而形成的收入，应在同时具备下列条件时予以确认。

2）根据目前合同完成情况，足以判断工程进度和工程质量能够达到或超过既定的标准；奖励金额能够可靠地计量。

7.2.1.2 工程收入的确认

工程收入的确认，依据会计准则采用完工百分比法：能够为报表使用者提供有关合同进度及本期业绩的有用信息，体现了权责发生制的要求。正确运用完工百分比法确认工程收入，首先必须采用适当的方法计算合同完工进度。

工程施工企业确定合同完工进度可以按累计实际发生的合同成本占合同预计总成本的比例、已经完成的合同工作量占合同预计总工作量的比例、已完成合同工作的测量等方法。

完工百分比法测定。建造合同的结果能够可靠计量时，采用完工百分比法确认收入。计算公式如下：

当期合同收入＝合同总收入×完工进度－以前年度会计期间累计已确认的收入

运用上述公式时应该注意：合同总收入包括合同规定的初始收入以及因合同变更、索赔、奖励等形成的收入两部分。

在资产负债表日，建造合同的结果不能可靠估计的，应当分别按下列情况处理：

（1）合同成本能够收回的，合同收入根据能够收回的实际合同成本予以确认，合同成本在其发生的当期确认为合同费用。

（2）合同成本不可能收回的，在发生时立即确认为合同费用，不确认合同收入。需要指出的是，使建造合同的结果不能可靠估计的不确定因素不存在时，应当改按完工百分比法确认合同收入和合同费用。

（3）如果合同预计总成本超过合同预计总收入，应将预计损失确认为当期费用。

7.2.2 利润管理

7.2.2.1 利润构成

（1）工程类企业利润构成。

按新《企业会计准则》及制度规定，建筑施工企业的利润分为营业利润、营业外收支净额两部分。

1）营业利润。营业利润包括工程结算利润（主营业务利润）和其他业务利润两部分。

营业利润＝主营业务利润＋其他业务利润－管理费用－财务费用

①主营业务利润。

工程结算利润＝工程结算收入－工程结算成本－工程结算税金及附加

②其他业务利润＝其他业务收入－其他业务支出

营业利润＝营业收入－营业成本－税金及附加－销售费用－管理费用－财务费用－资产减值损失＋公允价值变动收益－公允价值变动损失＋投资净收益－投资损失

其中，营业收入包括主营业务收入和其他业务收入；营业成本包括主营业务成本和其他业务支出，期间费用包括管理费用、财务费用和销售费用；投资净收益指建筑施工企业对外投资取得的投资收益扣除投资损失之后的数额。

投资收益包括：对外投资分得的利润、股利和债券利息；到期收回投资或中途转让投资取得的款项超过原投资账面数额的差额；股权投资按权益法核算时，在被投资企业增加的净资产中所拥有的数额。

投资损失包括：①到期收回投资或中途转让投资取得的款项低于原投资账面数额的差额。②股权投资按权益法核算时，在被投资企业减少的净资产中所拥有的数额。

2）营业外收支净额。营业外收支净额是指营业外收入扣除营业外支出后的差额。按现行财务制度规定：营业外收入包括固定资产盘盈和出售净益；罚款，赔偿金、违约金收入；教育费附加返还款。营业外支出包括固定资产盘亏、报废、毁损和出售的净损失；非季节性和大修理期间的停工损失；职工子弟学校和技工学校经费；非常损失；公益救济性捐赠支出；赔偿金、违约金、滞纳金、罚款支出。上述两部分构成企业的税前利润（利润总额）。

3）净利润。又称税后利润，是指企业的利润总额扣除应该缴纳的所得税后所剩余的利润。

净利润＝利润总额－所得税费用

（2）工程项目利润构成。

工程项目利润是指由工程项目承包并付出资源费用后的净现金流量，一般为现金流入量与现金流出量之差。

承包工程项目现金流量：

一般工程项目流入量有合同初始收入、变更收入、索赔收入、奖励收入、政府补贴等。

一般工程项目现金流出量有合同投入成本（含分包成本）、营业税金及附加、利息（为项目而发生的借款利息）、所得税、上缴利润、规费等。因而，其净现金流量为：

净现金流量＝现金流入量－现金流出量

工程项目净利润＝［合同初始收入＋变更收入＋索赔收入＋奖励收入＋政府补贴］－［合同投入成本（含分包成本）＋营业税金及附加＋利息＋所得税＋上缴利润＋规费］

因而工程项目利润构成与企业利润构成存在理念上、计算上的不同，我们可以认为项目净现金流量是项目的财务收益或称财务利润，而企业利润一般称为会计利润。

这样区别概念的目的是更好地考核项目承包在这种组织模式下保证项目经济利益的有效性、可靠性和真实性；同时也能实现项目责任、权力和利益的分配；实现项目公司的、项目部的可持续发展。

7.2.2.2 目标利润预测与控制

目标利润预测是依据项目管理活动中有关因素的变化，运用财务科学的方法进行研究和分析，对未来一定时期内的利润数额进行预计和测算，并寻找实现目标利润的措施方案。目标利润是通过实现经营活动的有效控制，而要求达到的实际利润，目标利润预测的核心是针对利润总额的预测，是工程结算利润的预测。

常用的项目建设利润预测方法有比例预测法、本量利法和回归分析法。

（1）比例预测法。比例预测法是运用历史上企业利润的平均利润率或与利润相关的指标来预测未来一定时期利润数额的方法。这种方法要求历史资料必须保存完整、可信，近似于估算方法。

预测项目结算利润＝项目工程结算收入预计值×企业平均工程结算利润率

［例7－2］HY企业经过数年的管理，计算出本企业最近6年的工程结算利润率见表7－3所列。试求计划利润总额为多少？

表7－3　企业工程结算利润率

年份	1	2	3	4	5	6
工程结算利润率（％）	16.5	19.85	19.65	21.96	22.43	23.5

解答：根据统计学原理，按企业最近取得的工程结算利润率最为适宜，并可按年分段。

三年平均利润率＝（21.96％＋22.43％＋23.50％）÷3＝22.63％

由于今年预测工程结算收入为800万元，同时预测的企业工程利润率为：

综合利润率＝平均利润率＋22.63％＝23.8％

因此，计划利润总额＝800×23.8％＝190.4（万元）

该方法不仅可以作为利润总额预测，也可以用作可比项目或不可比项目利润预测。但对于不可比项目预测时一般采用成本利润率指标，而不用利润率指标，因为正常情况下的成本消耗是相近的。

（2）本量利法。利用本量利分析法预测工程结算利润，如果工程施工企业从事单一工程产品的施工生产，其计算公式如下：

预计工程结算利润＝预计项目工程量×（单位结算价格－单位税金－单位变动成本）－固定成本

其中，单位结算价格－单位税金－单位变动成本＝单位边际贡献（单位项目创利能力）。

［例7－3］HY企业，预计2015年从事一大型工程项目的施工，预计年度完工工程量为$20×10^4$平方米，预计结算单价为1000元，工程结算税金3.30％，预计单位变动成本为700元，全年固定成本总额为1200万元，则该企业2015年预计可实现工程结算利润为多少？

解答：200000×［1000×（1－3.3％）－700］－12000000＝4140（万元）

如工程施工企业同时从事多种工程产品的施工生产，其预测分析的计算步骤如下：①计算各种工程产品的边际贡献率；②计算各工程产品的工程结算价款收入占全部工程结算价款收入的比重；③计算加权平均边际贡献率；④计算全部工程产品的工程结算利润。

全部产品的工程结算利润＝预测工程结算收入×加权平均边际贡献率－固定成本总额

[例7-4] HY企业预计2015年将从事以下几项工程的施工生产，有关数据如表7-4所示。求该企业2015年预计利润。

表7-4　各方案工程量

工程项目	甲	乙	丙	合计
预计完工工程量（平方米）	100000	150000	200000	
预计结算单价（元）	1000	800	900	
预计单位变动成本（元）	700	600	630	
预计固定成本总额（元）				60000000

解答：（1）各工程项目的边际贡献率：

甲工程：（1000-700）÷1000=30%

乙工程：（800-600）÷800=25%

丙工程：（900-630）÷900=30%

（2）各工程预计工程结算收入：

甲工程：1000×100000=10000（万元）

乙工程：800×150000=12000（万元）

丙工程：900×200000=18000（万元）

合计：40000（万元）

甲工程的比重：10000÷40000=25%

乙工程的比重：12000÷40000=30%

丙工程的比重：18000÷40000=45%

加权平均边际贡献率=30%×25%+25%×30%+30%×45%=28.5%

该企业2015年预计利润=40000×28.5%-6000=5400（万元）

在制造成本法下，预测工程结算利润的计算公式如下：

工程结算利润=∑［预测工程量×工程单位估算价格×（1-税费）-单位工程成本］-预测期间费用

（3）回归分析法。回归方法是利用统计学原理，对工程项目存在两个变量之间的线性关系进行研究的方法。应用该方法的前提是具有相似工程项目或企业工程收入的详细统计资料或产品销售资料。其公式为：

$$y=a+bx$$

其中，a为过去年份实际利润平均值；b为利润统计值；x为利润变动的年数；y为预测利润值或率。

＊启示：上述目标利润预测方法中本量利法是将成本按照成本习性进行分类为变动和固定成本。

7.3 利润分配管理

7.3.1 利润分配概述

按照现代企业理论，企业是不同的利益主体如股东、员工、债权人之间达成的一组契约关系，不同的利益主体将自己拥有的资源投入企业，目的就是从企业的生产经营中获得利益。因此，企业利润分配就是界定企业在生产经营过程中的经营成果如何在相关的利益主体之间进行分配的一种行为。企业利润分配包括利润分配的对象、利润分配的原则等要素。

7.3.1.1 利润分配的对象

企业分配的对象是指企业在生产经营中的经营成果，即企业收益。在实践中，企业的利润分配对象有广义和狭义之分：

（1）狭义的利润分配对象是指企业的税后利润（又称净利润或税后净利润），在这种口径下，企业分配主要探讨企业税后利润如何在股东和企业之间分配，即股利政策的制定。西方财务管理采取的就是这种狭义的概念。

（2）广义的利润分配对象是指企业在一定时期内实现的总收入在扣除必要的生产资料成本后的余额，即企业在生产经营活动中新创造的价值。从会计核算的角度来看，广义的分配对象等同于企业的息税前利润，即支付工薪、利息和所得税之前的利润。显然，以广义的分配对象为口径，企业利润分配主要是研究企业的息税前利润如何在货币资本提供者——股东、债权人，人力资本提供者——员工，国家政府等相关利益主体之间进行分配。

尽管企业的分配对象有狭义和广义之分，但从企业价值构成的角度来看，企业在一定时期内生产的新产品的价值可以表示成三个部分：一是生产资料价值的转移部分 c；二是劳动者为自己的劳动所创造的价值 v；三是劳动者为社会创造的价值 m。c＋v＋m 构成企业产品的总价值，v＋m 则构成所创造的价值。一个企业要想维持正常的生产经营活动，必须把 c 部分全部补偿到生产领域中去，即补偿在上一轮生产过程中消耗的生产材料。因此，能够独立于生产过程进行分配的对象只能是企业所创造的价值，即企业息税前利润 v＋m。广义的企业分配对象，可以使我们更加全面、深入地研究企业利润分配问题。因此，本书采用广义的利润分配对象概念。

7.3.1.2 利润分配的原则

任何一种实践活动都必须遵循一定的原则，企业利润分配也不例外。企业利润分配原则是企业分配活动中所必须遵循的行为规范，其目的是规范企业分配行为，协调股东、员工、债权人和政府之间的关系。

（1）发展优先原则。企业利润分配应该有利于提高企业的发展能力。从长期来看，只有企业不断发展，各方面的利益才能得到最终满足。为此，在进行分配时，要防止两种错误倾向：一是积累的比例太大，有关利益各方得不到应得的收益，积极性受到伤害，影响企业的长远发展；二是分配的比例太大，积累能力弱化，不利于企业自我发展或削弱企业承担风险的能力，难以在市场竞争中获胜。这样，有关利益主体虽然在近期得到实惠，但难以为继，实际上将损害它们的长远利益。

（2）注重效率原则。在规范的市场经济条件下，企业将在市场竞争中求生存、求发展，实现优胜劣汰。这就必然要求企业注重效率，视效率为生命，效率的实质就是最大限度地发挥企业的潜力，实现各种资源配置，不断提高企业竞争能力。在分配过程中体现效率原则，应处理好以下问题：一是要充分调动出资者的积极性，使其所投资本的贡献能被合理评价，并在企业利润分配中得到合理体现；二是要调动企业管理者的积极性，使其管理才能以及面临的风险能被合理评估，并在企业利润分配中得到合理体现；三是调动企业一般员工的积极性，使其劳动技能能够被合理评估，并在企业利润分配中得到合理体现。只有这样，才能有效地调动各利益主体的积极性，保证企业的长期稳定发展。

（3）制度约束原则。企业利润分配涉及多个利益主体，各方面的利益虽然有统一的一面，但矛盾冲突也时刻存在。这就要求在分配时必须遵循相关制度，以便合理规范各利益主体的行为。这里所说的制度是广义的制度概念，它包括三个层次：一是国家的法律，如《公司法》《中华人民共和国税法》等对企业分配提出了相应的要求；二是政府的各种规定，如企业会计准则、企业财务通则、企业会计制度等对企业分配提出了相应的要求；三是企业内部的各种制度或规定，如企业奖励制度等也对分配问题提出了相应的要求。有了制度的约束，才能保证分配的合理合法，才能协调各方面的矛盾，才能保证企业的长期稳定发展。

7.3.1.3 企业税后利润的分配程序

按照现行《公司法》的相关规定，企业缴纳所得税后的净利润应遵循如下分配程序。

（1）弥补以前年度亏损。按照现行制度规定，企业的法定公积金不足以弥补以前年度亏损的，可用当年利润弥补。

（2）提取法定公积金。法定公积金按照净利润的10％提取，但当法定公积金达到注册资本的50％时，可不再提取。法定公积金可用于弥补亏损、扩大公司的生产经营或转增股本。

（3）提取任意公积金。企业从净利润中提取法定公积金后，经股东大会决议，还可以从净利润中提取任意公积金。任意公积金的提取比例和用途由股东大会决定。

（4）支付普通股股利。公司弥补亏损和提取公积金后的净利润，可按普通股股东持有的股份比例分配。

［例7-5］HY公司2016年的财务资料如下：

当年实现净利润8000000元；年初的未分配利润为600000元。

经股东大会决定，任意公积金的提取比例为10％；支付5000000股普通股股利，每股1.2元。

根据上述资料，HY公司2016年的利润分配程序如表7-5所示。

表7-5 HY公司2016年利润分配程序

单位：元

项目	本年实际金额
一、税后净利润	8000000
加：年初未分配利润	600000
二、可供分配利润	8600000
减：提出法定盈余公积金	860000
三、可供投资者分配利润	7740000
减：提出任意盈余公积金	860000
支付普通股股利	6000000
四、未分配利润	880000

7.3.2 股利理论和政策

企业分配给股东的股利理论上是指上市公司股利发放对公司股价或其筹资成本产生何种影响的理论，旨在回答公司应该发放多少股利即股利支付率为多高这一重要问题。

股利支付率究竟如何影响公司股票的价格或资本成本？公司究竟应该怎样确定股利支付率？以下将介绍三种重要的理论：股利无关论、"一鸟在手"理论和税收差别理论。

7.3.2.1 股利理论

（1）股利无关论。股利无关论（Dividend Irrelevance）由米勒（Miller）和莫迪利安尼（Modigliani）于1961年提出，又称MM理论。该理论认为，在完善的资本市场条件下，股利政策不会影响企业的股票价值或资金成本，即企业的价值是由企业投资决策所确定的获利能力和风险决定的，而不是由企业的股利分配政策决定。因此，该理论被称为股利无关论。

股利无关论是建立在一系列的假设基础之上的：①完全市场假设，即不存在公司和个人所得税，不存在任何股票的发行费用或交易费用，任何股东都不可能通过其自身交易影响或操纵股票的市场价格；②信息对称假设，即企业所有的股东均能准确地掌握企业的状况，对于将来的投资机会，股东和管理者拥有相同的信息；③企业的投资政策事前已经确定，不会随股利政策的改变而改变；④股东对现金股利和资本利得不存在偏好。

根据股利无关论，股利支付可有可无、可多可少，股利政策对企业的股票价格没有实质性的影响。因此，企业无须花大量时间去考虑股利政策的制定。

（2）"一鸟在手"理论。股利无关论中的重要假设之一是股东对股利和资本利得不存在偏好。"一鸟在手"理论正是建立在对这一假设的批判基础之上的。

"一鸟在手"理论的代表人物是戈登和林特纳。该理论认为，股票投资收益包括股利和资本利得两部分。一般情况下，股利收益属于相对稳定的收入，而资本利得具有较大的不确定性。由于大部分股东都是风险厌恶型的，他们宁愿要相对可靠的股利收益而不愿要未来不确定的资本利得。因此，当企业的股利支付率降低时，股东的必要报酬率 K 将上升，以作为股东负担额外风险的补偿。也就是说，在股票预期投资报酬率的公式 $K_1 = D_1/P_0 + g$ 中，由于预期股利收益率 D_1/P_0 的风险小于其股利增长率 g，股东将以比未来预期资本利得更低的利率来折现未来预期的股利收入，结果使 1 元预期的现金股利比 1 元资本利得更值钱。因此，高股利支付率的股利政策会使企业的股票价格上升。

该理论认为，由于股利具有比资本利得相对更大的确定性，因此，企业在制定股利政策时应维持较高的股利支付率。

（3）税收差别理论。股利无关论中的重要假设之一是不存在企业和个人的所得税。税收差别理论正是建立在对这一假设的批判基础之上的。

税收差别理论由里森伯格和拉马斯瓦米于 1979 年提出。该理论指出：通常情况下，股利收益的所得税税率高于资本利得的所得税税率，这样，资本利得对于股东更为有利。即使股利与资本利得按相同的税率征税，由于两者支付的时间不同，股利收益在收取股利的当时纳税，而资本利得纳税只有在股票出售时才发生。考虑到货币的时间价值，将来收到 1 元钱的价值要比现在收到 1 元钱的价值小，这种税收延期的特点给资本利得提供了另一个优惠。因此，高股利支付率将导致股价下跌，低股利支付率反而造成股价上涨，据此企业在制定股利政策时应采取低股利支付率的政策。

7.3.2.2 股利政策

企业在制定股利政策时，究竟应该采取高股利支付率还是低股利支付率的股利政策，在理论界并没有定论。以下将从实践的角度探讨企业股利政策，以便为股利政策的制定提供有益的参考。

（1）股利政策的类型。

在实践中，不同的企业往往采取不同的股利政策，而不同的股利也会对企业的股票价格产生不同的影响。在具体制定股利政策时，可以选择以下几种类型。

1）剩余股利政策。剩余股利政策是指在保证企业最佳资本结构的前提下，税后利润首先用来满足企业投资的需求，若有剩余才用于股利支付的股利政策。剩余股利政策是指股利无关论在股利政策实务上的具体应用。依据股利无关论的观点，股利政策不会对企业的股票价格产生任何影响，企业再有较好的投资机会时，可以少分配甚至不分配股利，而将留存利润用于企业再投资。这是一种投资优先的股利政策。

在用剩余股利政策的先决条件是企业必须有良好的投资机会，而且该投资机会的预期报酬率要高于股东要求的必要报酬率，只有这样才能为股东所接受。否则，企业应将税后利润以现金股利发放给股东，让股东自己去寻找更好的投资机会。

实行剩余股利政策，一般应按以下步骤决定股利的分配额：①根据选定的最佳投资方案，确定投资所需的资金数额；②按照企业的目标资本结构，确定投资需要增加的股东权益资本数额；③税后利润首先用于满足投资需要增加的股东权益资本的数额；④将满足投资需要后的剩余部分用于向股东分配股利。

［例 7－6］假定 HY 公司 2016 年的税后净利润为 6800 万元，目前的资本结构为：负债资本 40％，股东权益资本 60％。该资本结构也是其下一年度的目标资本结构。如果 2017 年该公司有一个很好的投资项目，需要投资 9000 万元，如果该公司采用剩余股利政策，该如何融资？分配的股利和股利支付率是多少？

解答：根据目标资本结构的要求，公司需要筹集 5400 万元（9000×60％）的权益资本和 3600 万元（9000×40％）的负债资本来满足投资的需要。公司可将净利润中的 5400 万元作为留存利润，因此，公司还有 1400 万元（6800－5400）可用于分配股利。公司的股利支付率为 20.59％（1400÷6800）。

在公司的股利政策下，企业每年发放的股利随着企业的投资机会和盈利水平的变动而变动。即使在盈利水平不变的情况下，股利也将与投资机会呈反向变动，投资机会越多，股利越少；反之，投资机会越少，股利发放越多。而在投资机会不变的情况下，股利的多少又随着每年盈余的多少而变动。在这种股利政策下，每年度股利额变动较大。因此，一般企业很少会机械地照搬剩余股利政策。由于企业的资本结构是一个范围而非一个具体数字，许多企业运用这种理论帮助其建立股利的长期目标发放率，即通过预测企业 5～10 年的盈利情况，确定在这些年度的长期目标发放率，从而维持股利政策的相对稳定。

2）固定股利或稳定增长的股利政策。在实务中，很多企业都将每年发放的每股股利固定在某一特定水平，然后在一段时间内维持不变，只有当企业认为未来盈利的增加足以将股利维持到一个更高的水平时，企业才会提高每股股利。这种股利政策就是固定股利或稳定增长的股利政策。

固定股利或稳定增长的股利政策的一个重要原则是，一般不降低年度每股股利。实施这种股利政策的理由是：①股利政策是向股东传递有关企业经营信息的手段之一。如果企业支付的股利稳定，就说明企业的经营业绩比较稳定，经营风险较小，这样可使股东要求的必要报酬率降低，有利于股票价格上升；若企业的股利政策不稳定，股利忽高忽低，就会传递企业经营不稳定的信号，从而导致股东对风险的担心，使股东要求的必要报酬率提高，进而使股票价格下降。②稳定的股利政策有利于股东合理地安排股利的收入和支出，特别是那些希望每期能有固定收入的股东更喜欢这种股利政策。忽高忽低的股利政策可能会降低他们对这种股票的需求，从而使股票价格下降。

应当看到，尽管这种股利政策有股利稳定的优点，但有时也会给企业造成较大的财务压力，尤其是在企业净利润下降或现金紧缺时，企业为了保证股利的正常支付，容易导致资金短缺。因此，这种股利政策一般适用于经营比较稳定的企业。

3）低正常股利加额外股利政策。这种股利政策每期都支付稳定但相对较低的股利，当企业盈利较多时，再根据实际情况发放额外股利。这种股利政策具有较大的灵活性，在企业盈利较少或投资需要较多资金时，这种股利政策可以只支付较低的正常股利，这样既不会造成较大的财务压力，又能保证股东定期得到一笔固定的股利收入；在企业盈利较多并且不需要较多的投资资金时，可向股东发放额外的股利。这种股利政策一般适用于季节性经营或经受经济周期影响较大的企业。

4）固定股利支付率股利政策。这是一种变动的股利政策，即企业每年从净利润中按固定的股利支付率发放股利。采用这种股利政策的管理者认为，只有维持固定的股利支付率，才算真正公平地对待每一位股东。

这种股利政策使企业股利支付与企业的盈利状况密切相关，盈利状况好，则每股股利增加；盈利状况不好，则每股股利下降。这种股利政策不会给企业造成很大的财务负担，但是，其股利变动较大，容易使股票价格产生较大波动，不利于树立良好的企业形象。

＊启示：上述股利政策中只有剩余股利政策能确保目标资本结构实现，防控财务风险。但投资者更偏好固定股利政策。

（2）制定股利政策时应考虑的因素。

尽管有上述四种常见的股利政策可供选用，但实际制定股利政策时仍应考虑如下因素，以选择合适的股利政策。

1）企业的投资机会。企业的投资机会是影响企业股利政策的一个非常重要的因素。在企业有良好的投资机会时，应当考虑少发放现金股利，增加留存利润以用于投资，这样可以加速企业的发展增加企业未来的盈利能力。在企业没有良好的投资机会时，可以多发放现金股利。

2）企业的资金成本。资金成本是企业选择筹资方式的依据。留存利润是企业内部筹资的一种重要方式，同发行新股相比，它具有成本低的优点。因此，在制定股利政策时，应当充分考虑资金成本的影响。

3）企业的现金流量。企业在经营活动中，必须有充足的现金，否则就会发生支付困难。企业在发放现金股利时，必须考虑现金流量以及资产的流动性，过多发放现金股利会减少企业的现金持有量，影响未来的支付能力。

4）企业所处的生命周期。企业理所当然地应该采用最符合其当前所处生命周期的股利政策。一般来说，处于快速成长期的企业有较多的投资机会，通常不会发放很多股利，因为企业需要大量的现金流量来扩大企业规模，因而不愿意将大量的盈余给股东发放股利。而成熟的企业一般会发放较多的股利。

5）企业所处的行业。不同行业的股利支付率存在系统性差异。其原因在于，投资机会在行业内是相似的，而在不同行业间存在着差异。

6）企业的股权结构。股利政策必须经过股东大会决议通过才能实施，而不同的股东对现金股利和资本利得的偏好不同，因此股权结构对企业的股利政策具有重要的影响。如果企业股东中依赖于企业股利维持生活的股东或可以享受股利收入减免税的机构股东较多，则这些股东偏向于企业多发放现金股利，而反对企业留利过多；如果企业股东中边际收入税率很高的高收入阶层越多，则高收入阶层的股东为了避税往往反对企业发放过多的现金股利；如果企业股权相对集中，对企业有一定控制权的大股东出于对企业控制权可能被稀释的担心，往往倾向于企业少发放股利，多留存利润，这样就不需要进行新的股权融资来筹集资金。

7）其他因素。其他因素包括法律因素和契约性约束等。法律因素是指有关法律、法规对公司股利分配的限制，如我国的《公司法》《证券法》规定，不能用筹集的经营资本发放股利，公司只有在保证公司偿还能力的基础上才能发放股利等。契约性约束是指企业以长期借款、债权契约、优先股协议以及租赁合约的形式向企业外部筹资时，常常应对方的要求，接受一些关于股利支付的限制。这种契约性约束的目的在于促使企业把利润的一部分按有关条款的要求，以某种形式进行再投资，以保障债权人等相关利益主体的利益。

7.3.3 股利分配方式和流程

7.3.3.1 股利分配方式

除现金股利外，企业还可以以股票股利、股票分割、股票回购等方式回报股东。

（1）股票股利。股票股利是指企业以股票的形式发放给股东的权利。与现金股利不同，股票股利分配方式不会导致企业现金的真正流出。从会计的角度看，股票股利只是资金在股东权益账户之间的转移，企业不需要付出现金。股票股利只不过是将资金从未分配利润或公积金账户转移到普通账户上，它并未改变股东权益总额，也不会改变每位股东的持股比例。

［例7-7］设HY公司发放10%的股票股利前的资产负债表如表7-6所示。

表 7-6 发放股票股利前的资产负债表

单位：万元

资产		负债与股东权益	
流动资产	1000	负债	
		流动负债	300
		非流动负债	1400
		负债总额	1700
非流动资产	1500	股东权益	
		股本（每股面值1元，发行2000000股）	200
		资本公积	100
		盈余公积	50
		未分配利润	450
		股东权益总额	800
资产总额	2500	负债与股东权益总额	2500

假设公司宣布发放 10％的股票股利，即每 10 股可以收到 1 股股票股利，公司需增发 100000 股新股，当时股票的市价为每股 10 元。随着股票股利的发放未分配利润中有 1000000 元（100000×10）的资金要转移到普通股和资本公积账户中去。由于面额不变，因此，增发 100000 股普通股后，普通股账户仅增加 100000 元，其中 900000 元则转移到资本公积账户，而公司资产负债表中股东权益总额不变，如表 7-7 所示。

表 7-7 发放股票股利后的资产负债表

单位：万元

资产		负债与股东权益	
流动资产	1000	负债	
		流动负债	300
		非流动负债	1400
		负债总额	1700
非流动资产	1500	股东权益	
		股本（每股面值1元，发行2000000股）	210
		资本公积	190
		盈余公积	50
		未分配利润	350
		股东权益总额	800
资产总额	2500	负债与股东权益总额	2500

股票股利并没有改变股东权益总额的账面价值，但会增加市场上流通股的数

量。因此，股票股利会使企业的每股利润下降，在市盈率保持不变的情况下，发放股票股利后的股票价格应当按发放的股票股利的比例而成比例下降。

对于股东而言，股票股利并没有改变股东的持股比例，只是增加了股东所拥有的股票数量。由于发放股票股利后企业的股票价格下降，因此，股东再分配前后持股总价值不变。由此可见，股票股利对股东而言，在发放股利前后并不能带来财富的增加。但如果企业在发放股票股利之后，还能发放现金股利，且能维持每股现金股利不变；或者股票价格在除权日后并没有随着股票数量的增加而同比例下降，即股票能够填权，走出填权行情，则股东的财富就会增长。就企业管理当局而言，发行股票股利可以满足如下动机：第一，可以降低股票价格，吸引更多的股东进行投资。第二，可以将更多的现金留存下来，用于再投资，以利于企业长期、稳定地发展。

其缺陷在于，由于股票股利增加了企业的股本规模，因此股票股利的发行将为企业后续现金股利的发放带来较大的财务负担。因此，国外企业一般很少发放股票股利。

（2）股票分割。股票分割是指将面额较高的股票分割为面额较低的股票的行为，如将原来的一股股票分割为两股股票。

就会计而言，股票分割对企业的权益资本账户不产生任何影响，但会使企业的股票面值降低、股票数量增加。

［例7-8］假设［例7-7］中的HY公司决定实施将一股股票分割为两股的股票分割计划代替10%的股票股利。则在实施股票分割计划后，公司的资产负债表如表7-8所示。

表7-8 股票分割后的资产负债表

单位：万元

资产		负债与股东权益	
流动资产	1000	负债	
		流动负债	300
		非流动负债	1400
		负债总额	1700
非流动资产	1500	股东权益	
		股本（每股面值0.5元，发行4000000股）	200
		资本公积	100
		盈余公积	50
		未分配利润	450
		股东权益总额	800
资产总额	2500	负债与股东权益总额	2500

由于股票分割会导致企业的股本规模扩大，因此，如果企业的市盈率不变，则股票分割后股票的价格将会下降。

总之，除了会计处理的不同，股票分割与股票股利所产生的效果十分相近，即两者都没有增加股东的现金流量；都使流通在外的普通股股数增加；都没有改变股东权益总额。但股票股利使股东权益资金内部发生了变化，并必须以当期的未分配利润进行股利支付；而股票分割却不受此限制，即使企业当期没有未分配利润，仍然可以进行股票分割。

对于企业管理当局而言，实行股票分割的主要动机如下：第一，降低股票市价。如前所述，企业的股票价格有一个合理的区间。如果股票价格过高，不利于股票交易活动。通过股票分割，可以使企业的股票更广泛地分散到股东手中，增强股票的流动性。第二，为发行新股做准备。股票价格过高会使许多潜在的股东不敢轻易对企业股票进行投资。在新股发行之前，利用股票分割降低股票价格，有利于提高股票的可转让性，促进新股票的发行。

*启示：股票股利和股票分割无法使投资者获得现金红利，但投资者持有股份增加，导致每股利润或收益减少。

（3）股票回购。股票回购是指企业出资回购其所发行的流通在外的股票。被回购的股票通常称为库藏股票，如果有必要，库藏股票也可重新出售。

企业如有现金，既可以采取现金股利的方式发放给股东，也可以采用股票回购的方式回报股东。如果企业进行股票回购，由于市场上流通的股票数量将减少，在企业总利润不变的情况下，企业流通在外的股票的每股利润将会有所提高，从而导致股票上涨，股东可以从股票价格的上涨中获得资本利得，因此，股票回购实际上可以看作现金股利的一种替代方式。我们通过下面的例子对股票回购和现金股利进行对比分析。

[例7-9] HY公司将2000000元以现金股利的方式发放，每股股利为1元，也可以每股10元回购200000股股票。如果股票的市盈率保持不变，在这两种方案下，公司的资产负债表分别如表7-9和表7-10所示。

表7-9 发放现金股利的资产负债表

单位：万元

资产		负债与股东权益	
流动资产	800	负债	
		流动负债	300
		非流动负债	1400
		负债总额	1700

续表

资产		负债与股东权益	
非流动资产	1500	股东权益	
		股本（每股面值1元，发行2000000股）	180
		资本公积	100
		盈余公积	50
		未分配利润	270
		股东权益总额	600
资产总额	2300	负债与股东权益总额	2300

表 7-10 股票回购的资产负债表

单位：万元

资产		负债与股东权益	
流动资产	800	负债	
		流动负债	300
		非流动负债	1400
		负债总额	1700
非流动资产	1500	股东权益	
		股本（每股面值1元，发行2000000股）	180
		资本公积	100
		盈余公积	50
		未分配利润	250
		股东权益总额	600
资产总额	2300	负债与股东权益总额	2300

从上述分析可以看出，现金股利政策和股票回购政策对企业的影响是相同的。在这两种方式下，企业都需要支付相同数量的现金，不论是以现金股利的形式发放，还是进行股票回购，其结果都是使企业的总资产减少了2000000元。但由于股票回购减少了企业流通在外的股票，使得每股利润增加，导致企业股票价格的上涨。

对股东而言，要么得到每股1元的现金股利，要么得到每股1元的资本利得，因此，不管企业采取哪种方案，股东得到的税前收益都是相同的。但如果股东的现金股利所得税税率高于资本利得的所得税税率，则股票回购显然对股东更为有利。

对股东而言，与现金股利相比，股票回购不仅可以节约税收，而且具有更大的灵活性。这是因为,需要现金的股东可选择卖出股票,而不需要现金的股东可以继续持有股票。

对企业管理当局而言,企业采用股票回购的方式主要出于以下动机:①分配企业的超额现金。如果企业的现金超过其投资机会所需要的现金,则可以采用股票回购的方式将现金分配给股东。如前所述,企业股利政策应维持相对稳定性。企业一般不会轻易提高股利。除非新的股利水平能够长期维持。由于信号影响的存在,企业一般也不愿减少股利。对于暂时的剩余现金,企业宁愿以回购的方式一次性分配给股东。因此,股票回购既可将企业临时的超额现金一次性发放给股东,又不会影响企业股利政策的稳定性,所以,这种方式在实践中越来越受到管理人员的重视。②改善企业的资本结构。如果企业认为其股东权益资金所占的比例过大,资本结构不合理,就可能对外举债,并用巨额债获得的资金进行股票回购,以实现企业资本结构的合理化。③提高企业的股票价格。如果企业的股票价格较低,股票回购则是针对信息不对称的一种有效的财务管理。由于信息不对称和预期差异的影响,股票市场存在低估企业股票价格的现象,在这种情形下,企业可进行股票回购,以提升股票价格。

但是,股票回购也可能会对上市公司产生消极影响,主要表现在:①股票回购需要大量资金,因此进行股票回购的企业必须有雄厚的资金。如果企业的负债率较高,再举债进行回购,会背负巨大的负债压力,影响企业正常的生产经营和发展。②股票回购容易导致内幕交易。因此,各国对股票回购有严格的法律限制。

在西方国家,股票回购的方式主要有以下三种:①公开市场购买(Open Market)。公开市场购买是指上市公司通过经纪人在股票公开市场上按照当前公司股票的市价回购自身的股票。这种方式很容易导致股票价格升高,从而增加回购成本。另外,交易税和交易佣金方面的成本也较高。企业通常利用该方式在股票市场表现小规模回购票期权,可转换债券等执行特殊用途时所需的股票。②投标出价购买(Tender Offer)。投标出价购买是指企业按某一特定价格向股东提出回购若干数量的股份的方式。投标出价通常高于当时的市价。投标出价的时间一般为2~3周。如果各股东愿意出售的股票总数多于企业原定想购买的数量,则企业可自行决定购买部分或全部股票;相反,如果投标出价不能购买到企业原定回购的数量,则企业可以通过公开市场回购不足的数量。由于在投标出价购买时须披露企业回购股票的意图,同时股东有选择依据投标出价出售或继续持有股票的权利,因此,当企业想回购大量股票时,投标出价方式比较适用。③议价回购方式。议价回购方式是指企业以协议价格为基础,直接向特定股东回购股票。在这种方式下,企业同样必须披露其回购股票的目的、数量等信息,并向其他股东保证企业的购买价格是公平的,不损害其他股东的利益。

*启示:股票回购和现金股利让投资者获得现金,但股票回购让投资者持有股份减少,但股价上升。

7.3.3.2　股利支付流程

股利发放流程：

股份有限公司股利发放必须遵循法定的程序，一般是先由董事会提出股利发放预案，然后提交股东大会决议通过才能进行发放。股东大会决议通过股利发放预案之后，要向股东宣布发放股利的方案，并确定股权登记日、除息日和股利发放日，这几个日期对发放股利是非常重要的。

（1）宣布日。宣布日就是股东大会决议通过并由董事会宣布发放股利的日期。公司董事会应先提出利润分配预案，并提交股东大会表决，利润分配方案经股东大会表决通过之后，董事会才能对外公布。在宣布股利分配方案时，应明确股利分配的年度、分配的范围、股利分配的形式、分配的现金股利金额或股票股利的数量，并公布股权登记日、除息日和股利发放日。

（2）股权登记日（Holder－of－Recorddate）。股权登记日是有权领取本期股利的股东资格登记截止日期。公司规定股权登记日是为了确定股东能否领取本期股利的日期界限。因为股票是经常流动的，所以确定这个日期是非常必要的。凡是在股权登记日这一天登记在册的股东才有资格领取本期股利，在这一天没有登记在册，即使是在股利发放日之前买入股票的股东，也无权领取本次分配的股利。在信息技术环境下，股权登记极其方便、快捷，一般在股权登记日交易结束的当天即可打印出股东名册。

（3）除息日（Ex－dividend Date）。除息日也称除权日，是指从股价中除去股利的日期，即领取股利的权利与股票分开的日期。在除息日之前的股票价格中包含了本次股利，在除息日之后的股票价格中不再包含本次股利，因此投资者在除息日之前购买股票，才能领取本次股利，在除息日当天或以后购买股票，则不能领取本次股利。除息日对股票价格有重要的影响，除息日股票价格因除权而相应下降，除息日股票的开盘参考价为前一交易日的收盘价减去每股股利。在西方国家，按照证券业的传统惯例，除息日一般确定在股权登记日的前2个工作日，之所以如此规定，是因为股票交易之后，办理股票过户登记手续需要几天的时间，为了保证在股权登记日办理完过户登记手续，投资者必须在除息日之前买入股票。而在除息日之后，股权登记日之前购买的股票，公司不能保证及时地得到股票所有权已经转让的通知，可能无法在股权登记日办理过户登记。但是，目前先进的计算机结算登记系统为股票的交割过户提供了快捷的手段，股票买卖交易的当天即可办理完交割过户手续，在这种交易结算条件下，除息日可确定为股权登记日的下一个工作日。

（4）股利发放日。股利发放日也称股利支付日，是公司将股利正式支付给股东的日期。在这一天，公司应通过邮寄等方式将股利支付给股东。目前，公司可以通过中央结算登记系统将股利直接打入股东在证券公司开立的保证金账户。

工程财务分析

8

(1) 掌握财务分析的基本概念、程序、判断指标优劣的标准。

(2) 掌握偿债能力、获利能力、营运能力和发展能力分析的比率指标。

(3) 掌握公式分析、杜邦分析和综合评分分析。

8.1 工程财务分析概述

工程财务分析是工程财务管理的一个重要内容，在财务分析中所确立的一些重要指标，均在财务管理中得到了广泛的应用。因此，在阐述具体的财务管理内容之后，再介绍有关财务分析的内容。

8.1.1 工程财务分析分类

工程财务分析是通过对财务报表有关项目进行对比，以揭示工程类等企业财务状况的一种方法。财务分析所提供的信息，不仅能说明企业目前的财务状况，更重要的是能为企业未来的财务决策和财务计划提供重要依据。财务分析中的基本分类主要有以下几个。

8.1.1.1 按分析主体不同分为内部分析与外部分析

(1) 内部分析是企业内部管理当局所进行的分析。其目的是判别企业财务状况是否良好，并为今后制定筹资、投资、盈余分配等政策提供依据。通过这种分析，可使财务主管知道企业的资金是结余还是短缺，企业资金的流动状况如何，企业的财务结构怎样，这些都是财务经理制定政策时需要考虑的因素。

(2) 外部分析是企业外部利益集团根据各自的要求进行的分析。例如，银行在给企业提供贷款之前，需要对企业的偿债能力进行分析；投资人在购买企业的股票、债券时，要对企业的获利能力进行分析；供应商在以商业信用形式出售商品时，也要分析企业的偿债能力。

8.1.1.2 按分析对象不同分为资产负债表分析、利润表分析和现金流量表分析

（1）资产负债表分析是以资产负债表为对象所进行的分析。在分析企业的流动状况、负债状况、资金周转状况时，常采用资产负债表分析。

（2）利润表分析是以利润表为对象所进行的财务分析。在分析企业的盈利状况和经营成果时，常采用利润表分析。

（3）现金流量表分析是以现金流量表为对象所进行的财务分析。现金流量表是资产负债表与利润表的重要补充，通过现金流量表分析，可以了解企业的现金流动状况。

从历史上看，企业的财务分析首先是以资产负债表为中心的流动性分析开始的。如银行等金融机构推断其贷款的安全性时，首先要运用资产负债表分析。但是，企业的流动性分析如果不与判断收益的分析同时进行就不完整，因为企业健全的财务状况是以良好的经营活动与雄厚的获利能力为前提的，企业的流动性在很大程度上依赖于获利能力。因此，现代的财务分析不再只是单纯地对资产负债表进行分析，而是逐渐转向以利润表为中心。此外，随着现金流量表的不断推广，对现金流量表的分析也越来越受到重视。

8.1.1.3 按分析方法不同分为比率分析与比较分析

（1）比率分析是指把财务报表中的有关项目进行对比，用比率来反映它们之间的相互关系，以揭示企业财务状况的一种分析方法。通常，财务比率主要包括构成比率（结构比率）、效率比率和相关比率等。构成比率是反映某项经济指标的各组成部分与总体之间关系的财务比率，如流动负债与总负债的比率；效率比率是反映某项经济活动投入与产出之间关系的财务比率，如资产报酬率；相关比率是反映经济活动某两个或两个以上相关项目比值的财务比率，如流动比率。

（2）比较分析是将同一企业不同时期的财务状况或不同企业的财务状况进行比较，从而揭示企业财务状况差异的分析方法。比较分析法主要有纵向比较分析法（趋势分析法）和横向比较分析法。纵向比较分析法是将同一企业连续若干期的财务状况进行比较，确定增减变动的方向、数额和幅度；横向比较分析法是将本企业的财务状况与其他企业的同期财务状况进行比较，确定存在的差异及程度。

8.1.2 工程财务分析程序

财务分析是一项比较复杂的工作，必须按照科学的程序进行。财务分析的基本程序包括以下步骤。

第一步：明确财务分析目的。

企业进行财务分析有多种目的，主要包括：①评价偿债能力；②评价获利能力；③评价资产管理情况；④评价发展趋势；⑤评价综合财务状况。财务分析的目的决定了所要收集信息的多少、财务分析方法的选择等一系列问题，所以必须首先加以明确。

第二步：收集有关信息资料。

明确财务分析的目的后，就要根据财务分析的目的来收集有关资料。财务分析所依据的最主要资料是财务报表，因此，资产负债表、利润表和现金流量表是最基本的分析资料。此外，还要收集企业内部供产销各方面有关资料及企业外部的金融、财政、税收等方面的信息。

第三步：选择适当的分析方法。

财务分析的目的不一样，所选用的分析方法也不相同。常用的分析方法有比率分析法、比较分析法等，这些方法各有特点，在进行财务分析时可以结合使用。局部的分析可以选择其中的某一种方法，全面的财务分析则应综合运用各种方法，以便进行对比，做出客观、全面的评价。

第四步：发现财务管理中存在的问题。

采用特定的方法，计算出有关的指标或进行对比后，可以发现企业财务管理中存在的问题，对于一些重大的问题要进行深入细致的分析，找出存在问题的原因、以便采取对策，提出改善财务状况的具体方案。

工程类等企业进行财务分析的最终目的是为财务决策提供依据。在发现问题的基础上，提出改善财务状况的各种方案，然后权衡各种方案的利弊得失，从中选出最佳方案，以便不断改善企业财务状况，实现企业财务管理的目标。

*启示：财务分析的基础是资产负债表、利润表和现金流量表。

8.1.3　工程财务指标优劣的评价标准

工程财务分析总是通过一系列的财务指标来进行的。然而，计算出的财务指标必须与一定的标准进行对比，才能判断财务状况的好坏，因此，选择财务指标的判别标准便成为一个十分重要的问题。通常判别的标准有以下几种。

8.1.3.1　以经验数据为标准

经验数据是在长期的财务管理实践中总结出来的，被实践证明是比较合理的数据。经验数据有绝对标准和相对标准之分：全部收入应大于全部费用、资产总额大于负债总额等属于绝对标准；而流动比率等于2较好、负债比率为50%～70%比较合适等属于相对标准。

8.1.3.2　以历史数据为标准

历史数据是企业在过去的财务管理工作中实际发生的一系列数据，如上年实际数据、上年同期数据、历史最好水平等。在与历史数据进行对比时，要剔除因物价变动、会计核算方法变更等带来的一系列不可比因素，以便合理判断企业的财务状况。

8.1.3.3　以同行业数据为标准

同行业数据是指同行业有关企业在财务管理中产生的一系列数据。如同行业平均数据、本国同行业先进企业数据、国际同行业先进企业数据等。通过与同行业数据的对比，可以发现企业财务管理中存在的差距与不足，以便及时采取措施，赶超同行业先进水平。在与同行业指标对比时，也要注意指标之间的可比性。

8.1.3.4　以本企业预定数据为标准

预定数据是企业以前确定的力争达到的一系列数据。企业事先确定的目标、计划、预算、定额、标准等都可以看作预定数据。通过与预定数据进行对比，可发现实际数据与预定数据存在的差异，以便及时加以改进，保证预定数据能够顺利实现。

为了便于后面的分析，下面列示了经过简化处理的 HY 公司的三张基本财务报表，本章没有考虑到合并财务报表的问题，股东权益及净利润不存在区分归属于母公司或归属于少数股东情况，如果是在合并财务报表中计算有关财务比率，涉及股东权益和净利润时则要注意区分和匹配。《企业会计准则第 30 号——财务报表列报》规定，财务报表由资产负债表、利润表、现金流量表、所有者权益（股东权益）变动表及报表附注构成，但由于基本财务分析中对所有者权益变动表和报表附注较少涉及，所以本书没有对这两部分进行介绍。

HY 公司三张报表如表 8-1、表 8-2 和表 8-3 所示。

表 8-1　HY 公司 2017 年资产负债表

单位：万元

项目	年初数	年末数	项目	年初数	年末数
资产			负债及股东权益		
流动资产：			流动负债：		
货币资金	63209.13	58225.30	短期借款	45420.00	90680.00
以公允价值计量且其变动计入当期损益的金融资产	—	—	以公允价值计量且其变动计入当期损益的金融负债	—	—
			应付票据	—	6000.00
应收票据	18503.60	34262.51	应付账款	52882.29	23266.68
应收账款	85700.91	62282.12	预收款项	15581.37	5898.34
应收款项	85014.71	99891.46	应付职工薪酬	39016.16	4554.66

续表

项目	年初数	年末数	项目	年初数	年末数
应收利息	—	—	应交税费	6771.59	6599.53
应收股利	772.30	772.30	应付股利	26056.95	30253.80
其他应收款	29772.40	24066.33	其他应付款	10485.57	23057.73
存货	61521.53	60581.78	其他流动负债	226.73	—
其他流动资产	—	9288.38	流动负债合计	161330.66	190301.74
流动资产合计	344494.58	349370.18	非流动负债：		
非流动资产：			长期借款		
长期股权投资	168523.18	170551.27	应付债券		
固定资产	149175.04	156915.45	长期应付款		
在建工程	22361.03	53618.63	预计负债	221.17	—
工程物资	30.00	50.00	非流动负债合计	221.17	—
固定资产清理	—	—	负债合计	161551.83	190310.74
			股东权益：		
无形资产	9510.82	8783.16	股本	119235.50	119873.26
开发支出	—	—	资本公积	317301.30	317301.30
			盈余公积	70461.01	88604.98
长期待摊费用	145.82	125.00	未分配利润	25690.86	233223.41
非流动资产合计	349745.92	390043.51	股东权益合计	532688.67	549102.95
资产合计	694240.50	739413.69	负债及股东权益合计	694240.50	739413.69

表 8-2　HY 公司 2017 年利润表

单位：万元

项目	上年累计数	本年累计数
一、营业收入	1144182.32	1155352.10
减：营业成本	950884.25	1005775.06
税金及附加	2969.14	725.54
管理费用	34775.08	36477.02
销售费用	58861.16	50923.94
财务费用	1250.72	2011.07
加：投资收益	−7343.45	−8094.28
二、营业利润	88141.52	51345.19

续表

项目	上年累计数	本年累计数
加：营业外收入	1827.24	2450.28
减：营业外支出	180.75	97.33
三、利润总额	89788.01	53698.14
减：所得税费用	28004.15	13992.12
四、净利润	61783.86	39705.97

表 8－3 HY 公司 2017 年现金流量表

单位：万元

项目	上年累计数	本年累计数
一、经营活动产生的现金流量		
销售商品、提供劳务收到的现金	930530.64	670508.81
收到的税费返还	871.91	2008.61
收到的其他与经营活动有关的现金	23731.88	6081.13
经营活动现金流入小计	955134.43	678598.55
购买商品、接受劳务支付的现金	722148.92	553338.44
支付给职工以及为职工支付的现金	18432.16	14698.30
支付的各项税费	74321.88	27756.84
支付的其他与经营活动有关的现金	70043.31	43737.92
经营活动现金流出小计	884946.27	639531.50
经营活动产生的现金流量净额	70188.16	39067.05
二、投资活动产生的现金流量		
收回投资收到的现金	—	—
取得投资收益收到的现金	530.13	5.94
处置固定资产、无形资产和其他长期资产收回的现金净额	643.00	—
收到的其他与投资活动有关的现金	36887.72	—
投资活动现金流入小计	38060.85	5.94
构建固定资产、无形资产和其他长期资产支付的现金	45090.33	49554.67
投资支付的现金	229505.00	16275.00
支付的其他与投资活动有关的现金	—	—
投资活动现金流出小计	274595.33	65829.67
投资活动产生的现金流量净额	－236534.48	－65823.73
三、筹资活动产生的现金流量		
吸收投资收到的现金	175824.56	2069.45
取得借款收到的现金	68820.00	134360.00

续表

项目	上年累计数	本年累计数
收到的其他与筹资活动有关的现金	——	
筹资活动现金流入小计	244644.56	136429.45
偿还债务支付的现金	39849.00	89080.00
分配股利、利润或偿付利息支付的现金	12973.26	25576.59
支付其他与筹资活动有关的现金	460.95	——
筹资活动现金流出小计	53283.21	114656.59
筹资活动产生的现金流量净额	191361.35	21772.86
四、汇率变动对现金及现金等价物的影响		
五、现金及现金等价物净增加额	25015.02	−4983.82

假设 HY 公司的营业收入中 60％为赊销，股票每股市价 2017 年末收盘价为 15元，财务费用全部是利息费用，租金为 500 万元，优先股股利为零，2017 年度的现金股利为 10000 万元；发行在外的普通股的加权平均数为 90000 万股。

8.2 比率分析

8.2.1 偿债能力分析

偿债能力是指偿还其债务（含本金和利息）的能力。通过偿债能力分析，能揭示一个公司财务风险的大小。公司的投资者、银行、公司财务人员都十分重视对偿债能力的分析。

8.2.1.1 短期偿债能力分析

短期偿债能力是指公司支付其短期债务的能力。短期偿债能力是财务分析中必须十分重视的一个方面，短期偿债能力不足，公司无法满足债权人的要求，可能会引起破产或造成生产经营的混乱。公司的短期偿债能力可通过下列指标进行分析。

（1）流动比率。流动比率是由流动资产与流动负债进行对比所确定的比率。其计算公式为：

$$流动比率＝流动资产÷流动负债 \tag{8—1}$$

其中，流动资产是指在一年内或超过一年的一个营业周期内变现的资产，主要包括货币资金、交易性金融资产、应收及预付款项和存款等。流动负债是指在一年内或超过一年的一个营业周期内偿还的债务，主要包括短期借款、应付及预收款项、应付票据、应交税费、应付股利以及一年内到期的长期债务等。从以上分析可知，流动资产是短期内能变成现金的资产，流动负债则是在短期内需要用现金来偿还的各种债务，流动资产与流动负债对比，说明的是能在短期内转化成现金的资产对需要在短期内偿还的负债的一种保障制度，能比较好地反映企业的短期偿债能力。根据西方财务管理经验，流动比率低于2的时候较好。流动比率太低，表明企业缺乏短期偿债能力；流动比率太高，虽然能说明短期偿债能力强，但也说明企业的现金、存货等流动资产有限制或利用不足的现象。

［例8-1］计算HY公司2017年的流动比率。

根据表8-1中数据，可计算如下：

流动比率＝流动资产÷流动负债＝349370.18÷190301.74＝1.84

说明HY公司2017年的每1元流动负债有1.84元的流动资金作保障，低于经验值2，短期偿债能力较弱。

（2）速动比率。速动比率是由速动资产和流动负债进行对比所确定的比率。其计算公式为：

$$速动比率＝流动资产÷流动负债＝（流动资产－存货）÷流动负债 \quad (8-2)$$

其中，速动资产是指能迅速转化成现金的资产，主要包括货币资金、交易性金融资产、应收及预付款项等。在流动资产中，存货的变现能力很差，所以当企业的流动资产变现时，存货及可能产生损失，用流动比率来反映偿债能力有时会出现失误。而速动比率由于在计算时不包含存货因素，所以，能比流动比率更好地反映企业的短期偿债能力。根据西方财务管理经验，速动比率等于1时较为合适。

［例8-2］计算HY公司2017年的速动比率。

根据表8-1中数据，可计算如下：

速动比率＝（流动资产－存货）÷流动负债

$$＝（349370.18－60581.78）÷190301.74＝1.52$$

说明HY公司2017年的速动比率为1.52，高于经验值1，属于正常范围。当然，还应该结合行业和企业的具体情况进行分析，不可一概而论。

（3）现金比率。现金比率是可立即动用的资金与流动负债进行对比所确定的比率，其计算公式为：

$$现金比率＝可立即动用资金÷流动负债 \quad (8-3)$$

其中，可立即动用的资金主要是指库存现金和银行活期存款，如果企业持有的短期有价证券的变现能力极强，也可看作可立即动用的资金。现金比率是对短期偿债能力最高要求的指标，主要适用于那些应收账款和存货的变现能力都存在问题的企业。这一指标越高，说明企业的短期偿债能力越强。

［例8-3］计算HY公司2017年的现金比率。

根据表8-1中的数据，可计算如下：

$$现金比率＝58225.30÷190301.74＝0.31$$

（4）现金流量比率。现金流量比率是由经营活动现金净流量与流动负债进行对比所确定的比率，反映企业用每年的经营活动现金净流量偿还到期债务的能力。其计算公式为：

$$现金流量比率＝经营活动现金净流量÷流动负债 \qquad (8-4)$$

按照惯例，应收账款属于企业的速动资产，但当企业应收账款周转速度特别慢时，应将账龄较长的应收账款从速动资产中扣除。另外，其他应收款、其他流动资产等项目也应视其变现能力在计算速动比率时从流动资产中予以调整。

[例8-4] 计算 HY 公司 2017 年的现金流量比率。

根据表8-1和表8-3中数据，可计算如下：

$$现金流量比率＝39067.05÷190301.74＝0.21$$

这一指标越高，说明企业支付当期债务的能力越强，企业的财务状况越好；反之，则说明企业支付当期债务的能力较差。

上述四个指标是反映短期偿债能力的主要指标，在进行分析时，要注意以下几个问题：①上述指标各有侧重，在分析时要结合使用，以全面、准确地做出判断；②上述指标中分母均是流动负债，其中包含近期到期的长期负债，应充分重视这一点；③财务报表中没有列示的因素，如企业借款能力、准备出售长期资产等，也会影响到短期偿债能力，在分析时应认真考虑。

8.2.1.2 长期偿债能力分析

长期偿债能力是指支付长期债务的能力，长期偿债能力与获利能力、资本结构有十分密切的关系。企业长期偿债能力可通过下列指标进行分析。

(1) 资产负债率。资产负债率又称负债比率或负债对资产的比率，是由企业的负债总额与资产总额进行对比所确定的比率。其计算公式为：

$$资产负债率＝负债总额÷资产总额 \qquad (8-5)$$

企业的资产总额也就是企业的全部资产总额，资产负债率反映的是在企业全部资金中有多大的比例是通过借债筹集而来的。因此，这一比率能反映资产对负债的保障程度。债权人最关心的就是借出款项的安全程度。

[例8-5] 计算 HY 公司 2017 年的资产负债率。

根据表8-1中数据，可计算如下：

资产负债率＝190310.74÷739413.69＝25.74%

说明 HY 公司 2017 年的全部资产中有 25.74%来源于负债。

如果这一比率很高，说明所有者投入的资本在全部资金中所占比重很小，而借入资金所占比重很大，企业的风险主要由债权人来承担。因此，资产负债率越高，说明长期偿债能力越差；反之，这个比率越低，说明长期偿债能力越好。但是资产负债率过低往往也是没有较好利用财务杠杆的表现。所以，在评价企业的资产负债率时，需要在收益与风险之间权衡利弊，充分考虑企业内部各种因素和外部市场环境，做出正确合理的判断。

(2) 股东权益比率。股东权益比率是由企业的股东权益总额与资产总额进行对比所确定的比率，其计算公式为：

$$股东权益比率＝股东权益总额÷资产总额 \qquad (8-6)$$

［例 8-6］计算 HY 公司 2017 年的股东权益比率。

根据表 8-1 中数据，可计算如下：

股东权益比率＝549102.95÷739413.69＝74.26%

股东权益比率反映了在企业全部资金中所有者提供了多少资金。这一比率越高，说明所有者投入的资金在全部资金中所占的比例越大，企业偿债能力越强，财务风险越小。因此，从偿债能力的角度来看，这一比率越高越好。

（3）偿债保障比率。偿债保障比率是负债总额与经营活动现金净流量的比率，其计算公式为：

$$偿债保障比率＝负债总额÷经营活动现金净流量 \qquad (8-7)$$

从式（8-7）可以看出，偿债保障比率反映了用企业经营活动产生的现金净流量偿还全部债务所需要的时间，所以该比率也称为债务偿还期。一般认为，经营活动产生的现金流量是企业经常性资金的最主要来源，而投资活动和筹资活动所获得的现金流量虽然在必要时也可用于偿还债务，但不能将其视为经常性的现金流量。

［例 8-7］计算 HY 公司 2017 年的偿债保障比率。

根据表 8-1 和表 8-3 中数据，可计算如下：

偿债保障比率＝190310.74÷39067.05＝4.87

在一般情况下，偿债保障比率越低，企业偿还债务的能力越强。

上述三项比率是反映企业长期偿债能力的主要指标，在进行分析时，要注意以下几个问题：①上述指标中的资产总额都是指资产净值总额，而不是原值总额；②从长远来看，企业的偿债能力与获利能力关系密切，获利能力决定偿债能力。因此，在分析长期偿债能力时，应结合获利能力的指标进行；③要充分考虑长期租赁、担保责任等对长期偿债能力的影响。

8.2.1.3 负担利息和固定支出能力分析

负担利息和固定支出的能力是指公司所实现的利润支付利息或支付固定支出的能力。这是公司进行筹资决策时必须认真考虑的一个重要因素。公司负担利息和固定支出的能力通常用以下两个指标来反映。

（1）利息保障倍数。利息保障倍数是息税前利润相当于所支付利息的倍数。其计算公式为：

$$利息保障倍数＝\frac{息税前利润}{利息费用}＝\frac{净利润＋所得税费用＋利息费用}{利息费用} \qquad (8-8)$$

［例 8-8］假设 HY 公司 2017 年的财务费用全部是利息费用，计算 HY 公司 2017 年的利息保障倍数。

根据表 8-1 和表 8-2 中数据，可计算如下：

$$利息保障倍数 = \frac{39705.97 + 13992.12 + 2011.07}{2011.07} = 27.70$$

这一指标反映了企业所实现的利润支付利息费用的能力。这一指标越大，说明支付利息的能力越强；反之，则说明支付利息的能力较弱。该指标若低于1，则说明企业实现的利润不足以支付当期利息费用，表明企业有较大的财务风险。

（2）固定支出保障倍数。固定支出保障倍数是企业的盈利相当于其固定支出的倍数。其计算公式为：

$$固定支出保障倍数 = \frac{税前及支付固定支出前利润}{利息费用 + 租金 + \dfrac{优先股股利}{1 - 企业所得税税率}}$$
$$= \frac{利息费用 + 租金 + 所得税费用 + 净利润}{利息费用 + 租金 + \dfrac{优先股股利}{1 - 企业所得税税率}} \quad (8-9)$$

式（8-9）中的利息费用和租金都可在税前支付，而优先股股利必须在税后利润中支付，故后者应除以（1-企业所得税税率）。固定支出保障倍数反映了企业盈利支付固定支出的能力。

［例8-9］假设HY公司的租金是500万元，优先股股利为零，计算HY公司2017年的固定支出保障倍数。

根据表8-2中数据，可计算如下：

$$固定支出保障倍数 = \frac{2011.07 + 500 + 13992.12 + 39705.97}{2011.07 + 500 + 0} = 22.38$$

这一指标越高，说明企业支付固定支出的能力越强。

8.2.2 营运能力分析

营运能力直接影响着偿债能力和获利能力。

8.2.2.1 资金周转情况分析

（1）应收账款周转率。应收账款周转率是由赊销收入净额与应收账款平均余额进行对比所确定的比率。有周转次数（应收账款周转率）和周转天数（应收账款平均收账期）两种表示方法。有关计算公式为：

$$应收账款周转次数 = \frac{赊销收入净额}{应收账款平均余额} \quad (8-10)$$

$$应收账款周转天数 = \frac{360天}{应收账款周转次数} = \frac{应收账款平均余额 \times 360天}{赊销收入净额}$$
$$(8-11)$$

其中：

赊销收入净额 = 销售收入 - 现销收入 - （销售退回 + 销售折让 + 销售折扣）

$$(8-12)$$

$$应收账款平均余额 = \frac{期初应收账款 + 期末应收账款}{2} \qquad (8-13)$$

一定时期内应收账款的周转次数越多，说明应收账款周转越快，应收账款的利用效果越好。应收账款周转天数又称为应收账款占用天数，应收账款账龄、应收账款平均收现期，是反映应收账款周转情况的另一个重要指标，周转天数越少，说明应收账款周转越快，利用效果越好。

[例8-10] 假设 HY 公司 1155352.10 万元的营业收入中有 60% 是赊销，计算 HY 公司 2017 年的应收账款周转情况。

根据表 8-1 和表 8-2 中数据，可计算如下：

$$应收账款周转次数 = \frac{1155352.10 \times 60\%}{(85014.71 + 99891.46) \div 2} = 7.50（次）$$

$$应收账款周转天数 = \frac{(85014.71 + 99891.46) \div 2 \times 360}{1155352.10 \times 60\%} = 48（天）$$

由计算可知，HY 公司的应收账款每年可周转 7.50 次，周转周期为 48 天。

（2）存货周转率。存货周转率是由营业成本与存货平均余额进行对比所确定的比率。有存货周转次数和存货周转天数两种表示方法。其计算公式为：

$$存货周转次数 = \frac{营业成本}{存货平均余额} \qquad (8-14)$$

$$存货周转天数 = \frac{360 天}{存货周转次数} = \frac{存货平均余额 \times 360 天}{营业成本} \qquad (8-15)$$

其中：

$$存货平均余额 = \frac{期初存货余额 + 期末存货余额}{2} \qquad (8-16)$$

在正常情况下，一定时期内存货周转次数越多，说明存货周转越快，存货利用效果越好；存货周转天数越少，说明存货周转快，存货利用效果好。但是，存货周转过快，也可能说明企业管理方面存在一些问题，如经常缺货、采购过于频繁等。所以在实际工作中，要深入调查企业库存构成，结合企业的销售、管理等各项政策进行分析。

[例8-11] 计算 HY 公司 2017 年的存货周转情况。

根据表 8-1 和表 8-2 中数据，可计算如下：

$$存货周转次数 = \frac{1005775.06}{(61521.53 + 60581.78) \div 2} = 16.47（次）$$

$$存货周转天数 = \frac{(61521.53 + 60581.78) \div 2 \times 360}{1005775.06} = 21.86（天）$$

由计算可知，HY 公司的存货每年可以周转 16.47 次，周转一次需要 21.86 天。

（3）流动资产周转率。流动资产周转率是由营业收入与流动资产平均余额进行对比所确定的比率。

其计算公式为：

$$流动资产周转次数 = \frac{营业收入}{流动资产平均余额} \qquad (8-17)$$

其中：

$$流动资产平均余额 = \frac{流动资产期初余额 + 流动资产期末余额}{2} \qquad (8-18)$$

一定时期内流动资产周转率越高，说明流动资产周转率越快，利用效果越好。

[例8-12] 计算HY公司2017年的流动资产周转情况。

根据表8-1和表8-2中数据，可计算如下：

$$流动资产周转次数 = \frac{1155352.10}{(344494.58 + 349370.18) \div 2} = 3.33（次）$$

（4）固定资产周转率。固定资产周转率是由企业的营业收入与固定资产平均净值进行对比所确定的比率。其计算公式为：

$$固定资产周转率 = 营业收入 \div 固定资产平均净值 \qquad (8-19)$$

其中：

$$固定资产平均净值 = （固定资产期初净值 + 固定资产期末净值）\div 2$$
$$(8-20)$$

[例8-13] 计算HY公司2017年的固定资产周转情况。

根据表8-1和表8-2中数据，可计算如下：

固定资产周转率 = 1155352.10 ÷ [(149175.04 + 156915.45) ÷ 2] = 7.55（次）

HY公司2017年的固定资产周转率为7.55，说明固定资产利用情况很好。这也要结合具体情况进行分析，如果企业生产能力已饱和，再扩大销售就需对固定资产进行投资，应引起财务经理的重视。

（5）总资产周转率。总资产周转率是营业收入与资产平均总额进行对比所确定的比率。其计算公式为：

$$总资产周转率 = \frac{营业收入}{资产平均总额} \qquad (8-21)$$

其中：

$$资产平均总额 = \frac{期初资产总额 + 期末资产总额}{2} \qquad (8-22)$$

[例8-14] 计算HY公司2017年的总资产周转情况。

根据表8-1和表8-2中数据，可计算如下：

总资产周转率 = 1155352.10 ÷ [(694240.50 + 739413.69) ÷ 2] = 1.61（次）

要判断这个指标是否合理，需要同历史水平及行业平均水平进行对比。

8.2.2.2 产生现金能力分析

（1）经营现金使用效率。经营现金使用效率是由经营活动现金流入与经营活动现金流出进行对比求得的，它反映了每 1 元的现金流出能收回的现金数额，其计算公式为：

$$经营现金使用效率＝经营活动现金流入÷经营活动现金流出 \quad (8-23)$$

该比值越大，说明企业经营活动的现金流入净额的绝对值越高，在企业没有其他大规模投资的情况下，现金正常流转不成问题。如果该比值小于 1，则表明企业短期内缺乏足够的现金用以维持再生产的正常进行，甚至没有现金偿还短期债务。

[例 8-15] 计算 HY 公司 2017 年的经营现金使用效率。

根据表 8-3 中数据，可计算如下：

$$经营现金使用效率＝678598.55÷639531.50＝1.06$$

（2）现金利润比率。

$$现金利润比率＝现金及现金等价物净增加额÷净利润 \quad (8-24)$$

该指示反映了净利润中有多大部分是有现金保证的。由于一些应收应付项目的存在，利润往往无法反映企业实际能够支配的现金数量。在很高的利润前提下也可能出现企业现金不足、支付困难的情况；相反，如果企业有充足的现金量，即使某期间利润为负，短期内也不会出现无力偿还债务的情况，能够支持企业扭转困境。该指标值越大，说明企业的净利润中现金部分越大，企业的支付能力越强。

[例 8-16] 计算 HY 公司 2017 年的现金利润比率。

根据表 8-2 和表 8-3 中数据，可计算如下：

$$现金利润比率＝-4983.82÷39705.97＝-0.13$$

（3）现金收入比率。现金收入比率是经营现金净流量与营业收入的比率。其计算公式为：

$$现金收入比率＝经营现金净流量÷营业收入 \quad (8-25)$$

该指示反映了企业通过主营业务产生现金流量的能力。

[例 8-17] 计算 HY 公司 2017 年的现金收入比率。

根据表 8-2 和表 8-3 中数据，可计算如下：

$$现金收入比率＝39067.05÷1155352.10＝0.03$$

8.2.3 获利能力分析

获利能力就是公司赚取利润的能力。无论是投资者还是债权人都认为获利能力十分重要，因为健全的财务状况必须由较高的获利能力来支持。财务管理人员当然也十分重视获利能力，因为要实现财务管理的目标，就必须不断提高利润、降低风险。

8.2.3.1 与营业收入有关的获利能力指标

与营业收入有关的获利能力指标是指由利润与营业收入进行对比所确定的比率，有两种表示方法。

（1）营业毛利率。营业毛利率是由毛利与营业收入进行对比所确定的比率。其计算公式为：

$$营业毛利率＝（营业收入－营业成本）÷营业收入＝毛利÷营业收入 \qquad (8-26)$$

营业毛利率反映了毛利与营业收入的对比关系，是反映获利能力的主要指标。这一指标越高，说明企业的获利能力越强。

[例8－18] 计算HY公司2017年的营业毛利率。

根据表8－2中数据，可计算如下：

$$营业毛利率＝（1155352.10－1005775.06）÷1155352.10＝12.95\%$$

（2）营业净利率。营业净利率是由净利率与营业收入进行对比所确定的比率。其计算公式为：

$$营业净利率＝净利率÷营业收入 \qquad (8-27)$$

营业净利率反映了净利润和营业收入的关系。这一指标越高，说明企业通过经营活动获取利润的能力越强。

[例8－19] HY公司2017年的营业净利率。

根据表8－2中数据，可计算如下：

$$营业净利率＝39705.97÷1155352.10＝3.44\%$$

8.2.3.2 与资金有关的获利能力指标

与资金有关的获利能力指标是由企业的利润与一定的资金进行对比所确定的比率，主要包括以下两个指标。

（1）投资报酬率。投资报酬率又称资产报酬率或总资产报酬率，是企业净利润与资产平均总额的比率。其计算公式为：

$$投资报酬率＝净利润÷资产平均总额$$
$$＝净利润÷（期初资产总额＋期末资产总额）÷2 \qquad (8-28)$$

投资报酬率反映的是企业投入的全部资金的获利能力，是财务管理中的一个重要指标，也是总公司对分公司下达经营目标、进行内部考核的主要指标。这一指标越高，说明企业的获利能力越强。

[例8－20] 计算HY公司2017年的投资报酬率。

根据表8－1和表8－2中数据，可计算为：

$$投资报酬率＝39705.97÷（694240.50＋739413.69）÷2＝5.54\%$$

注：在本书中，我们把投资报酬率与资产报酬率或总资产报酬率等同看待，但也有一些学者认为，总资产报酬率的计算有两种口径：一种是本书采用的计算口

径，净利润÷资产平均总额；另一种是息税前利润÷资产平均总额，为了更好地与杜邦分析法统一计算口径，本书在分子中采用了净利润。

（2）净资产收益率。净资产收益率又称股东权益报酬率、所有者权益报酬率、权益资本报酬率，是由净利润与净资产平均总额进行对比所确定的比率。其计算公式为：

$$净资产收益率＝净利润÷净资产平均总额＝净利润÷（期初净资产＋期末净资产）$$
（8－29）

这一指标反映了所有者投入资金的获利能力。该指标越高，说明企业的获利能力越强。

[例 8－21] 计算 HY 公司 2017 年的净资产收益率。

根据表 8－1 和表 8－2 中数据，可计算如下：

$$净资产收益率＝39705.97÷（532688.67＋549102.95）÷2$$
$$＝39705.97÷540895.81＝7.34\%$$

8.2.3.3 与股票数量或股票价格有关的获利能力指标

与股票数量或股票价格有关的获利能力指标是由企业的利润与股票数量或股票价格进行对比所确定的比率，主要包括以下几种。

（1）普通股每股盈余。普通股每股盈余简称每股盈余或每股利润，是由净利润扣除优先股股利的余额与发行在外的普通股股数进行对比所确定的比率。其计算公式为：

$$每股盈余＝\frac{净利润－优先股股利}{发行在外的普通股股数}$$
（8－30）

每股盈余是一个非常重要的财务指标，可以反映股份公司获利能力的大小，每股利润最高，一般说明获利能力越强。但是，在实际分析时还需要结合企业的股本数量、股利政策等因素。这一指标的高低，会对股票价格产生较大的影响。

注：《企业会计准则第 34 号——每股收益》规定，每股收益包括基本每股收益和稀释每股收益两类。基本每股收益仅考虑当期实际发行在外的普通股股份，而稀释每股收益的计算和列报主要是为了避免每股收益增虚可能带来的信息误导。在计算稀释每股收益时，要考虑公司发行可转换债券、认股权证、股票期权等情况给净利润和股票数量带来的影响。本章只介绍基本每股权益的计算，稀释每股权益的计算可参考《企业会计准则讲解（2017）》。

[例 8－22] 计算 HY 公司 2017 年的每股盈余。

根据表 8－2 中数据，可计算如下：

每股盈余＝（39705.97－0）÷90000＝0.43（元）

（2）普通股每股现金流量。普通股每股现金流量简称每股现金流量，是经营活动现金净流量扣除优先股股利之后，与发行在外的普通股股数对比的结果。其计算公式为：

每股现金流量＝（经营活动现金净流量－优先股股利）÷发行在外的普通股股数
（8－31）

［例8-23］计算 HY 公司 2017 年的每股现金流量。

根据表8-2和表8-3中数据，可计算如下：

每股现金流量＝（39067.05-0）÷90000＝0.43（元）

注重股利分配的投资者应当注意，每股利润的高低虽然与股利分配有密切关系，但它不是决定股利分配的唯一因素，虽然每股利润很高，但是如果缺乏现金，那么也无法分配现金股利。因此，还有必要分析企业的每股现金流量。每股现金流量越高，说明企业越有能力支付现金股利。

（3）普通股每股股利。普通股每股股利简称每股股利，它反映了每股普通股获得现金胜利的情况。其计算公式为：

每股股利＝（现金股利总额-优先股股利）÷发行在外的普通股股数　　（8-32）

每股股利是评价普通股报酬的一个重要指标。

［例8-24］2017 年，HY 公司发放现金股利 10000 万元。计算 HY 公司 2017 年的每股股利。

根据表8-2和表8-3中数据，可计算如下：

$$每股股利＝（10000-0）÷1000＝10（元）$$

（4）市盈率。市盈率又称价格盈余比率，是由普通股每股市价与普通股每股盈余进行对比所确定的比率。其基本公式为：

$$市盈率＝普通股每股市价÷普通股每股盈余　　（8-33）$$

［例8-25］假设 HY 公司 2017 年的股票每股市价为 15 元，根据［例8-22］计算 HY 公司 2017 年的市盈率。

根据例［8-22］的数据，计算其市盈率如下：

$$市盈率＝15÷0.43＝34.88$$

企业财务人员和外部投资者对市盈率都很关心。企业财务人员在作出财务决策之前要很好地考虑其财务决策对这一比率的影响。投资者在投资之前，也要对不同股票的市盈率进行对比，然后再决定投资于何种股票。一般来说，市盈率高，说明投资者对该企业的发展前景看好，愿意出较高价格购买该企业股票，所以一些成长性较好的企业其股票市盈率通常要高一些。但是也应该注意，如果某一种股票的市盈率过高，也意味着这种股票具有较高的投资风险。

8.2.4　发展能力分析

发展能力是指公司未来的发展潜力和发展速度。

8.2.4.1　营业收入增长率

营业收入增长率是指当期营业收入相对于上期营业收入的增长比率，是反映企业发展情况的一个比率。其计算公式为：

营业收入增长率＝（当期营业收入-上期营业收入）÷上期营业收入　　（8-34）

企业的收入来源可以有很多，但营业收入才应该是企业长期生存发展的基本动力。营业收入增长率可以反映出企业营业收入的增长速度，营业收入增长速度越快，则企业在一定时期内的发展潜力越大。但是也不能盲目追求快速增长，因为这种增长如果超出了企业的资源和能力所及，则可能埋下隐患。

［例8－26］计算HY公司2017年的营业收入增长率。

根据表8－2中数据，可计算如下：

营业收入增长率＝1155352.10－1144182.32÷1144182.32＝0.98％

这个比率对于企业来说是否合适，还应该结合行业基本情况和企业的经营状态等因素。

8.2.4.2 净利润增长率

净利润增长率是指当期净利润相对于上期净利润的增长比率，是反映企业净利润增长情况的一个比率。其计算公式为：

净利润增长率＝（当期净利润－上期净利润）÷上期净利润　　　（8－35）

净利润一直是一个重要的财务指标，在一定程度上反映了企业的经营效率和经营成果。净利润增长率通过对不同期间净利润的对比，反映了企业净利润的增长速度以及企业的发展趋势和潜力。

［例8－27］计算HY公司2017年的净利润增长率。

根据表8－2数据，计算如下：

净利润增长率＝51345.19－88141.52÷88141.52×100％＝－42％

由计算可知，HY公司2017年的净利润增长率为－42％，表明其发展速度十分不可观。

8.2.4.3 总资产增长率

总资产增长率是指当期总资产相对于上期总资产的增长比率，是反映企业总资产增长情况的一个比率。其计算公式为：

总资产增长率＝（当期总资产－上期总资产）÷上期总资产　　（8－36）

总资产增长率通过对不同期间总资产的对比，可以反映出企业总资产的增长速度，以及企业规模的发展情况。

［例8－28］计算HY公司2017年的总资产增长率。

根据表8－1中数据，可计算如下：

总资产增长率＝739413.69－694240.50÷694240.50＝6.5％

由计算可知，HY公司2017年的总资产增长率为6.5％，表明其公司规模在2017年有所增长，当然，总资产增长率也可能为负数，这是有利还是不利还需要结合企业的具体情况做进一步的分析。如果企业的资产负增长是因为处理了无效或多余资产，从而达到提高经营效率的目的，则这种负增长对企业的未来发展是有利的；如果企业资产负增长是由于管理不善等原因造成了资产损失，则对企业不利。

8.2.4.4 净资产增长率

净资产增长率是指当期净资产相对于上期净资产的增长比率，是反映企业净资产增长情况的一个比率。其计算公式为：

$$净资产增长率＝（当期净资产－上期净资产）÷上期净资产 \qquad (8-37)$$

净资产增长率通过对不同期间净资产的对比，反映出企业净资产的增长速度，以及企业规模的发展情况。

[例8-29] 计算 HY 公司 2017 年的净资产增长率。

根据表 8-1 中数据，可计算如下：

$$净资产增长率＝156915.45－149175.04÷149175.04＝5.19\%$$

8.2.4.5 经营现金净流量增长率

经营现金净流量增长率是指当期经营活动现金净流量相对于上期经营活动现金净流量的增长比率，反映了企业经营活动产生现金能力的变化。其计算公式为：

$$经营现金净流量增长率＝（当期经营活动现金净流量－上期经营活动现金净流量）÷上期经营活动现金净流量 \qquad (8-38)$$

经营活动现金流量是企业现金流量的重要来源，经营现金流量作为企业日常经营活动的结果，对企业的长期发展有重要意义。如果经营现金流量不足，则企业的投资和筹资活动都会受到限制，无法扩大规模。经营活动现金净流量增长率，反映了企业经营活动产生现金能力的变化，使管理者能够发现经营活动对企业现金的影响，从而及时发现问题。

[例8-30] 假设 HY 公司 2016 年经营现金净流量为 2800 万元，计算 HY 公司 2017 年的现金净流量增长率。

根据表 8-3 中数据，可计算如下：

$$经营现金净流量增长率＝39067.05－70188.16÷70188.167＝－44.3\%$$

8.3 综合分析

以上介绍了许多财务指标，每一个指标都从一个侧面反映企业的财务状况，都有一定的片面性和局限性，因此，必须把指标综合在一起进行分析。综合能力分析的方法主要有以下几种。

8.3.1 公式分析

公式分析就是把某些指标通过公式联系起来，从而进行深入分析的方法。这方面的分析公式非常多，现结合 HY 公司的报表，列举几个公式来说明这种分析方法。

（1）与净资产收益率有关的公式。

净资产收益率＝（净利润÷净资产平均总额）

　　　　　　＝（净利润÷资产平均总额）×（资产平均总额÷净资产平均总额）

（8－39）

净资产收益率＝投资报酬率×平均权益乘数　　　　　　　　（8－40）

其中，权益乘数是资产相对于净资产的倍数，其计算公式为：

权益乘数＝资产总额÷净资产总额＝1÷（1－资产负债率）　（8－41）

（2）与投资报酬率有关的公式。

投资报酬率＝净利润/资产平均总额

　　　　　＝（净利润÷营业收入）×（营业收入÷资产平均总额）　（8－42）

投资报酬率＝营业利润率×总资产周转率

（3）与每股股利有关的公式。

每股股利＝股利支付额÷普通股股数

　　　　＝股利支付额÷净利润×净利润÷普通股股数

　　　　＝股利支付比例×每股盈余　　　　　　　　　　　　（8－43）

＊启示：各项财务能力指标分析不是孤立的，如分析企业是否薄利多销需要分析营运能力和获利能力，结果发现存活周转率提高了但销售毛利率减少了。

8.3.2　杜邦分析

杜邦分析是在考虑各财务比率内在联系的条件下，通过建立多种比率的综合财务分析体系来考察企业财务状况的一种分析方法。杜邦分析是由美国杜邦公司率先采用的一种方法。杜邦分析与前面讲的公式分析有一定的联系，但它比公式分析能更简明、更直观地说明问题。杜邦分析法可以用图8－1中的杜邦分析体系来加以说明（其中代入了 HY 公司的数据）。

在杜邦体系中，包括以下几种主要的指标关系：

（1）净资产收益率是整个分析系统的起点和核心。该指标的高低反映了投资者的净资产获利能力的大小。净资产收益率是由销售报酬率、总资产周转率和权益乘数决定的。HY 公司 2017 年的净资产收益率为 7.34％，这一指标反映了所有者投入资金的获利能力。该指标越高，说明企业的获利能力越强。

（2）权益乘数表明了企业的负债程度。HY 公司 2017 年的权益乘数为 1.32，该指标越大，企业的负债程度越高，它是资产权益率的倒数。

（3）总资产收益率是销售利润率和总资产周转率的乘积，反映的是企业投入的全部资金的获利能力，是财务管理中的一个重要指标，也是总公司对分公司下达经营目标、进行内部考核的主要指标。HY 公司 2017 年的总资产收益率为 5.54％，该指标越大这一指标越高，说明企业的获利能力越强。是企业销售成果和资产运营的综合反映，要提高总资产收益率，必须增加销售收入，降低资金占用额。

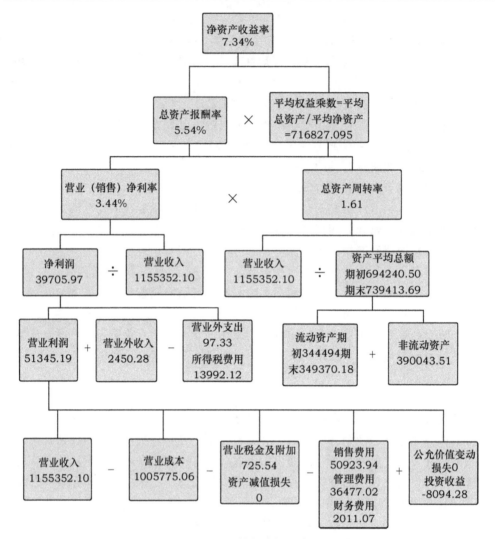

图 8—1 杜邦分析系统

（4）总资产周转率反映企业资产实现销售收入的综合能力。分析时，必须综合销售收入分析企业资产结构是否合理，即流动资产和长期资产的结构比率关系。同时还要分析流动资产周转率、存货周转率、应收账款周转率等有关资产使用效率指标，找出总资产周转率高低变化的确切原因。

总之，从杜邦分析系统可以看出，HY 公司 2017 年的盈利能力涉及生产经营的方方面面。总资产收益率与企业的资本结构、销售规模、成本水平、资产管理等因素密切相关，这些因素构成了一个完整的系统，只有协调好系统内部各个因素之间的关系。才使股东权益报酬率得到提高，从而实现 HY 公司股东权益最大化的财务目标。

8.3.3 计分综合分析

计分综合分析是先分析计算企业财务指标的分数,然后求出汇总分数,将其与行业标准分数进行对比来评价企业财务状况的一种综合分析法。计分综合分析的步骤包括以下几个。

8.3.3.1 选择具有代表性的财务指标

财务指标有很多,如果逐一计算,工作量会很大,所以一般选择具有代表性的一些指标。在选择指标时应注意以下几个问题:①偿债能力指标、获利能力指标、营运能力指标和发展能力指标都应选到,不能只集中在某一类指标上。②最好选用正指标,如流动比率、股东权益比率、营业净利率等;不宜选用逆指标,如负债比率,因为最后的得分越高越好,这类比率加入后会不好处理。③除根据财务报表计算的指标,还应适当选取一些非财务方面的指标,如职工平均年龄等(在这里只介绍财务指标)。本书选用的代表性指标如表8-4第(1)列所示。

表8-4 计分综合分析选用的代表性指标

指标	指标的标准值	指标的标准评分值
(1)	(2)	(3)
一、偿债能力指标		
(1) 流动比率	2	8
(2) 利息保障倍数	4	8
(3) 现金比率	0.3	8
(4) 股东权益比率	40%	12
二、获利能力指标		
(1) 营业净利率	8%	10
(2) 投资报酬率	16%	10
(3) 净资产收益率	40%	16
三、营运能力指标		
(1) 存货周转率(次)	5	8
(2) 应收账款周转率(次)	6	8
(3) 总资产周转率(次)	2	12
合计		100

注:考虑到发展能力指标在行业和具体环境中存在较大差异,这里并没有列示发展能力指标的评分情况,仅以偿债能力、获利能力和运营能力指标为例。

8.3.3.2 确定各项财务指标的标准值与标准评分值

财务指标的标准值一般以行业平均数或企业上年数为基准来加以确定，标准评分值根据指标的重要程度来确定，越重要的分数越高，越不重要的分数越低，但所有指标的分数合计应等于 100，HY 公司财务指标的标准值和标准评分值列示在表8-4 的第（2）列和第（3）列中。

8.3.3.3 计算综合分数

综合分数是由各指标的实际得分汇总得到的，各指标的实际得分按以下公式计算：

实际得分＝指标的标准评分值×指标的实际值÷指标的标准值

结合前面计算的 HY 公司的有关指标及表 8-4 给定的标准值，计算 HY 公司的综合分数，如表 8-5 所示。

表 8-5　HY 公司 2017 年计分综合法分析结果

指标	标准评分值	标准值	实际值（10 年）	实际的得分值（10 年）
（1）	（2）	（3）	（4）	（5）＝（2）×（4）÷3
一、偿债能力指标				
（1）流动比率	8	2	1.84	7.36
（2）利息保障倍数	8	4	27.70	55.4
（3）现金比率	8	0.3	0.31	8.27
（4）股东权益比率	12	40％	74.26％	22.2
二、获利能力指标				
（1）销售净利率	10	8％	3.44％	0.43
（2）投资报酬率	10	16％	5.54％	3.46
（3）净资产收益率	16	40％	7.34％	2.936
三、营运能力指标				
（1）存货周转率	8	5	16.47	26.352
（2）应收账款周转率	8	6	7.50	10
（3）总资产周转率	12	2	1.61	9.66
合计	100	—	—	146.07

8.3.3.4 做出综合评价

在采用记分综合分析法时，分数若大于 100，则说明企业的财务状况超过行业平均水平或历史相关水平，企业的财务状况比较好；反之，则说明企业的财务状况比较差，HY 公司的得分为 120.84，超过行业平均水平，则说明财务状况比较好。

参考文献

［1］王化成. 财务管理（第 6 版）. 北京：中国人民大学出版社，2018.

［2］荆新，王化成，刘俊彦. 财务管理学（第 8 版）. 北京：中国人民大学出版社，2018.

［3］叶晓甦. 工程财务管理. 北京：中国建筑工业出版社，2017.

［4］项勇. 工程财务管理. 北京：机械工业出版社，2016.

［5］彭斌. 企业财务管理. 北京：经济管理出版社，2015.

［6］陈小悦. 财务管理. 北京：清华大学出版社，2007.

［7］余绪缨. 企业理财学（第 3 版）. 沈阳：辽宁人民出版社，2006.

［8］尤金·F. 布里格姆. 财务管理基础（第 9 版）. 张志强，王春香译，北京：中信出版社，2004.

［9］财政部注册会计师考试委员会办公室. 财务成本管理. 北京：经济科学出版社，2018.